中原名师出版工程
ZHONGYUAN MINGSHI CHUBAN GONGCHENG
教育思想与实践系列

滋养生命的数学

董文华　著

中原出版传媒集团
中原传媒股份公司

大象出版社
·郑州·

图书在版编目(CIP)数据

滋养生命的数学 / 董文华著.— 郑州 : 大象出版社, 2018. 9 (2020. 3 重印)
(中原名师出版工程)
ISBN 978-7-5347-9923-5

Ⅰ. ①滋…　Ⅱ. ①董…　Ⅲ. ①小学数学课-教学研究
Ⅳ. ①G623. 502

中国版本图书馆 CIP 数据核字(2018)第 197508 号

滋养生命的数学

ZIYANG SHENGMING DE SHUXUE

董文华　著

出 版 人　王刘纯
责任编辑　张　欣　张　阳　阮志鹏
责任校对　钟　骄

出版发行　大象出版社(郑州市郑东新区祥盛街 27 号　邮政编码 450016)
发行科　0371-63863551　总编室　0371-65597936
网　　址　www.daxiang.cn
印　　刷　新乡市豫北印务有限公司
经　　销　各地新华书店经销
开　　本　720 mm×1020 mm　1/16
印　　张　15.25
字　　数　214 千字
版　　次　2018 年 9 月第 1 版　2020 年 3 月第 2 次印刷
定　　价　38.00 元

若发现印、装质量问题,影响阅读,请与承印厂联系调换。
印厂地址　新乡县翟坡镇兴宁村
邮政编码　453000　　　　电话　0373-5635065

总 序

对于一个优秀教师来说，将自己对教育教学的思考在写作中表达出来，是非常自然的一件事。正如玛格丽特·杜拉斯在《写作》中说的：“写作像风一样吹过来，赤裸裸的，它是墨水，是笔头的东西，它和生活中的其他东西不一样，仅此而已，除了生活以外。”杜拉斯把自己的写作区别于日常生活中具体的事物，而将其看作生活本身。我十分认同这样的说法。从许多优秀教师的成长经历来看，教育写作就是教育生活本身。当我们学会了把教育生活中的各种场景纳入自己的视野，融入自己的思考，通过写作诚实地记录下来，我们就找到了一条属于自己的专业发展之路。

正是看到了教育写作在教师专业发展中的重要意义，河南省教育厅与浙江师范大学启动了“中原名师教育写作出版计划”。河南是我国的教育大省，有一大批非常优秀的教师逐渐崭露头角，而“中原名师”是其中的佼佼者，他们在各自的学校和不同的教育教学领域取得了一定的成绩，及时总结、提炼、展示、推广他们的研究成果非常必要。我和张文质老师被聘请为“中原名师教育写作出版计划”的首席写作导师，肩负指导“中原名师”写作、出版教育教学专著的重任。这可能也是目前国内唯一旨在帮助优秀教师实现教育教学专著出版的省级培训项目，开辟了教师培训内容与形式的崭新领域，具有开创性意义。经过近两年的艰苦努力，目前这项计划终于迎来了阶段性成果：弯丽君等第一批 9 位“中原名师”的 12 本教育教学专著即将正式出版。从书稿情况来看，选题、内容可谓多样：既有学科教学方面的，也有班级管理方面的；既有比较严谨的学术论著，也有可读性较强的教育教学随笔；既有义务教育阶段的，也有幼儿、高中阶段的。另外，还有计划第二批出版的书稿正在整理之中。

捧读这些沉甸甸的书稿，我心中充满感慨。

我想到了每一位作者的面庞，看到了那些闪亮的眼神。大家都非常清楚，对于一个渴望成长、追求专业发展的教师来说，教育写作是自我提高的一条基本路径。教育写作能清晰地记录一个教师专业成长的轨迹。教师可以在写作的过程中不断审视、反思自我，不断积累、总结与提炼，无论是初尝成功的经验，还是尝试摸索中的所谓教训，都是十分宝贵的财富。苏霍姆林斯基曾鼓励教师每天都写教育日记（也就是我们常说的“教育叙事”），认为这样的写作具有重大价值：“凡是引起你的注意的，甚至引起你一些模糊的猜想的每一个事实，你都把它记入记事簿里。积累事实，善于从具体事物中看出共性的东西——这是一种智力基础，有了这个基础，就必然会有那么一个时刻，你会顿然醒悟，那长久躲闪着你的真理的实质，会突然在你面前打开。”这些“中原名师”正是通过写作将自己日常教育教学的点点滴滴慢慢积累起来的，而实施“中原名师教育写作出版计划”就是为了帮助他们打开真理之门。

我还想到了每本书稿选题的艰难，想到了那些为了确立书稿选题所经历的热烈讨论，既有面对面的沟通，也有无数次邮件、短信与电话往来。由于每一位作者所在的区域不同，所教学段、学科不同，研究基础、研究方向也各不一样，如何将那些最有价值的研究成果梳理、提炼出来，并形成相对集中的研究主题以专著的形式呈现，是我和张文质老师以及每一位作者需要面对的挑战。沟通、选择的过程非常重要，也非常辛苦。这主要是由于各位作者在实践层面的经验、成果内容非常多样造成的：往往一个教师提供的同一本书稿，在内容上既有学科教学方面的，也有班级管理方面的，甚至还有其他学科领域的，这固然反映了一线教师工作繁杂多面的实际情况，但对于专著出版来说，主题不够突出无疑是大忌，也会遮蔽那些更有价值、更值得推广的内容。经过半年多的反复讨论，第一批“中原名师”作者如弯丽君、李阿慧、徐艳霞、李桂荣、孟红梅等老师，首先确定了选题，开启了教育写作之路；而另一批作者如刘忠伟老师则更改了选题，另起炉灶，毅然开启了新的写作计划，这其中的勇气也让人深为佩服。

当然，我也想到了每一位作者所经历的艰苦的写作过程。由于绝大多数老师积累的文稿是基于实践经验，致使有些内容在学理上存在问题，论述、论据都不够严谨，容易引起歧义；也有些内容所呈现的研究过程与研究成果不够完整，材料繁杂、枝蔓较多，如何去芜存菁留下最有价值的东西，如何修改、完善那些不够成熟的地方，也是摆在每一位作者面前的挑战。值得指出的是，对文稿不断修改、完善的过程虽然艰苦，但其实是非常宝贵的研究经历——看似是教育写作的过程，其实又是学术研究的过程，写作本身成为思维与学术的双重训练，成为提炼教育教学理念、凸显教育教学风格的基本路径。如韩秀清、董文华、王海东、李桂荣等几位老师，正是经历了这样的写作和研究过程，他们最终创作出很有价值的作品。如果说在专著出版之前，这些老师的教育教学风格还不够鲜明，尚未在更大的范围内得到认可，那么我相信，专著的公开出版，将有力地促进他们教育教学成果以及个人教育教学风格的传播与推广，塑造“中原名师”更加美好、专业的形象，成为河南教师乃至全国教师的偶像。而这，也是河南省教育厅与浙江师范大学决定实施该项教育写作出版计划的重要目的之一。

对于各位作者而言，他们没有辜负岁月，岁月也没有辜负他们。

对于导师而言，能够参与这个项目，帮助各位作者，是充满欣慰的，甚至超过了自己出书时的喜悦。

感谢各位读者，如果您翻开这些书，您会看到有那么一些人，是如何执拗地表达着对岁月和信仰的敬意。

闫 学

2018 年 8 月 18 日于杭州

序 言

第一次认识董文华老师，是在 2013 年的春天，我们一起参加“河南最具影响力教师”颁奖典礼活动，她荣获了“十佳教师”称号。了解她的成长历程，我对这位从农村小学成长起来的优秀教师心生敬意。那次活动结束，文华老师送我一本她的教学专著《让小学生恋上数学》。细细阅读，书中 26 个教学案例都有鲜明的研究主题，通过课前思考、课堂写真、课后解读、相关链接，以及“学生这样学数学”的原生态作品，折射出一位一线教师对课堂的持续思考和不断追问。多么用心的老师啊！我把书带回北京，与我的朋友分享。

巧的是，在 2018 年“河南教师成长学院”学习班中，我与文华老师有了更长时间的交往。她担任小学数学班的班长，我是这个班的指导教师。一周的学习，文华老师给我留下了深刻而美好的印象。她热心为大家服务，虚心好学，肯于付出；她从容而温雅，又不失专业理性。遇上文华这样痴迷小学数学研究的老师，真是一件美好的事。

5 年来，文华老师并没有止步于自己获得的种种荣誉和出版的教学专著，而是依然选择扎根课堂，又交出了一部沉甸甸的书稿——《滋养生命的数学》。从书名就可以看出来，这本书不仅是《让小学生恋上数学》的升级版，更是文华老师对自己所从事的学科教学的深层次追问。我在字里行间寻找着她前行的足迹，感受着她的成长经历，分享着她的教学体会。

什么是数学？什么是教育？如何应对学生学习数学的困难？如何提升教学的生命之美？正是对这些问题的不断追问，唤醒了文华老师对常态课堂的研究激情，培植了她对问题锲而不舍的钻研精神。这种种追问，促使文华老师对课堂的理解从困惑到清晰，对生命的解读更丰富多元。正如文华老师所言，《滋养生命的数学》的内涵是从“教学之术”走向“成人之美”。

翻开“绪论　探寻滋养生命的数学”，可以看出一位一线教师在课堂上成长的心路历程；在第一章到第四章“用什么滋养学生生命”的教学实践中，文华老师提出“多元丰富，让学生恋上数学”“生动有趣，让数学变得迷人”“玩转数学，让课堂更具智慧”“创生课程，让素养浸润心灵”等理念，阐述了经由数学教育达到培养人的目的，让数学学习助推学生一生的发展。

文华老师的很多教学经验值得分享，如：《数学是“化了妆”的生活》《算式里有故事，故事里有数学》等内容，凸显了数学学习内容的丰富，让枯燥的数学变得平易近人；《多元表征，让内隐的思考外显》《思维多样化，享受理智与欢乐》等内容，凸显了数学的学科特点，用思考的魅力浸染学生，让学生享受数学思维的力量；从《数学有形，思想无痕——“圆的面积”教学实录与反思》《在解题技巧与数学素养间参悟——“鸡兔同笼”教学实录与反思》《栽活时间树，育成整片林——“认识时间”拓展课程教学实录与反思》等内容，可以看出文华老师善于挖掘、提炼隐含在教科书中的数学思想，使学生成为具有数学头脑和数学眼光的人。

数学是如何滋养学生生命的？文华老师在《站在知识的立场，关注生命的脉动》一文中，阐明了自己的教育观和学生观。教学是建立在信任基础上的师生交往，这种信任，意味着师生之间平等关系的建立、民主氛围的建构，能给予学生安全感，这是“术”背后的“道”，也是教育更上位的追求。从文华老师分享的一个个课例可以看出，在她努力打造的真情流淌的生命课堂中，有温度、有深度、有合作、有体验、有质疑、有生成、有思考。用心灵感悟心灵，用智慧启迪智慧，为学生的可持续发展注入了不竭的动力。

由此可见，“滋养生命的数学”这一教学主张不是从天而降的，也不是凭空编造的，它是课堂历练与人生阅历的交融引发的对教育的深层次思考，并尝试打通学科教学与学生的生活、生命之间的联系。更难能可贵的是，作为一位一线数学教师，文华老师通过和学生分享美文、写数学日记和记录学生成长足迹等拓展课程，让数学学习变得丰富而柔软，达到了点化、润泽学生生命的目的，为学生的成长积蓄了更多的力量。

因为痴迷，所以热爱；因为热爱，才有创意。我们需要的不仅仅是会上课的教师，更是有思考力的教师。在文华老师的课堂中，有好玩的数学、温情的数学、思辨的数学、充满力量的数学……我们相信，只要用心思考就能多一些创意，多一些方式，就能多打开一条学生认识数学的通道。

从《让小学生恋上数学》到《滋养生命的数学》，可以看出文华老师对小学数学教育价值的不断追问，以及从学科教学走向生命教育的蜕变。她在不断追问和历练中，更清楚地认识到教师及教学工作的意义，深入思考如何以学科教学为载体更好地落实核心素养，并通过日常的教育教学行为潜移默化地帮助学生成长，实现了“小课堂，大教育”，实现了教学相长。

文华老师是中原名师，河南省教育教学专家。她痴迷课堂，以研究的姿态行走在教育的路上。佐藤学先生曾提到教师作为“专家”的一面的特征：“教师工作中有关如何设计教学、选择教材内容、了解儿童发言的意义等内容，都需要复杂的、高度的认知判断才能达成。这就是教师作为‘专家’的一面。”文华老师就是一位执着地行走在小学数学教育领域的一线专家。她热爱教育事业，守住一间教室来研究自己的课堂，坚持把提升自己专业发展、凝练个人教育智慧作为教师幸福人生的追求。

这样的行走，本身就是风景。我希望有更多的教师能像文华老师那样坚守课堂，在课堂中寻找风景。同时也祝愿她能在小学数学教学这条道路上走得更远……

吴正宪

（吴正宪，特级教师，现任职于北京教育科学研究院基础教育教学研究中心小学教研室）

目 录
CONTENTS

绪　论

探寻滋养生命的数学

“你们必须努力寻找自己的声音，因为你越迟开始寻找，找到的可能性就越小。”这是电影《死亡诗社》中的经典台词。作为一名小学数学教师，我也常以此警醒自己，如果没有自己的学科思想，没有自己的专业话语权，没有独立思考的能力，就会在日复一日的职业倦怠中迷失自我。

缘起：探寻滋养生命的数学

刚参加工作时，我在一所农村小学任教。领导听了我的一节课，说我的普通话比较流利，教态端庄大方，便认定我有发展前途。之后的4年，从乡里到县里，再到市里，我凭借上公开课有了名气。在当时，这是轰动全乡的一件事，因为在这之前，还没有一位农村教师参加赛课能入围市级的。

就在那时，我遇到了一件让人沮丧的事。每学期全乡会进行统考排队，没想到成绩一出来，全学区七八个分校，我所教的班级成绩居然位居中游以下，有两次还险些倒数。这让我很着急，当时我痛下决心，一定要教出好成绩！

我一方面虚心向老教师请教，悄悄观察他们的课堂，一方面自己揣摩教材的易错点、易考点，慢慢寻到了一些技巧。课上，我采用小步子教学，力求讲“深”讲“透”；课下，我让学生围绕易错点、易考点做大量练习。我还陪着学生写了一本又一本的“尖子生”习题集。慢慢地，我的教学成绩一年比一年好，所教毕业班的成绩达到了历年升学高峰。

工作10年，我被评为河南省首批骨干教师，当时真有点沾沾自喜，认为自己已经是个不错的老师了。但短暂的自我满足后，我发现，高分并不等同于幸福，荣誉证书也只能带来一时的欣喜。每当课堂上自己讲得声嘶力竭，学生却打着哈欠的时候，我的心情就会非常烦躁，好像一只易怒的狮子，经常莫名其妙地就想发火。面对日渐减少的师生交流热情，我开始变得焦虑。

现在想想，只有知识传授而没有思想交流、观点碰撞的课堂是乏味的，那种“直白式”的教学只是一种训练。这不是我想要的教学！

是重复昨天的教学，还是做一番新的探索？我必须做出选择。我无数次地问自己：靠题海战术获取高分是教学追求的唯一目标吗？如何才能激发学生学习数学的内在兴趣？如何寻找别样的教学风景？教学 6 年，除了教给学生知识，还能给学生留下什么？

顿悟：课还可以这样上

2002 年，鹤壁市开始了新课程改革，满怀着对新课程和理想课堂的憧憬，我走上了一年级的讲台，于是就有了那节让我的心“怦然一动”的课……

那节课要教学 100 以内数的知识，教材提供了“100 根铅笔”的情境图，心想：让每人都准备 100 根铅笔似乎不太现实，我想起校园外面的南岗上有那么多的石子，何不带学生在具体情境中学习这部分知识呢？就这样，在学生的欢呼声中，我开始了新学期的第一节数学课：上南岗，玩石子。

我把整节课分为“捡石子”“数石子”“摆石子”“猜石子”“说石子”几个环节展开。当我坐在山坡上，沐浴着初春的阳光，看着这些积极投入学习的学生时，我感到无比的轻松和快乐。我忽然意识到：以往教学的最大失败，就是在传授知识时忽视了学生的心理感受！这次的课堂教学让我和学生兴奋不已，准确地说，是让我的心飞翔了起来，点燃了我探索和改变课堂的热情。

后来，我读到了苏霍姆林斯基《给教师的建议》：“我带领他们到果园、树林、河岸边和田野里去。我们的‘课本’就是我们周围的世界，就是太阳、树木、花朵、云彩、蝴蝶、各种颜色和声音、自然界的各种各样的复杂的音乐。我们每出去参观一次，就把这大自然的书读上一页。”心里有点暗喜，觉得自己有点“开窍”了，于是更坚定了自己对“别样课堂”的追求。

现在回想一下，其实那节有点“折腾”的课也只是在尝试。但从那节课中我似乎找到了一点儿感觉，似乎除了教给学生知识、技能，还有一些东西值得我们去追求。那是什么呢？总感觉有些说不清、道不明，于是我“折腾”得更起劲了。

我不再按部就班地教教材，而是依据自己想要达到的目标以及学生的实际情况，对教材内容进行开发、选择、重组和再创造。如：教学“统计”时，我把学生分成几个组并“赶”出了教室，让他们去统计某年级几个班的学生人数，然后一起分享各自的统计方法，让学生体会统计方法的多样性；教学“方向与位置”时，我带领学生在校园里开展“寻宝”活动，在活动中理解具体的方向，激发学生的学习兴趣；教学“长方体的认识”时，在认识了长方体的顶点、面、棱的特征后，我让学生动手做一个长方体的框架，通过活动深化学生对长方体特征的理解；教学“两位数的加减法”时，我让学生根据班里的男女生人数提出问题，再尝试解决，那种当“小老师”的感觉总是让学生乐此不疲……

我欣喜地发现，在这样的课堂中，教师和学生之间的界定不再是清晰的，师生之间都在互相倾听，甚至师生双方的身份有时可以互换，而且不断变化，也可能“你中有我，我中有你”。在这样的课堂上，教学过程不再是枯燥乏味的讲解灌输，而是把学生推到探索的前沿，教师智慧地隐藏在后面，在师生对话、生生对话中相互启发，共同体验创造性劳动所带来的愉悦，这样的课堂是充满活力的。

那段时间，我庆幸自己告别了“直白式”的教学，为自己的课堂从“关注教”转向“关注学”而自我沉醉。

2011 年 7 月，我参加了生命化教育研究团队与安徽省铜陵市教育局、铜陵市大通文化研究会联合举办的“首届优培计划：课堂与叙事研修班”，那是我第一次近距离接触生命化课堂。为什么叫生命化课堂？生命化课堂有什么特别之处？如何在课堂上体现对生命的关注？……带着种种疑惑和内心的期盼，我走进了研讨会。来自不同学段的 4 节语文课震撼了我，没经过演练的、原生态的课堂，既没有欢呼雀跃，也没有欣喜若狂，却充满生长的力量，不疾不徐，让人禁不住反复回味。

这次研修让我认识到自己的课堂除了要研究学生的“学”，让教学过程变得丰富外，还应该关注课堂中的“人”，关注学生在学习中的兴趣、体验、情绪，关注学生的表达能力、合作能力和解决问题的能力，关注学科教学对学生未来成长的价值和意义。这次研修引发了我对课堂教学的进一步思考：如何提升课堂教学的品质？如何从关注学科到关注生命？如何从关注现在到关注未来？……

现在回想，当时的这些想法可能就是我对生命化课堂的初念，为我日后提出“滋养生命的数学”的教学主张奠定了基础。

探寻：从“教学之术”走向“成人之美”

2014 年，《教育部关于全面深化课程改革　落实立德树人根本任务的意见》提出“研究制订学生发展核心素养体系”。中央民族大学的孙晓天教授指出：“核心素养就是保证你未来成功生活的那个东西，就是告诉你，今天教室里教的、学的，不是用来应付考试，而是为了生成那些在明天的成人社会里，仍然忘不了、用得上的东西!”《义务教育数学课程标准（2011 年版）》（以下简称《课程标准》）提出：“数学是人类文化的重要组成部分，数学素养是现代社会每一个公民应该具备的基本素养。”

帕克·帕尔默在《教学勇气——漫步教师心灵》中说：“真正好的教学不能降低到技术层面上。”作为数学教师的我常常思考：该如何以数学学科为载体，促进学生核心素养的发展呢？

对于数学学科来讲，素养不仅包括以数、形、空间观念等知识、技能整体呈现的外部行为，还应包括学生的非智力因素的发展，如学习兴趣、合作能力、坚忍意志、探究欲望、理性精神、创新品质等内在本质，这些对于人的终身发展都具有极其重要的意义和价值。

对于显性的数学知识，如果不用，可能很快就忘了，可是通过数学学习获得的数学思想和方法，用数学解决问题的思维方式，却能使学生受益终身。因此，有效的数学教学不仅要教给学生数学知识，还要让学生习得数学思想和方法，以及用数学解决问题的思维方式，为学生的后续学习和可持续发展奠定基础。这些深埋在学生心底的数学种子，迟早会开花、结果，指引学生自我生命的成长。

因此，我提出“滋养生命的数学”这一教学主张。我认为，数学首先是教育，其次才是学科。教师要有两双眼睛：一双眼睛盯着学生的现在，即一节课要让学生获得哪些最基本的知识和经验；另一双眼睛盯着学生的未来，即一节课可以为学生今后的学习和发展奠定怎样的基础。

“滋养生命的数学”的内涵是从“教学之术”走向“成人之美”，经由数学教育达到培养人的目的，让数学学习助推学生一生的发展，让学生在知识学习这条路上学得好，在人生道路上走得远，从而达到点化、润泽生命的目的，给予学生奔跑一生的力量。

实践：课堂小天地，天地大数学

近年，我结合数学学科的本质、学生学习数学的特质以及个人的教学风格，从“多元丰富，让学生恋上数学”“生动有趣，让数学变得迷人”“玩转数学，让课堂更具智慧”“创生课程，让素养浸润心灵”四个维度出发，寻求切实可行的实践路径，让数学以美妙的方式走近学生，让学生悦纳数学、享受数学，并通过数学教育启迪智慧，润泽生命，助推学生一生的发展。

一、多资源融合，感受数学之“丰”

作为数学教师，如果仅仅盯着课本教数学，眼中只有解题技巧，势必会造成数学教学的短视和窄化。教学中，教师应将数学置于更为广阔的背景中，激发学生的好奇心和求知欲。

教学“东南西北”一课时，我布置学生课前收集一些关于方向辨别的儿歌和谚语，通过唤醒学生日常生活经验来学会辨别东南西北四个方向。课堂上，学生兴致勃勃地展示和分享他们收集的儿歌和谚语：“春天，大雁向北飞；秋天，大雁向南归。”“早上出门看太阳，晚上回家看北斗。”“太阳公公出东方，到了傍晚挂西边。”“北斗星挂北边，家家户户门朝南。”……

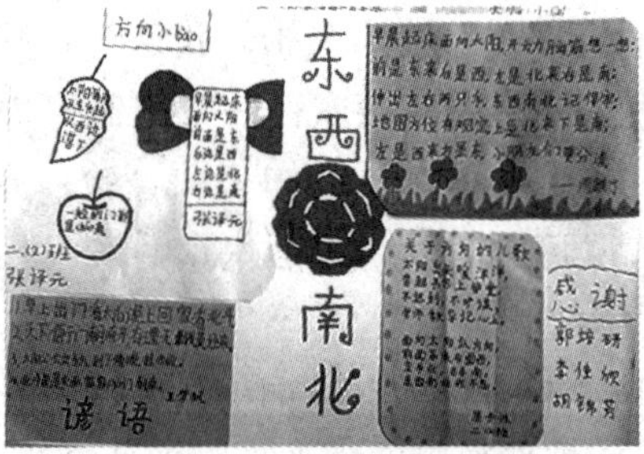

接下来，我推荐语文教材中的课文《要是你在野外迷了路》让学生阅读。学生一听在数学课上读语文课文，兴致高涨：“要是你在野外迷了路，可千万别慌张，大自然有很多天然的指南针，会帮助你辨别方向。太阳是个忠实的向导……北极星是盏指路灯……要是碰上阴雨天，大树也会来帮忙……大自然有很多天然的指南针，需要你细细观察，多多去想。”

看着一张张活泼可爱的小脸，听着抑扬顿挫的读书声，那一刻，我也沉浸于其中。数学课上响起了美妙的读书声，如同和煦春日一样令人心旷神怡。

这节课仅就知识点而言，学会辨别东、南、西、北四个方向，培养空间感是学科教学规定的教学目标。但是辨别方向不是单独存在的，而是和大自然息息相关的，所以教学中要让学生体会到大自然是一部永远也读不完的书。

由此看来，课堂中朗朗上口的课文、神奇的自然知识、有趣的谚语等这些丰富的资源和多彩的意象，仿佛教学的“再生中介”，既可以让数学学习充满活力，充满多元化和丰富性，又可以开阔学生的视野，让学生学会处处留心周围的事物，做生活的有心人。

类似的课程资源比比皆是。教学“5 的乘法口诀”时，网上正好有一段小女孩儿背乘法口诀的视频在热播，于是我将这段视频引入教学：“视频中的小女孩儿哭得多伤心啊，她觉得乘法口诀太难背了，怎么也记不住三乘五等于多少，你们会背乘法口诀吗？学完这节课后，我们来看看谁不仅会背乘法口诀，还能做小女孩儿的小老师，帮她理解、记忆每一句口诀。”

这段引入，一下子吊起学生的胃口，本来大部分学生已经会像背顺口溜一样背乘法口诀了，只是不理解每一句口诀的具体意思，但给小女孩儿当小老师这个诱惑让他们投入“知其然”，更要“知其所以然”的用心探究中。

我们在《乌鸦喝水》的寓言故事里，体会“体积的意义”；在《曹冲称象》的故事中，体会测量不规则物体的体积中蕴含的“化整为零”的思维策略；在《千字文》中教学“认识 1000 以内的数”，书中每句 4 个字、每排 5 句的排列有助于培养学生的数感；在科学实验室体验“升和毫升”；在操场上体验“1 千米有多远”；在综合实践活动中体验“1 亿有多大”；学习“生活中的比”后，学生的眼光开始关注“身体中奇妙的比”……

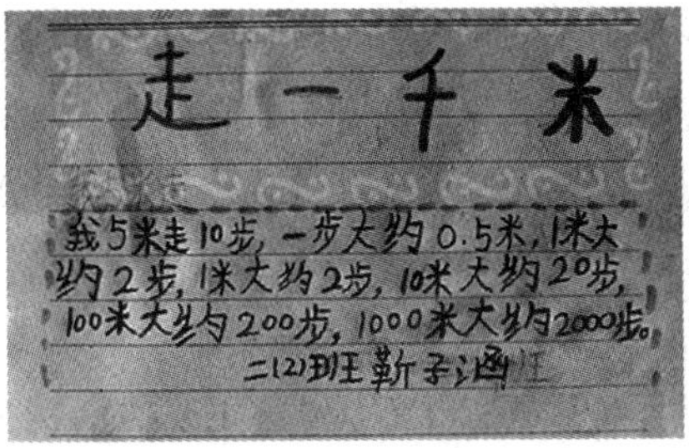

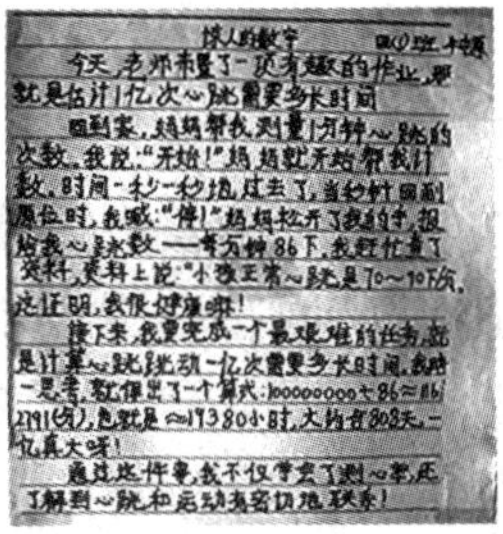

学生的兴趣很少局限在某一特定学科，他们更愿意亲近多学科交叉的百科知识，资源的多元与丰富让枯燥的教学变得鲜活。学生看得越多，想得也越深，充分领略到了数学的精彩。

二、学以致用，凸显数学之“智”

如果说语文学习可以让学生愉悦、快乐，对这个世界充满感性和热情的话，数学学习则可以让学生聪明、幸福，对这个世界充满理性和思考。

比如，教学“可能性的大小”一课时，我将历史故事“狄青征战”引入教学。狄青在100个铜钱上做文章，实现从“不确定”事件到“确定”事件的转变，鼓舞了官兵们的士气。课堂上学生感受到数学知识中蕴含着深刻的哲理，同时也领悟到事物之间相互转化的玄妙，提高了学生的推理能力、思维素养及应用意识。

在课的结尾，通过“黄金救援72小时”扩展课堂教学的第二个目标，让学生学会用概率的眼光观察大千世界，观察和分析生活现象，而不是以一成不变的思维方式去理解事物。

这一活动看似简单，实则蕴含着数学课堂的文化价值，让学生体验到数学对社会的作用，数学改变着人们的思维方式和生活方式。课堂上，学生静静地看着教师一笔一画地在黑板上写下“万事无绝对，一切皆可能”10个字。下课铃响了，所有在场的师生还沉浸在数学的神奇魅力中，沉浸在课堂带给他们的深深震撼中……

教学“认识人民币”一课，课结束时我出示三个文具盒，让学生猜价钱。“猜多了。”“少了。”“差不多。”……几个回合下来，学生猜出了三个文具盒的价钱分别是2元、13元、28元。然后我问学生：“你想买文具盒吗？你要买哪一种？说说理由。”有人说买28元的，看着质量挺好的；有人说买13元的，看着很漂亮；有人说还是不买吧，原来的还能用；也有人说不买，姐姐给了一个，用坏了再买新的……在学生发言后我做了小结：“看来买东西也要考虑周全，有钱还需要考虑怎么花才合理。”

这个小环节，超越了“认识人民币”这一课知识点的教学，不露声色地引导学生要合理消费，不攀比，从小树立正确的消费观。

数学源于生活，数学能帮助人们更好地认识生活、表达思想，用数学的思维发现、看待生活中的各种问题和现象。数学知识的“有用”可以激发学生的探究欲望，产生进一步学习的动力。

三、妙趣横生，感受数学之“趣”

数学不只是理性的，也应该是有趣的。教学中，教师要注意“寓教于乐”“开窍有术”，培养学生的学习兴趣，让他们保持旺盛的注意力。

比如，二年级学习“9的乘法口诀”一课时，师生一起做“手指操”来记忆9的乘法口诀。把两只手的手指伸开并在一起，假定每一个手指按顺序代表一个相应的数，从1到10……然后把10个数中的任意一个数与9相乘，只要把表示乘数的手指，稍微往上抬高一点，那么，这个手指左边的其他手指就是乘积的十位上的数字，右边的几个手指就是乘积的个位上的数字。学生玩得乐此不疲，同桌合作动手动嘴，开心地边玩、边理解、边记忆口诀。

学习“3的倍数”时，师生一起玩“不会输的游戏”：盘子里有21个弹球，甲、乙两人轮流拿，一次最少拿1个，最多拿2个，谁拿到最后一个弹球谁就算赢。如何才能立于不败之地呢？课堂上，学生以小组为单位，边玩边思考如何才能获胜，在玩中体悟出必胜的策略：第一，让对手先拿；第二，对手拿一个你就拿两个，对手拿两个你就拿一个，始终使每个回合自己拿的数和对手拿的数加起来是3的倍数。

这个游戏玩到了课外，和同学、和父母、和老师比试，从低年级玩到了高年级，而且由此及彼，从用弹球玩到用纸牌、火柴棒。如果要拿的弹球不是3的倍数，或者变换游戏规则——两人一次最多拿4个，这时候想要知道取胜的法宝是什么，那就继续“玩”啊！就这样，学生乐此不疲地去探究、去发现、去揭秘，由知识到结论，由结论引发对新问题的再思考。

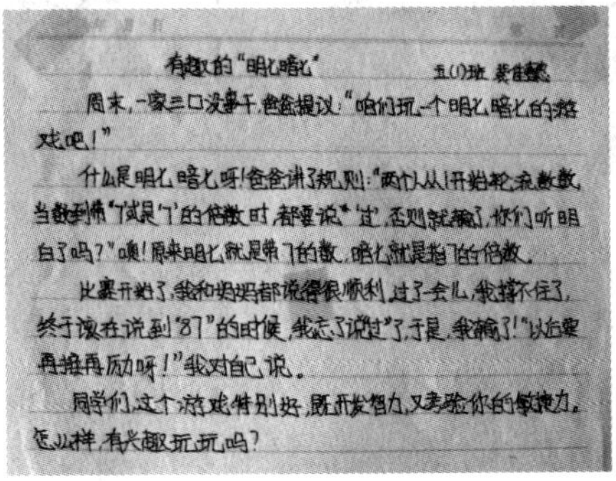

有趣的“明7暗7”　五(1)班 [illegible]

周末，一家三口没事干，爸爸提议：“咱们玩一个明7暗7的游戏吧！”

什么是明7暗7呀！爸爸讲了规则：“两个人从1开始轮流数数，当数到带“7”或是“7”的倍数时，都要说“过”，否则就输了，你们听明白了吗？”噢！原来明7就是带7的数，暗7就是指7的倍数。

比赛开始了，我和妈妈都说得很顺利，过了一会儿，我撑不住了，终于在说到“87”的时候，我忘了说“过”了，于是，我输了！“以后要再接再厉呀！”我对自己说。

同学们，这个游戏特别好，既开发智力，又考验你的敏捷力。怎么样，有兴趣玩玩吗？

这样的数学学习，将知识性、探索性与趣味性融为一体，使数学课堂多了一些意想不到，多了一分神秘，让学习变得有吸引力、有温度、有情趣、有魅力、有期待。数学以独特的形式娱人，以无穷的奥秘迷人，以潜在的功能育人。

四、独具匠心，品味数学之“美”

数学家克莱因说：“音乐能激发或抚慰情怀，绘画使人赏心悦目，诗歌能动人心弦，哲学使人获得智慧，科学可改善物质生活，但数学能给予以上的一切。”这也应了古希腊数学家普洛克拉斯的话：“哪里有数学，哪里就有美。”数学不仅是严谨的科学，同样还充满着艺术的魅力。数学中一个个简洁的公式、一个个优美的图形、一组组有趣的算式……都彰显着和谐、庄严、永恒的美。

一年级的“认识图形”，二年级的“图形的变化”，三年级的“轴对称图形”，六年级的“圆的认识”，这些内容都充分体现了数学的图形美。我在教学时开展了“魔法剪刀”“巧手大比拼”“我是小小创造家”等图形创意活动，让学生在课外通过想象设计、动手操作、装饰美化，创作出一幅幅充满创意的作品，巧妙的设计、绚丽的色彩、变化的图形让人眼前一亮。

创造作品是培养学生的观察能力、空间想象能力、动手操作能力的良好渠道。在创造作品的过程中，学生既培养了审美意识，体验到了成功的快乐，也增进了对数学文化的认识。

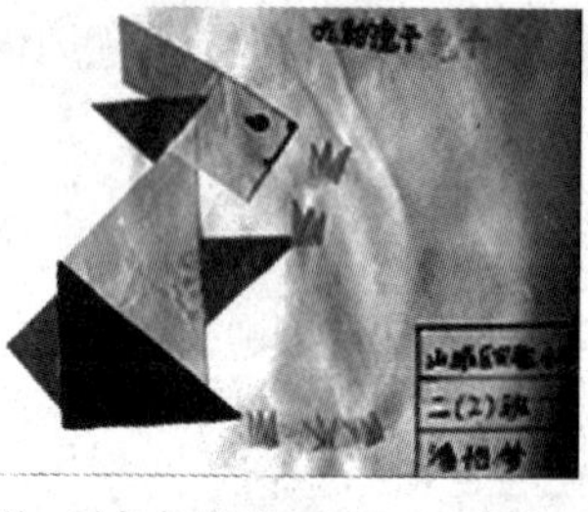

教学“神奇的幻方”一课时，我从幻方的发源——中国古代的“洛书”引入：神龟背上的神奇图案，九种花点竟然对应着1～9这9个数，而且排列相当精妙，让学生领略到世界上最古老的幻方——“洛书”的魅力，它虽无一字，但是体现了和谐均衡的结构，蕴含着奇妙的数理关系。同时，幻方的神奇和规律给人丰富的想象空间，也激起了学生探索五阶幻方、七阶幻方的欲望，数学的理性之美就

这样烙在了学生心间。

即使是平时的计算题目，也蕴含着奇妙的规律。学习“两位数乘两位数”时，借助教材上的题目：“11×11”“12×11”“25×11”“42×11”，学生发现了这样的算式乘积是有规律的，有的学生还总结出了“中间一加、两边一拉”的计算规律。那么，是不是所有的两位数乘11都是这个规律呢？这又激起了学生更大的探究热情，并由此联想到三位数乘11，从40分钟的课堂探究延伸到课外探究，思维活动始终处于浓厚的兴趣之中，原来枯燥的数字背后竟有这么迷人的景象。

数学的美无处不在，美的形式就是秩序、匀称和确定性。数学中的公式、性质、法则都是对纷乱繁杂的数量关系进行高度概括的结果，无不体现着数学的美。难怪有人说：“数学使用了最小的空间，惊人地集中了最多的思想。”数学教学，就是要让每个学生都能感悟到这种美。

五、“不务正业”，汇聚成长之“力”

一个教师，只要把学生的成长放在心上，就肯花时间安静、专注地去做对学生的成长有益的事情。

8年前，我尝试让学生写数学日记。数学日记是连接生活与数学的桥梁，可以将单调的数字跟文字结合，将一个个数学推理跟诙谐幽默、跌宕起伏的故事结合……通过文字记录，学生可以把数学经验进行回味和反思，留下他们对数学学习的体验和感受，留下他们对数学知识的思考和质疑，留下他们对未知的期盼和向往。

写数学日记，可以让学生更好地感受生活中的数学，理解数学在生活中的应用；可以激发学生用数学的眼光看社会的兴趣，让学生学会用数学观察和体验生活，进而使他们热爱数学，学好数学。

这几年，每到教师节，我都会做一件事，就是把这一年来学生写的数学日记、整理的数学网络图、画的数学图画，以及学生做的手工、师生课余交流的照片等这些所有的记忆串在一起，做成PPT——《成长的足迹》。

我常常想，教师的幸福写在学生的脸上。当学生看到PPT上的那些数学日记、单元复习思维导图和多姿多彩的数学画，看到自己课内外的模样，看到数学之外的师生交流的照片，那一刻的激动真是没有办法用语言形容。

我仿佛看到，课上、课下，学生尝试用画图、列表、文字表达自己对数学的理解，用最简洁的方式表达规律的本质属性……从学生的努力中可以感受到学生平和的心态、善于思考的品质、勇于探索的精神，还有努力做一件事的执着，以及智慧和创造的火花……

学生的数学日记、数学网络图、数学图画，体现了他们对数学知识的理解、消化和运用，当所有这些交织在一起，构成一个强大的“场”时，学生对数学的感受还会是枯燥、乏味的吗？

最初是无意的举措，后来是有心的坚持，用镜头记录学生成长的瞬间，用笔记录学生成长的历程，珍藏师生交流的每一份感动，这样的“零存整取”让学习过程变得更加丰满。学生关注数学的眼光由课内延伸到课外，由学校延伸到家庭，拓展了数学课程的宽度与厚度。

我会在数学课上和学生一起欣赏美文，这成了数学课上的另类风景。我知道自己读书不专、不深，但是自认为还算是对文字痴迷的人。我特别希望我的学生有丰富的内心，而美文的熏陶则是不可或缺的。如果哪节课教学任务不重，或者学生表现得好，提前完成了教学任务，我会用两三分钟的时间，读一篇富有哲理的美文或数学家的励志故事，如《大仲马智取稿酬》《被开除的数学家》《玫瑰的余香》《让内心拥有春天》《戴尔的自信罐》《最珍贵的诚实》……我用声音、文字的温度和神采，用温情而持久的力量温暖每一个学生。

从最初我精心寻找给学生分享的美文，到后来学生把一篇篇美文、一本本书放到我的桌上；从最初我为大家朗诵，到后来学生轮流朗诵；从最初少数学生在课间静静阅读，到后来班级自发成立了5个读书小组。毕业时，好多学生把订阅的《实用文摘》（小学版）放在我的桌上，期待我给学弟学妹们继续分享美文。

六年的熏陶，“与书共舞长得高”已深深嵌入学生的心底，像细微的炭火一样，默默地燃烧着……我甚至相信，这份阅历已经融入学生的“精神账户”，他们一辈子可以不断地来“提款”。

对于学生而言，教育发生的地方都是课堂，触动内心的时刻都是学习。写日记、读美文、成长展示等课程的丰富性和学习方式的多样化，不仅仅体现了学生对数学知识的理解、消化和运用，还成为学生打通数学和外界的一座桥梁，成为学生生命成长的印迹。

教学有时候需要“不务正业”，当你的眼光超越了数学学科的限制时，你就关注了更本质的东西——学生的生命。跳出学科内部的枝枝节节，看似“旁逸斜出”，却让数学学习变得更加丰富而柔软，达到了点化、润泽生命的目的。

课堂小天地，天地大数学。课堂40分钟的时间是有限的，但思维的空间是无限的；传授的知识是有限的，但蕴含的智慧是无限的。作为数学教师，应该具有开阔的视野，跳出数学教数学，要善于运用“他山之石”，多关注学科间的联系与渗透，巧妙地运用多种资源，多方面展现、描述、丰富数学的学习方式，使严谨的数学生动起来、活泼起来，让学生能够感受数学之美、数学之趣。

我坚信，教室里有什么样的教师，就会有什么样的教育。我始终认为，“滋养生命的数学”就是把核心素养落实在教学上，利用数学滋养教育、滋养人，让知识充满生长的气息，让课堂充满生长的力量，唤起学生酷爱探究、愿意想象、好问好动的天性，把思考力和判断力逐渐细化为一个个精神的种子播种在学生的心底，成为学生生命中不可或缺的一部分，由此奠定一生的精神格局。

第一章

多元丰富，让学生恋上数学

多元数学，想说爱你也容易

一提到数学，人们可能不由自主地想到没完没了的演算，既枯燥又乏味，于是数学成了一些学生最怕的学科之一。数学家华罗庚曾一针见血地指出，人们对数学产生枯燥乏味、神秘难测的印象，其原因就是数学教育中的一些理念和模式，如死记硬背、脱离学生实际、应试的功利主义等。一直以来，学数学就是学书本上静态的知识，课程内容的“繁、难、偏、怪”，教学方式的单一，让数学成为枯燥乏味但又不得不学的学科。

2001 年，新课程改革全面实施。教育部颁布的《全日制义务教育数学课程标准（实验稿）》，首先对课程做了删减和调整，其次倡导多样化的教学和学习方式，让我们得以看清数学的本来面目：数学应是鲜活的，拥有无限的生机与活力。作为一线教师，应在新课程理念的引领下，重构数学教学的新秩序，使数学走向生活，走向对话，走向开放，走向智慧，走向人文，赋予数学更丰满、更多元的意义。

一、走向生活

数学是源于生活、寓于生活并应用于生活的一门学科，每个数学模型都有着现实的生活原型。教师要根据学生的年龄特点，将教学内容和他们已有的生活经验与知识背景相结合，创设情境、设疑引思，让他们从熟悉的生活中发现数学问题，从而体验到探索的愉悦。

比如，我在教学“小数加减法”一课时，很多学生都有去文具店买文具的生活经验，于是在课堂上创设“买文具”的生活情境：一盒油画棒 36 元，一个书包 118 元，一个笔记本 3.8 元，一个文具盒打折后是 4.65 元。在熟知的生活情境中，学生首先经历整合信息提出数学问题的过程。在接下来的新知探究环节，学生又借助“元、角、分”的生活经验解决问题，寻找“为什么小数点要对齐”的算理意义。

教学“负数的认识”一课时，考虑到温度计可以作为学生认识负数的模型，我和学生一起提前做了手动的温度计，从而更好地理解了“正负数是具有相反意义的量”。教学完“求平均数”一课，学生课后开展了“家庭使用塑料袋情况”的小调查，并上网查阅了白色污染的危害，增强了环保意识和社会责任感。

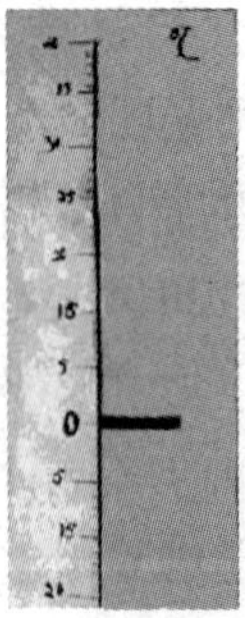

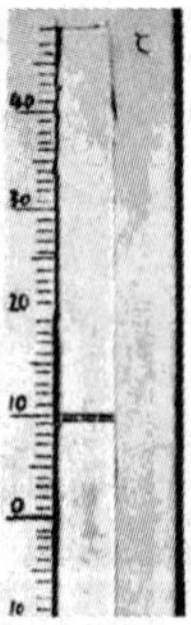

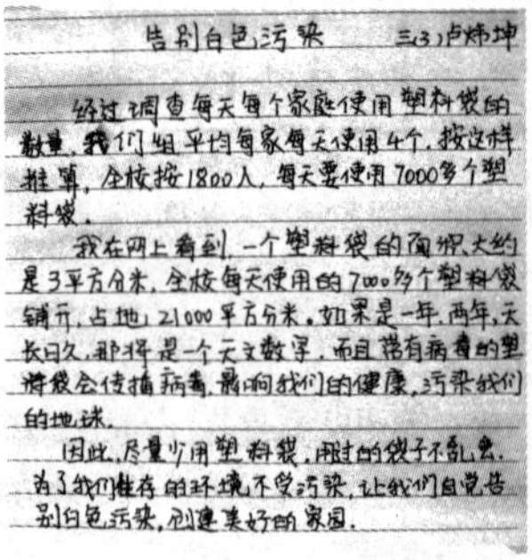

告别白色污染　三(3)卢炜坤

经过调查每天每个家庭使用塑料袋的数量，我们组平均每家每天使用4个，按这样推算，全校按1800人，每天要使用7000多个塑料袋。

我在网上看到，一个塑料袋的面积大约是3平方分米，全校每天使用的7000多个塑料袋铺开，占地21000平方分米。如果是一年、两年，天长日久，那将是一个天文数字。而且带有病毒的塑料袋会传播病毒，影响我们的健康，污染我们的地球。

因此，尽量少用塑料袋，用过的袋子不乱丢。为了我们生存的环境不受污染，让我们自觉告别白色污染，创建美好的家园。

只有当数学不再“板起面孔”，而是与学生的生活实际更贴近的时候，学生才会产生学习的兴趣，才会进入学习数学的状态，感受数学知识的产生和发展过程，体验数学在实际生活中的价值，从而更加热爱数学。

二、走向对话

生命化教育倡导者张文质老师在《教育是慢的艺术——张文质教育讲演录》一书中说：“只有独奏没有对话的课堂不仅对学生是一种伤害，对教师更是如此……教学工作的疲劳不仅是因为劳动的强度，还因为我们在课堂中得不到即时的笑声、放光的眼神、会心的情感碰撞等滋润，在这样的课堂里教师真的成了唯一的输出者，没有挑战，甚至也不需要‘临场的智慧’。”

数学走向对话，意味着课堂不再是教师提出问题并解决问题的“独白”，而是教师、学生、教材、教学媒体、课堂行为完全融合的一个学习共同体。在这个共同体中，师生互相启迪，成为彼此的关注者和理解者。

比如，教学“有余数的除法”时，我在课堂上创设了“开家长会时，每条长凳最多坐 5 人，33 位家长至少需要准备几条长凳”的问题情境。教师为学生提供充足的时间讨论交流，于是，有的学生借助学具，用小棒代表长凳，用圆片代表家长，在动手操作中得出 6 条长凳不够坐，应至少准备 7 条长凳；有的学生通过计算“33÷5＝6（条）……3（人）”，认为剩下的 3 人也需要坐凳子，因此需要“6＋1＝7（条）”；有的学生则利用乘法，用“5×7＝35（人）”，35＞33，而“5×6＝30（人）”，30＜33，得出至少准备 7 条长凳才够坐的结论。学生的思考方法多种多样。

教学走向对话后，教师更多的是一个倾听者与提问者，问在关键处，问在易混处，问在提升处：“你能具体解释‘至少’是什么意思吗?”“余下的 3 是什么意思?”“某某同学说结果还得加上 1 条长凳，谁能就这个问题做进一步的解释?”教师有意地“放大”学生思维进程中的“结点”，并引导学生围绕这些“结点”来展开对话，再进行生成、延伸、总结，充分理解根据实际情况确定结果的合理性。

在对话与分享中，师生、生生的思维和情感相互碰撞、相互回应、相互融合、相互启发、相互滋养，使课堂上闪烁着一种生成的动态美，显得生机勃勃。这样的对话，尊重了学生的禀赋和基础，让学生走上敢于发问、善于思考、互助合作的良性认知轨道，打通了促进知识理解的金色桥梁。

三、走向开放

教学走向开放包括教学方式的丰富与开放，也包括学习时间、空间的开放，即建立起“大数学”的课程观，打破课内与课外、数学与其他学科、校内与校外的界限，构建以课堂为主阵地、以课本为基点的开放新格局。

比如，教学“100 以内数的认识”时，我带学生到校园外面的南岗上，通过捡石子、数石子、摆石子、估石子的教学活动，让学生认识 100 以内的数，在活动中培养学生的数感。这节特殊的数学课，活动的场地由传统的教室改为春天的原野，这样打破常规的学习场景让学生激动不已，师生共同体验了开放性学习所带来的愉悦。

教学“24 时计时法”“年、月、日”这样的课，考虑到这部分既是数学知识，也是天文知识，又是生活常识，如果把学生封闭在几节课内教学，收获是有限的。所以，我把教学向课前开放，让学生收集、观察年历，在网上搜寻平年、闰年的相关资料，有的学生还阅读了《金老爷买钟》《我的一天》等关于时间的绘本，了解到许多关于时间的有趣的故事。这个向课前开放的学习过程，为课堂上的探究与分享积累了丰富的素材，也培养了学生多渠道获取有用信息的能力。

课后还可以继续向课外拓展，布置学生制作新年 1 月份的年历，这也是综合运用“年、月、日”的知识进行再创造的学习形式，如：如何确定新年第一天是周几？大月、小月各有多少天？平年或闰年的 2 月有多少天？另外，用什么材料做或如何设计才能让年历卡使用更方便？如何装饰才能让作品更美观？……这些也都考量着学生综合运用知识解决实际问题的能力，考量着学生的审美观和持久做一件事的耐心，可谓“润物细无声”，这远比多做几道习题更具价值。

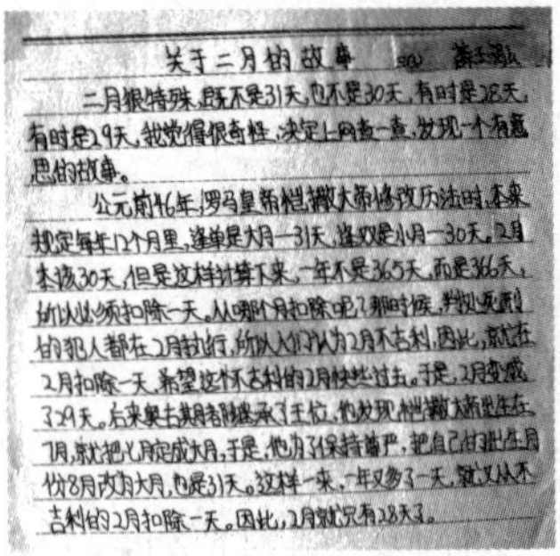
关于二月的故事

二月很特殊，既不是31天，也不是30天，有时是28天，有时是29天，我觉得很奇怪，决定上网查一查，发现一个有意思的故事。

公元前46年，罗马皇帝恺撒大帝修改历法时，本来规定每年12个月里，逢单是大月—31天，逢双是小月—30天。2月本该30天，但是这样计算下来，一年不是365天，而是366天，所以必须扣除一天。从哪个月扣除呢？那时候，判处死刑的犯人都在2月执行，所以人们认为2月不吉利，因此，就在2月扣除一天，希望这个不吉利的2月快些过去。于是，2月变成了29天。后来奥古斯都继承了王位，他发现恺撒大帝出生在7月，就把7月定成大月，于是，他为了保持尊严，把自己的出生月份8月改为大月，也是31天。这样一来，一年又多了一天，就又从不吉利的2月扣除一天。因此，2月就只有28天了。

走向开放的数学意味着教材不再是唯一的教学资源，课堂也不再是学生获取新知识的唯一渠道。开放的数学教学需要教师不仅有数学学科素养，还要有开放的眼界和灵活的思维，为学生提供“好吃又有营养的数学大餐”。

四、走向智慧

数学作为现代文化的组成部分，是一门充满智慧、充满思想的学科。英国哲学家怀特海说：“认知教育总得传授知识，不过有样东西比知识模糊，但比知识伟大，在教育过程中占据主导地位，人们把它叫智慧。”智慧基于知识又高于知识，知识和智慧之间不能画等号，但在一定条件下可以转识成慧。

比如，教学“探秘汉诺塔游戏”一课时，我从神话传说中僧侣移 64 个金盘的故事引入，让学生做出“按照规则移完 64 个金盘需要多长时间”的猜测，进而想到通过减少金盘个数探寻规律的办法。课堂上，通过小组合作移动 1 个圆盘、2 个圆盘、3 个圆盘并记录下所需的最少步数，观察操作和记录单，根据圆盘的个数和移动的最少步数之间的关系，来发现和归纳移动汉诺塔游戏的规律。

最后大家根据发现的规律，通过计算机计算出移动 64 个金盘需要的步数为 18 446 744 073 709 551 615，并做出假设：移动一个圆盘用 1 秒，换算成以年为单位，移动 64 个金盘需要 5000 多亿年……在这个过程中，学生体验到探究的乐趣和成功的喜悦，体会了“化繁为简”“以退为进”的数学思想，并和学生的人生启蒙对接，促进学生积极人生观的形成。

数学走向智慧，首先要给学生机会，激发学生参与活动的自信心；其次是促使学生在每次活动后都要学会反思，帮助学生明晰策略和方法，形成理性的精神和素养。无论活动成功与否，都能让学生在反思中获得经验，促进和完善以后的探究活动，引导学生从经验到知识、从知识到方法、从方法到智慧、从智慧到触及灵魂，步入学习的更高境界。

五、走向人文

荷兰数学家弗赖登塔尔说：“教育不能成为类似于把人训练成计算机的教育，因为人算得再快也快不过计算机。与其如此，不如让孩子去做那些计算机不能做的事情。”在新课程理念下，数学教育要从以获取知识为首要目标转变为首先关注人的发展，关注数学学科的意义与人文的和谐统一。

首先，要创设良好的课堂生态。教师是经常固定于一个位置，还是站在教室的侧面、后面，或穿行在学生中间？教师微笑的目光是盯着那些优等生，还是关注那些不太自信、不敢发言的学生？教师的仁爱之心、赏识眼光、善解人意，能引导学生以开放的姿态和积极的心态投入学习，让学生感受到在学习和成长过程中，教师是他们可以信赖的朋友。

其次，要努力建构课程文化。比如，教一年级“认知钟表”一课，学生认识了“整时”和“几时半”后，在多媒体的音乐伴奏中，全班学生声情并茂地唱了一首《时间像小马车》的儿歌，歌曲唱完，教师接着说：“时间像小马车，哒哒哒哒向前跑。时间在吃饭中、睡觉中、游戏中、学习中一天一天过去了，我们一天天长高，从幼儿园到了小学一年级，爸爸妈妈却在逐渐变老。时间都去哪儿了？我们该怎么办？你想到了什么？”

有学生一拍脑袋说想给妈妈画一幅画，让她永远年轻；有学生说想用一根绳子拴住太阳，不让它落下去；有学生说想快快长大，不让爸爸妈妈为自己操心；有学生说想让时间过得快点，妈妈上班累了一天能早点回家；有学生说想让时间过得慢点，妈妈已经有白头发了……

在这样的数学课上，学生不仅认识了形式各异的钟表，学会了辨别“整时”“几时半”的方法，还受到了生命的点化润泽，记录了一些东西，如细腻的情感、成长的体验、感恩之心等。所有这些，都意味着身体之外的另一种生命的成长，最终使课程、课堂教学成为促进学生良性发展的环境力量。

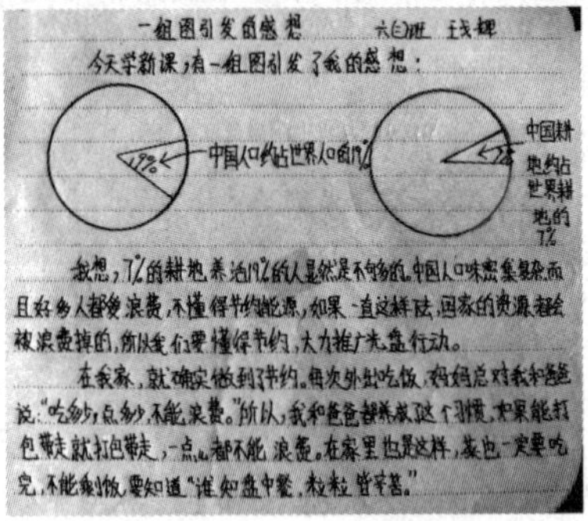
一组图引发的感想　六(3)班　[illegible]

今天学新课，有一组图引发了我的感想：

我想，7%的耕地养活19%的人显然是不够的。中国人口本来就密集，而且好多人都爱浪费，不懂得节约能源，如果一直这样下去，国家的资源都会被浪费掉的，所以我们要懂得节约，大力推广光盘行动。

在我家，就确实做到了节约。每次外出吃饭，妈妈总对我和爸爸说：“吃多少，点多少，不能浪费。”所以，我和爸爸都养成了这个习惯，如果能打包带走就打包带走，一点儿都不能浪费。在家里也是这样，菜也一定要吃完，不能剩饭，要知道“谁知盘中餐，粒粒皆辛苦。”

实践活动　李梦凡

星期六的上午，天气格外晴朗，可我没有出去玩，我在家里准备做一个小小的“实践活动”，就是量一量我的“腰围”和“头围”。

我拿出妈妈的皮尺，把皮尺围在我的腰上，量好一看，我的腰围是58cm，然后我又把皮尺围在了头上，一量是53cm，它们之间相差5cm，我终于知道我的腰围和头围啦！

随着岁月的增加，我的腰围和头围也肯定会增加的，我在长大，多么高兴啊！

数学走向人文，对数学教师提出了较高的要求。教师的教学既要有高度，又要有宽度，还要有深度。要激发学生做一个热情的思考者，理性地、辩证地看待问题，要让学生在学习知识这条路上不仅走得快，更要在人生道路上走得远，从而达到点化、润泽生命的目的。

我的学生司芳宁曾在毕业时写下了《数学真有趣》的小儿歌："如果你问我，数学有什么用？那么，我可以明确地告诉你，数学很有趣！如果你问我，数学为什么有趣？那么，我可以马上回答出，数学用一种独特的方式，使我们的思维变得灵活了！"

总之，数学走向生活、走向对话、走向开放、走向智慧、走向人文，其实是从更广阔的视野、更多元的背景来诠释数学。它揭开了数学的神秘面纱，让数学具有可亲性和易接受性，引导学生以欣喜、自然、自主的姿态赴数学之约，体验数学、感悟数学，并由此爱上数学！

数学，在理性中寻找力量

美国著名数学家克莱因在《西方文化中的数学》中说："在最广泛的意义上说，数学是一种精神，一种理性的精神。"数学的理性精神既是支撑着数学家研究数学进而研究世界的动力，也是学生怀着好奇心学习数学最原始、最永恒、最有效的动力。

我始终认为，一个优秀的数学教师最根本的表现，就是他教的学生喜欢数学，愿意思考。数学使人明智，通过数学学习让学生学会思维，具备有理性、有逻辑的数学素养，即使有一天他们走出校园后忘记了所学的数学公式、定理和解题方法，但深深铭刻在头脑中的数学思想、数学思维方法和看问题的着眼点等却能随时随地起作用。这样的数学学习才能实现真正的长效，这种数学素养才能使人终身受益。

一、有理有据的决策力

数学是理性的，数学结论要通过推理、计算等方式，依靠归纳、演绎、类比和数据运算等方法得到。即使在小学阶段，也能让学生初步感知到数学的推理是可靠的，可以突破感官、经验、常识的局限性，胜于凭感觉经验得到的结论。这是数学的精髓，体现了数学有别于其他学科的育人价值。

以教学“评选吉祥物”一课为例，要让学生体会到“在四种小动物中选出一种最喜欢的小动物作为吉祥物”，不能仅凭自己的爱好进行判断，当大家的想法不一样时，要通过收集和整理数据，依据调查的结果再做决定。

当学生看到黑板上记录的整理结果——喜欢小兔的有 15 人、喜欢小猴的有 10 人、喜欢小鱼的有 7 人、喜欢熊猫的有 19 人后，教师可以组织学生讨论：怎样才能知道每个人都表态了？现在你认为选哪种小动物做吉祥物最合适？为什么这样选择？甚至可以追问：你刚才选的是哪种动物？为什么现在同意选熊猫呢？学生会说因为喜欢大熊猫的人最多，所以服从这个调查结果。

在这样的数学课上，二年级的学生可以初步感知到每人举一次手或者写一张选票就可以了，不能重复举手或者多次投票，这样得出的数据代表了每个人的意愿，而且这个数据是“会说话”的，“选哪种动物做吉祥物”不是某个人说了算，也不是教师做决定，而是要服从调查后得到的数据结论，根据数据做出的决策是民主的、合理的、科学的，从而逐步养成接纳他人、尊重事实的良好品质。

数学教学，要打破学生固有的思维模式，引导他们告别凭感官和直觉下结论的学习方式，要学会多尝试、多实践，多用数据说话，多用事实说话，要有深入思考的意识、不断追问的习惯、奇思妙想的胆略，这也是未来公民所需要的基本素质。

二、清晰简洁的表达力

现代心理学、教育学认为，语言的准确性体现着思维的缜密性，语言的连续性体现着思维的逻辑性，语言的多样性体现着思维的丰富性。如果说语文学科要求学生口头表达的内容更形象、生动的话，那么数学学科则要求学生说话更准确、精练。

小学数学现行教材多以“问题＋情境串”的形式呈现知识或内容，有时还辅以图表。从低年级开始，教师可以有意识地培养学生叙述题意的能力。比如，看到一幅画面生动、色彩鲜艳的情境图，要组织学生理解图意，用数学的眼光解读情境图。“图中讲了一件什么事?”“你读出了哪些数学信息?”“根据这些信息你能提出什么数学问题?”“谁能完整地说一下这道题目的意思?”课堂上，教师可以有意识地培养学生的审题能力，引导他们把数学信息从给出的图中提炼、剥离出来，完整地、连续地表述图中的信息，提出相应的问题。

到了中、高年级，教师可以通过设置有效提问，或者针对遇到困惑的知识点，鼓励学生当“小老师”，引导他们讲清自己的思路。比如：这个问题要求什么？需要用到哪几个数学信息？题目中的哪些关键词可以帮助我们选择计算方法？要想解决问题第一步需要怎样？第二步需要怎样？……“我认为这个问题还可以这样思考，先求什么再求什么也同样能解决问题，可以画示意图表示数量关系……”“我不同意刚才某某的方法，我觉得他漏掉了第二个条件，应该这样算才对……”“我同意某某的方法，他的思路清晰，便于理解……”重点培养学生分析数量关系的能力以及对数学语言表达的规范性和灵活性。

在课前预习、课堂探究、课堂小结等环节，教师可以通过训练更多的“小老师”“小小点评家”和“质疑小能手”，让人人都学会精练、简洁、清晰地表达自己的想法，鼓励学生用文字、画示意图、列表等多种形式分析、展现自己的思路，特别是画图的方式。图是无声的语言，直观、通俗易懂，让学生通过画图的方式表达自己的思考过程，应是小学阶段长期关注的内容。另外，课后也可以让学生通过写数学日记的形式展现自己对知识的理解，系统地表达自己的观点。

丰富学生的数学语言系统，培养学生的数学表达能力，对学生数学知识的理解与运用、数学技能的形成与发展、数学思想方法的掌握与应用，乃至情感、态度与价值观的培养都有着重要的现实意义。

三、求真务实的质疑力

由于年龄特点，小学生做出的判断往往是感性的，而数学教学的任务就是培养学生用知识证明真理，不生搬硬套，不做盲目跟风的追随者。

教师首先要向学生传递一种认识：很多时候问题不止有一种答案，教师的话也不一定权威；其次要让学生明白，不懂就问是一种好的学习习惯，对于似懂非懂的、自己认为值得怀疑的或自己有独到见解的问题要提出来和大家探讨分享，鼓励学生有理有据地质疑教师，质疑标准答案。

教学“搭一搭（一）”时，教材中有一道题“森林医生”：4根小棒搭一个正方形，用33根小棒可以搭几个正方形？还剩几根？对于这道题，教材给出了两种解法：33÷4＝7（个）……5（根），33÷4＝8（根）……1（根）。学生很快认识到第一个算式是错误的，因为余数比除数大，说明还能搭一个正方形。但是对于第二个算式，学生几乎异口同声地回答是对的，造成这种错误的原因很简单，这个算式余数小于4，就剩1根小棒不够搭一个正方形，但学生没注意到算式中写错的单位。

这时班里一个比较内向的学生李恒高高地举起手，站起来说第二个算式不对，班里很多学生不屑一顾地撇嘴，我示意大家安静，李恒结合搭正方形的情境说明商的单位应该是“个”，表示搭了8个正方形，余数的单位才是“根”，表示没用完余下了1根。学生们听后恍然大悟，然后自发地为李恒鼓掌，敬佩他敢于提出不同的意见并有理有据地阐述自己的观点。这个问题让学生对“有余数的算式为什么会有两个单位，而且有时候两个单位还可能不同”这部分知识有了更清晰的认识。

教师只有呵护学生敢于提问、敢于质疑的精神，课堂才能成为学生自由发表意见的“王国”。另外，要让学生的质疑有价值，教师就不应置之不理或者武断下结论，而是要把问题作为鲜活的教学资源，以质疑为契机展开更深入的研讨。然后，教师通过引导学生进一步的研讨，使学生对正确问题的认识得到强化，对错误问题加以澄清，并引起学生的自我反省。学生在数学学习中养成的这种大胆质疑、不“人云亦云”的精神，真正实现了对数学学习的理解，实现了求真知乃至做真人的追求。

四、自我监控的反思力

我们常说，“教的目的是为了不教”。课堂学习无非是为了使学生获得自主学习和深入理解的洞察力，能够对学习过程、学习行为进行自我审视和调节，能够对学习结果进行自我总结和自我评价，学会欣赏别人思考问题的独到之处，接纳和分享他人的观点，进而将其内化为自己的经验。学生通过数学课堂学习获得的这种反思力与数学思维能力有密切的关联，可以促进理性思维的发展。

因此，教师在数学课堂上要组织学生开展有效的探究活动，应注重引导学生对探究过程“回头看，反复想”，反思自己的优点和不足，并通过及时反思促进学习经验的提升。比如，教学“面积和面积单位”一课，课的结尾，教师引导学生对本节课进行梳理：“通过这节课的学习，你有哪些收获?”

有学生说，通过学习知道了物体的表面是有大有小的，大小不同就是面积不同；有学生说，知道了长度测量有专门的长度单位，比较面积的大小也需要用统一的面积单位；有学生说，知道了常用的面积单位，比如平方厘米、平方分米、平方米，不能把面积单位用错，那样就会闹笑话……

教师及时引导学生深思：“怎样才能不用错单位呢?”有学生说，要在脑子里想一下1平方厘米、1平方分米、1平方米到底有多大，根据实际物体的大小选用合适的面积单位；有学生接着补充，记住身边常见的1平方厘米、1平方分米、1平方米的物体的大小，如自己的指甲盖大约1平方厘米，讲桌上的粉笔盒一个面的大小约1平方分米，家里客厅的地板砖每块是1平方米，把它们当作标准去判断别的物体的面积大小。教师适时回应学生，建立参照物是理解计量单位的有效学习方式。

《课程标准》在教学建议中明确指出：“数学活动经验的积累是提高学生数学素养的重要标志。”数学活动经验是在“做”的过程和“思考”的过程中逐步积累的。“做”而不思或思而不“做”，都难有经验可言。然而，这种能力单靠学生自身很难形成，需要教师持之以恒地督促、引导和帮助，让学生在解决数学问题的活动过程中积累数学活动经验，从而促进活动水平的提升。

因此，教师要引导学生梳理探究的过程，审视自己的学习过程和结果，对自己的学习方法、解决问题的策略等进行归纳总结，学会批判地看待自己的学习过程。这个思辨的过程正是学生的思维能力、表达能力、反思能力全面提升的过程。在这样的数学学习中，学生的大脑就像装上了发动机一样，学生怎能不喜欢？

古希腊伟大的哲学家柏拉图谈及数学思想时说，数学“使灵魂由变幻的世界转向真理”，今日看来，我们不妨将其理解为数学培养人的理性精神。数学不只是加减乘除，数学的理性之美无处不在。

正如日本数学教育家米山国藏曾阐述的那样：在学校学的数学知识，毕业后没有什么机会可用，一两年后就忘掉了。但是无论一个人长大后在不在数学领域内学习或工作，通过数学学习获得的解决问题的策略、思维方式、思想方法及运用工具的能力在任何时候都可以帮助人们做出判断，这是惠及一生的核心素养。

课堂，是一种“慢”浸润

2011年，我已经是一个有着近20年教龄的“小有名气”的教师了，无意中读到生命化教育倡导者张文质老师的《教育是慢的艺术——张文质教育讲演录》一书。书中写道：“教育需要的是持久的关注，耐心的等待，需要的是潜滋暗长与潜移默化。立竿见影往往是有害的，甚至是反教育的。”他提倡的“慢”其实是呼唤教师在教育教学中要细致，要有耐心和爱心。细细品味，我认为这些才是教育应坚守的常识。

用“慢”教育反观自己的课堂，我逐渐领悟到，课堂也是一种“慢”浸润。教学中要舍得在必要的地方“浪费”时间。“慢”一点，知识的学习不再是简单的“搭积木”过程，而是一个生态式的“孕育”过程。

一、"慢"在认知体验处

爱因斯坦说："什么是教育？当你把受过的教育都忘记了，剩下的就是教育。"的确，知识忘记了，还有能力；告诉的忘记了，经历的还在沉淀；表象总会模糊，融入血脉的体验方能伴随终身。体验是由身体性活动与直接经验产生的感情和意识，体验使学习进入生命领域。

比如，教学"1分有多长？"时，我设计了三个活动来凸显认知体验这一理念，让学生多感官、多方位、多角度、多渠道地去品味"量"的抽象性，将"认识1分"的教学过程转变为学生对"量"的体验过程，使学生形成"1分"的正确表象并建立起时间观念。

第一个体验活动，我让学生做口算题，我说"停"的时候其实时间正好为1分钟。我让学生猜一猜用了多长时间，并统计班内大多数学生做题的数量，确定1分钟做口算题数量的大致范围，使学生初步感知了1分钟有多长。

第二个活动是让学生通过钟面观察"秒针走一圈正好60小格"，即"1分＝60秒"。然后让学生闭上眼睛跟着秒针的节奏数60下，体验1分钟。接下来，不看钟面，不跟秒针，让学生自己根据刚才的感觉数60下，看谁数完60下的时间最接近1分钟。

第三个是实践活动，我让学生在1分钟或背乘法口诀，或写自己的名字，或拍球，或背古诗，或头顶书单腿站，或看小视频……来丰富对时间的体验，充分感受1分钟的长短，体会1分钟的价值，在多次反刍中使学生体会到原来1分钟能做这么多有意义的事情，要珍惜时间。

课堂上，通过这三个活动，我将抽象的时间概念与学生的生活实际紧密联系起来，把抽象的"1分"变为可以感受、可以触摸，真真切切的数学事实，帮助学生积累了数学活动经验。

课后，我让学生继续开展体验"1分有多长"的实践活动，让他们在多种多样的体验活动中丰富对时间的认识和感知。有学生这样写道："蹲马步1分钟，好累；看动画片5分钟也不会累。时间真有意思！"时间本身是没有感情色彩的，只是由于融入了个人的喜好、身体的感受而被赋予了浓郁的感情色彩，学生对时间的体验丰富了，这个过程也变得有趣极了。

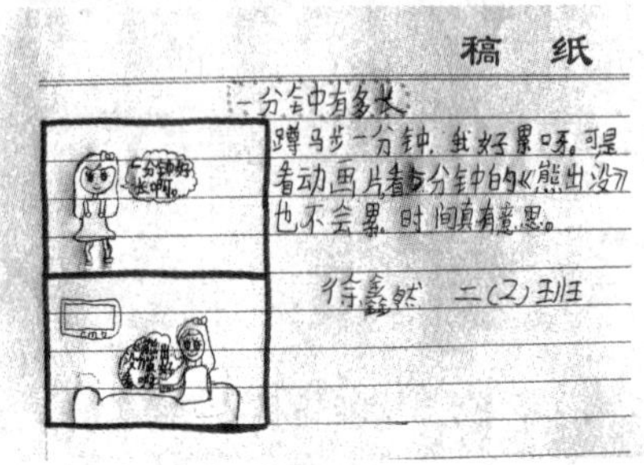

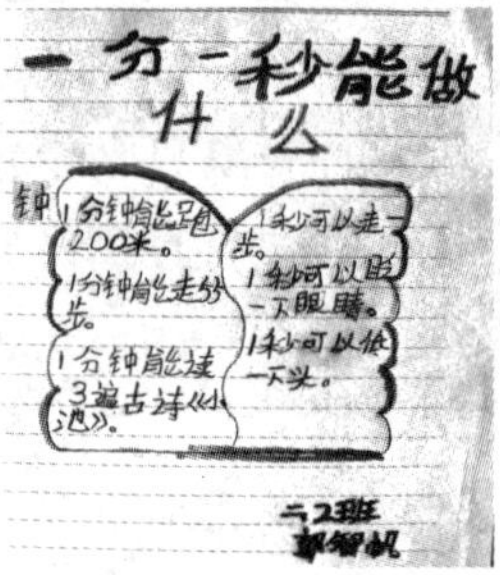

类似的“量”的学习，如“认识 1 米”的教学，可以让学生测量自己的身高，两臂伸开的长度、脚长、一步长、一拃长……帮助学生建立一些生活常识类参照物的标准。另外，可以利用身体上的“尺子”进行估测，形成日常的长度观念，这些也是作为一个社会人不可或缺的数学素养。

再如，教学“千克与克的认识”一课时，我考虑到质量单位不像长度单位那样直观、具体，学生只靠讲解和观察难以获得正确的认识，所以充分的活动体验就成为学生建构质量相关知识的关键。整节课，我反复让学生称一称、掂一掂、比一比，让他们通过亲身体验和感觉来感受“1 克和 1 千克究竟有多重”。接着又开展了估一估、猜一猜的活动，给学生提供了先估测再验证的练习，不断地矫正、巩固、丰富对这两个质量单位的正确认识。

“感觉手里什么也没拿，1 克太轻了。”“1 克很轻很轻，感觉不到它的存在。”“1 千克拿在手里沉甸甸的。”“有感觉了。”“比较重了。”……这种感受不是靠教师讲解获得的，而是学生认真体验后悟出的结果。

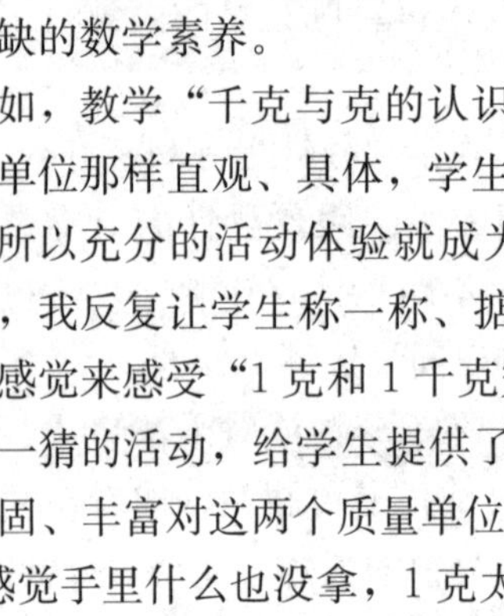

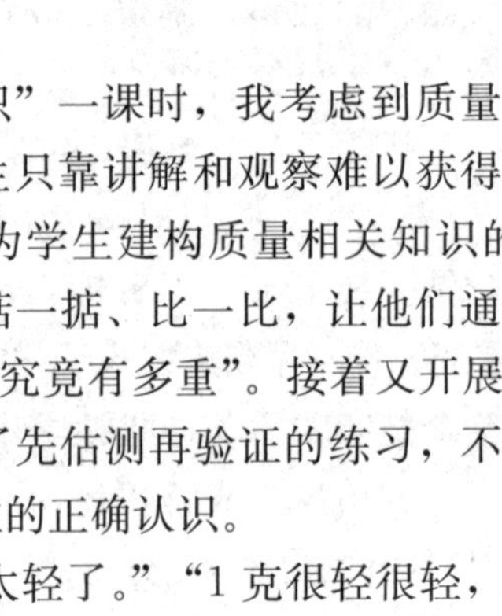

赋予知识生命的体验，这样的课堂才能焕发出生命的活力！只有学生亲身体验到的东西，才能最终沉淀到他们的内心深处，成为一种素质、一种能力，让他们受用一生。

二、“慢”在模型建构处

荷兰数学家弗赖登塔尔说：“一个教师或教科书作者的头脑里，想象有一个或是一群主动的学生，设想如何教他们，如何应付学生可能有的各种反映……所教的东西都是在上课过程中产生的，是在学生眼前发生的，而不是教条式的灌输，教师只起到了‘助产士’的作用。”“发生”一词太值得回味了！其本质就是一种重视教学过程和教学品质的“慢”教育。

在一年级教学“几加0”时，教师先出示“小猫钓鱼”情境图，让学生发现信息并提出关于加法的数学问题。学生提出“两天一共钓了几条鱼”的问题，并列出算式“4＋0＝4”。接着，教师又呈现三幅情境图，学生根据图中信息列出加法算式：“2＋0＝2”“3＋0＝3”“5＋0＝5”，学生全部学会计算这些算式。这种情况下，看似知识目标已经实现，但是教学绝不能止于此。

教师继续启发学生想象类似的情境并提出问题，有的学生编出了“左手拿8支铅笔，右手拿0支铅笔。两只手共拿几支铅笔?”的问题，有的学生编出了“第一个盘子里放着10个苹果，第二个盘子里没有苹果，两个盘子里共有几个苹果?”的问题。当有的学生编出“公园的游乐场里，坐小火车的有28个小朋友，碰碰车还没人玩，一共有多少个小朋友在玩小火车和碰碰车?”的问题时，教师适时表扬了学生用更大的数来举例的做法。

不少学生得到启发，直接喊出了“40＋0＝40”“200＋0＝200”“800＋0＝800”……黑板上的算式已经从“一位数加0”延伸到“两位或三位数加0”。这时候教师又引导学生观察黑板上这些算式，说一说“发现了什么”，把学生的思维引向深处。

有学生发现这些算式中都有0，有学生说发现任何数加0都等于“白加”，结果还是原来那个数。教师接着问：“要是把这些算式中的两个数换一下位置，把0写在前面，结果怎么样?”短暂的沉默后，有学生说举个例子试试就明白了，比如“3＋0”和“0＋3”的结果都是3，“15＋0”和“0＋15”都等于15；有学生说“0加任何数”和“任何数加0”结果一样。

继续向深处“挖掘”。“老师写一个特别难的式子，看谁能想出结果。”说完教师转身在黑板上写下“（　）＋0＝?”，班里特别安静，学生托腮、凝思，有学生说在括号里填个数试试，发现“（　）＋0”还等于“（　）”；有学生说“（　）”里是几结果就等于几。教师又板书“$a+0=?$”，学生兴奋地抢答“结果还等于a”。有学生说“还可以写‘$b+0=b$’‘$c+0=c$’呢”。这时候，教师适时总结：0加任何数或者任何数加0结果还是这个数。

本节课，如果仅仅停留在正确计算“一个数加0”这样的题目上，对于在学前学知识较多的学生来讲，早已经不成问题。那么反思一下，这节课的时间花在哪里了？从课堂伊始借助情境抽象出一个算式，到学生自己编问题引出一类算式，从“一位数加0”联想到“多位数加0”，从“一个数加0”到“0加一个数”，从“一些具体的算式”抽象出“（　）加0”和“$a+0$”，从感性的语言表达到规范的结论，逐步建立了“$a+0=a$”这个计算模型。

这个过程，看似“耗费”了很多时间，但对于学生来讲，“0和任何数相加还得原数”这个结论已经成为深层的思维认知，学生悄无声息地经历了从算术思维到早期代数思维，再到规范的代数思维的过程。正如苏格拉底所描写的，教师好似“助产士”，教学行进似抽丝剥茧，让一个数学模型缓缓地走进了学生的视野中。

在小学数学中，概念的理解、算理的探究、规律的发现等知识的建构都蕴含在教学过程中。在看、说、做、思、议的活动中，学生不断地积累“做”的经验、“想”的经验、“归纳概括”的经验，体现了“从头至尾”思考问题的过程，对知识的认知更清晰、更深刻。这个过程，不能加速，无法跨越，这种表面的“慢”是为了以后的“快”，以及理解得更透彻。

三、“慢”在思维顿悟处

曾经看到记者采访著名钢琴演奏家傅聪的一篇文章《弹肖邦要

尽量多情》，文中有这样一段对话。

记者：傅聪先生，您曾经说过，现在的年轻人弹奏技巧越来越好，能不能告诉我们，您的潜台词是什么？

傅聪：现在很多孩子都是从3岁就开始练琴，练到10多岁，基础打得很扎实，基本技巧好得不得了，连我也很羡慕。但是呢，音乐其实他们懂得并不多。所以我说技巧有时是音乐的敌人，技巧和音乐完全是两码事。

其实，技巧和数学也是两码事。在课堂教学中，教师的眼睛不能只盯着技巧，我们的眼界需要开阔一点，找到能够助力学生可持续发展的思路。

教学“两位数乘两位数”时，无论学生是在课前的预习还是家长提前的渗透中，竖式作为一种程序式的计算方法，已经在学生的心中“根深蒂固”了。在课堂教学中，我首先通过数形结合的方法让学生理解竖式的算理，接下来，我并没有按部就班地安排不同层次的练习，而是用PPT呈现了古人用竖式计算两位数乘两位数的计算方法。

23×12

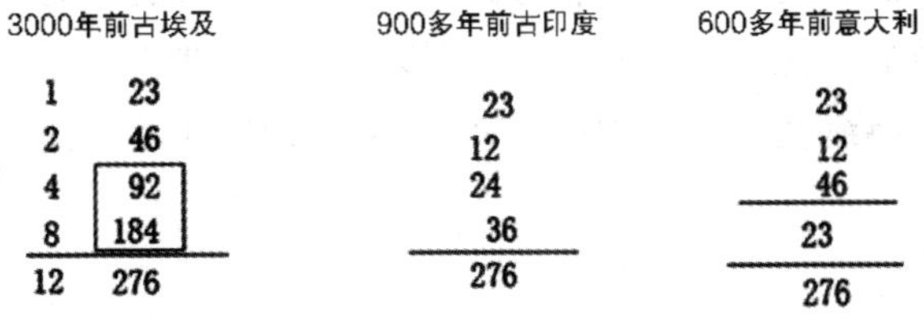

接下来的教学，我并没有让学生仅仅停留在对数学史的简单欣赏层面，而是展开了多种计算方法的对比与梳理：“古人用竖式计算‘23×12’的方法和现在一样吗？”“竖式的每一步你能看懂吗？”“古今的竖式计算虽然形式不同，但有什么相通的地方吗？”

有学生说，从中可以看出大家熟知的竖式其实是从古代的竖式“进化”过来的，因为书写格式越来越简单，而且现在的竖式从个位开始算，遇到进位时更方便了；有学生说，从竖式演变的历程可以看出，每一点进步都离不开数学家们的聪明智慧……

对这些问题的思考，从历史的视野丰富了学生原有的认知，让学生明白了现在的竖式书写既不是“与生俱来”的，更不是唯一的。它们的相通之处都是先分步算，再把每一步计算的结果合在一起，竖式的好处就在于记录了每一步的计算过程。

这段看似“不实用”的教学，让学生同跨越千年的数学文化与发展智慧产生共鸣，领略了竖式的文化意蕴以及蕴含其中的一脉相承的“转化”思想，不知不觉地抵达欣赏数学、热爱数学的境界。这些都是对学生核心素养的培养，不能因为考试不考，对升学的影响不大，或耗费很多时间和精力，就忽视它。

法国 18 世纪伟大的启蒙思想家卢梭说：“最重要的教育原则是不要爱惜时间，要浪费时间。”归根到底，这些关乎学生成长的东西都需要用时间来“涵养”。一节课是否有温度、有生命，是不是一个不断生成、不断延伸的空间，其中的辗转、迂回、反复和发展都考量着教师的智慧、耐心和敏感，彰显着“山重水复疑无路，柳暗花明又一村”的奇妙之旅。

因此，课堂是一种“慢”浸润，方向比速度更重要！课堂的学习因为“慢”而精彩，因为“慢”而丰富。“慢”下来，我们才能感受朴素、安静、灵性的课堂魅力；“慢”下来，我们才能看到张扬的个性、智慧的火花、生命的拔节；“慢”下来，课堂才能触及学生的灵魂，积蓄持续发展的后劲；“慢”下来，师生才能互相润泽、彼此滋养。

站在知识的立场，关注生命的脉动

2002 年的夏天，流火的 7 月，参加完新课程改革岗前培训后，相信很多教师和我一样，都在琢磨新课程改革“新”在哪里？为什么要改？改什么？

到现在 16 年过去了，我从最初的手足无措、照猫画虎，到现在可以读懂、准确地分析和判断新课程改革的内容和理念，从关注丰富多彩的形式转变为关注课堂教学的实际效果。进入“后课改时代”，课程改革已从外围逼近内核，或者说课程改革正走向其本质，我们更应该关注课堂的教育意义，从“教学”层面进入“教育”层面，由“凸显知识”到“关注生命”，由“着眼现在”到“关注一生”，即站在知识的立场，关注生命的脉动。

一、生命课堂，身教重于言教

12年前，我还在一所农村小学任教，有一次，区教研室的老师下乡听课调研。教学过程中，一个女生忽然呕吐了一地，顿时一股刺鼻的气味充满了教室，随着几声尖叫，几乎所有的学生都皱着眉，捂住了鼻子，离那个女生近的几个学生也远离了座位，班里一阵躁动。

我急忙放下手中正在演示的教具，快步走向那个女生，弯下腰来，一边帮她捶背，一边关心地询问：“哪儿不舒服？早上吃药了吗？现在怎么样?”边说边搀扶着这个女生坐到了其他座位上。然后快步走到教室后边拿打扫工具，同时大声地对学生说：“孩子们，开窗!”学生好像意识到了什么，又像突然醒悟了一样，靠窗的学生马上推开了窗户，有的学生从口袋里掏出了纸巾递给女生擦嘴，几个学生跑过来：“老师，我们来帮你!”

顿时，扫的扫，倒垃圾的倒垃圾，我安排班长扶生病的女生到隔壁办公室休息。几分钟后，教室里恢复了平静，课堂教学照常进行。

当时，对于课堂上突然发生的这个小状况，短短的几分钟内教师自然的、下意识的动作以及全班学生接下来的反应和行为，对学生的影响胜过一节精心设计的班会，教师的身教是一种最生动、最现实、最有力的教育手段。

对于那些睁大眼睛看世界的学生来说，重复说教不如亲身示范来得形象直观。什么是尊重、理解？什么是善解人意？什么是知行合一？书该怎么读？路该怎么走？人该怎么做？……这些不只是写在教育论文和工作总结中，而是体现在课堂的每一个细节和教师对待每一个学生的态度上。那些反复强调的外在要求在教师具体行为的示范和引领下，经过“顺从”“认同”，进而“内化”为个体的自觉行为，才能为学生的成长打下干净、明亮的底色。

二、关注思维原点，顺学而导

课堂中的每一个学生都是带着自己的经验、智力投入课堂学习中的，所以面对同一问题不同的学生有不同的认识起点，教学也需要在这其中找平衡。这需要教师耐心地倾听学生的想法，关注不同学生的思维原点，顺学而导，而不是“削足适履”。

比如，学习“长方形的周长”一课。一上课，我就把问题抛给了学生：“黑板的周长指哪里？怎样才能求出来？”学生说要量出四条边的长度，于是推选出两个高个子学生开始测量，结果黑板的长是 32 分米，宽是 16 分米。我把测量的结果写在黑板对应的边上，手一挥，“自己想办法，算吧”。几分钟的寂静后，学生开始交流。

有学生说：“‘32×2＋16×2＝96’，因为长方形的上下两条边是相等的，左右两条边也是相等的。”（大多数学生附和，就是这样的）

有学生接着说：“‘（32＋16）×2＝96’，先求出一个长和一个宽的和，这是一组，另一个长和宽也可以看作一组，而且是与前面的组相等的，所以要乘 2。”（这次有二十几个学生响应，大部分学生还比较茫然）

“还有其他的算法吗？”我的目光在教室里搜寻着。几只小手慢慢地举起，我示意一个学生发言。该学生刚一开口“32＋16＋32＋16＝96”，班里的几个急性子学生就不耐烦地喊“笨方法”，吓得那几只小手一个个地往回缩。我用眼神示意大家安静并表达了自己的态度：“这个方法很直观嘛，周长的定义就是把所有的边长加起来。”在我的赞许下，那几个学生眼中才有了光彩，腰杆也直了起来。

其实认真解读这三种方法会发现，每一种算法背后都对应着学生思维的原点，代表了三类学生的认知水平。选择“把四条边加起来”的学生，他们停留在具体形象思维阶段，根据周长的定义选择了最直观的方法；选择“长×2＋宽×2”的学生，很好地理解了长方形的特征和乘法的意义，思维已经超出了前一类学生；而选择“（长＋宽）×2”的学生，思维已经到了抽象概括的阶段，他们在脑海中把长和宽看作一个“组块”，其实就是乘法分配率的雏形。

听过不少教师上这节课，学生探究交流完几种算法后，教师总要把落脚点放在“（长＋宽）×2”上，认为应该把这种“简便”的方法推荐给学生，似乎这样的教学也显得有“高度”。但我想，既然学生的思维不在一个层次，教学中强行要求所有的学生都用同一种方法，只会造成死记硬背和模仿公式的局面。

况且，学生对于方法的优化和知识的建构也不是一成不变的，选择“笨方法”的人也不会“一笨到底”，他们会根据自己对知识的不断理解，完善和调整自己解决问题的策略。反之，只要学生理解了周长的真正内涵，哪怕用最原始的“长＋长＋宽＋宽”的方法，也能应对各种复杂的问题。

站在学生的立场上，要多关注学生思维所处的不同层次，而不是一味地追求教学结构及框架的深度，要允许他们“慢”点悟，逐步建构属于自己的真正意义上的认知。

三、区别对待个体，尊重学生的“数学现实”

荷兰数学家弗赖登塔尔有这样的观点：每个人有不同的“数学现实”。荷兰学者范·希尔夫妇在分析学生的思维层次时提到了“成熟”一词。学习其实就是基于一种成熟，反思班里几十个学生学习数学的过程不难发现，同一个知识点，学生理解得快慢不一、深浅不同。

所谓的“读懂学生”，其中一项就是读懂学生的认知水平，准确地判断他的思维处于什么层次，经过教师的帮助和自身的努力，他可以达到怎样的水平。教师在这两点之间“逼一逼”学生是有效的，这可以用最近发展区的理论来解释。

尊重学生的“数学现实”意味着不要对学生“一刀切”，对于某一知识点不要求学生非得即时理解，不一定非得全部理解。有时候在我们眼里很简单的问题，学生可能就是理解不了。在这种情况下，教师不必强求“立竿见影”的效果，需要耐心等一等，在后续的学习中，随着思维的发展和认知的深入，这些学生完全有可能理解过去无法突破的难点。我们应该给学生这样的缓冲期，这也体现了

“教育应当因材施教”的朴素观点。

对于小学生而言，个人的天资有所不同，“开窍”的时间有早晚的差异。学习是一辈子的事，在小学和中学，最重要的是呵护学生自然的天性，而不是过于强调他们学到了什么。课堂不能仅仅窄化为知识与技能的掌握，而要站在贴近学生灵魂和遵循教育规律的高度，尊重每个个体并为他提供适合的教育。对于那些学习数学吃力的学生，更要对他们施以更多的人文关怀，为他们化解来自各方面的压力。

四、课中有“人”，“人”“课”合一

爱因斯坦认为，只教给人一种专门知识、技术是不够的，专门知识和技术虽然能使人成为有用的机器，但不能给人和谐的人格，最重要的是，人要借着教育获得对事物和人生价值的了解和感悟。课堂教学源于一般的教育活动，又高出一般的教育活动。课堂上的学生是“整个人”在参与教学活动，而非只是智力上的参与，教学活动必定会影响到学生的精神世界。

我曾在全市的新教师展评课中听过一节一年级“两位数减一位数”的课。课上，学生根据“多一些”“少一些”“大了”“差一点”等提示语猜教师的年龄，在来来往往的“拔河”中，一个学生终于喊出了正确答案，教师随口说了一句“你真聪明”，结果这个学生兴奋得坐不住了，前后、左右地炫耀“是我最先猜到的”。眼看教学没办法进行下去，教师不得不在他胖乎乎的小手上贴了一颗五角星，又强调了一句“是的，你很棒！大家都要向你学习”，才算是“稳”住了这个学生。

听二年级“长方形、正方形的认识”一课，教师在黑板上贴了几颗智慧星鼓励学生。在汇报“长方形的边的特征”时，一个学生讲解得生动清晰，首先拿走了第一颗智慧星。在接下来回答“如何用折一折的方法验证正方形的四条边都相等”这个有思维坡度的问题时，课堂“卡了壳”，依然是这个学生“救”了场。但出人意料的是，他站起来先声明“我不要智慧星了”，学生的天真和率直赢得了现场听课教师的掌声。执教教师随口说了一句：“哦！你不要智慧

星，因为你已经有一个了。”

作为一线教师，类似的课堂细节并不陌生。很多时候，这些细节并没有引起我们的关注，或者我们为了教学顺畅和结构完整，不愿花费更多的时间去延伸而匆忙继续后面的教学。事实上，学生脱口而出的都是真实的内心，从个体生命发展的高度来看，这其中很可能蕴含着某些品质问题。

第一个案例中，教师说：“大家都要向你学习。”我在想，最先猜出结果是他一个人的功劳吗？如果教师对此置之不理，孩子的私欲会膨胀，他一定坚信自己最先猜到就是“最棒”的。这时候是否可以委婉地引导他：“是你最先喊出答案的，但别忘了这是小伙伴们共同努力的结果。团结起来力量大，你说呢？”

第二个案例中，教师说：“你不要智慧星，因为你已经有一个了。”那一刻我有点走神，看了看黑板上还剩的两颗智慧星，我猜这个学生是想把机会让给更多的学生。这个学生随意说的一句话难道没有流露出弥足珍贵的善心吗？是不是可以借势赞扬：“你们听懂他的话了吗？多么善良的孩子，想把更多的机会让给别人，我们把掌声送给他！”

课程标准倡导“知识技能”“数学思考”“问题解决”“情感态度”四个方面有机结合起来，这里的“情感态度”并不是备课时写的条条框框，它需要相机渗透在课堂的场景中。比如，创设自然舒适的课堂文化，用贴切的语言为学生减压，关注坐在角落的沉默群体，关注学生学习过程中的情感变化，让出错的学生体面地坐下……

因此，课中有“课”更要有“人”。教师不仅要关注学生知识与技能的提高，更要关注学生生命的成长。学生凭借师生交流中的话外之音、场景之韵，懂倾听、知宽容、会合作，形成自己对善恶、是非的判断，并与自身的生命成长联结起来。这样的课才能触动学生的内心，并且变得日趋完美。

站在知识的立场，关注生命的脉动，其核心是一种教育观和学生观的变革，也是教育更上位的追求。作为教师，我们要常常反思自己：你仅仅在教知识吗？有没有把学生的生活、生命、做人和你的学科融会贯通？有没有让学生看到更加广阔的前景和外面的世界？有没有让学生变得宽容并且更有责任感？我们不仅需要在丰实课堂的底蕴上下功夫，让学生对课堂产生向往和眷恋，更需要站在生命哲学的角度，关注学生心智的发展和人格的完善。

第二章

生动有趣，让数学变得迷人

入学第一课，为学生烙上数学印

在一些学生眼中，数学似乎总是和枯燥的计算分不开。从0到9虽然只有10个阿拉伯数字，但是可以演变出无穷的数；再添上“+、-、×、÷”四个运算符号，就能演变出无穷的算式。演算在一些学生头脑中似乎成了数学的代名词，这也正是他们害怕数学的地方。尤其是刚入学的一年级学生，面对呆板、枯燥的算式，没完没了的计算更是提不起兴趣。而他们对数学的态度，对以后的学习甚至一生有着无法估量的影响。

每次接手一年级新生，我并不急于讲授知识，而是精心设计入学第一课，制作精美的PPT，让学生了解数学、亲近数学，体会探究的美妙和数学内容的丰富，进而爱上数学。

一、激发学习兴趣

对于小学生来说，从幼儿园迈入小学，这是人生的第一个转变——角色的转变、环境的转变、人际关系的转变，有人把这个阶段称为“心理断乳期”。大部分学生对即将开启的小学生活充满了期待和向往，也有一部分学生对陌生的环境很敏感，情绪波动比较大，需要教师给予格外的关注和呵护，以尽早消除他们对陌生环境的畏惧感。

通常我会在入学第一课上先播放一首欢快的《上学歌》，当轻松而熟悉的音乐响起，不少学生就会摇头晃脑地跟着唱起来，那些起初哭鼻子不肯进班的学生也被感染了，开始情不自禁地跟着哼唱，和同桌拍手对唱，不知不觉地融入班级温馨的氛围中。

当音乐停止，我的目光缓慢扫过每一张充满童真的小脸，首先祝贺他们成为一名小学生：“看到大家精神饱满的样子，董老师真高兴！（一部分学生禁不住又挺了挺腰板，多可爱的孩子）欢迎你们走进小学，从今天开始，你们成为一名小学生了。我是你们的数学老师，也是你们的大朋友，老师非常乐意帮助你们。请你们看看身边发生了哪些变化。”

有人说“校园比幼儿园大”，有人说“班里的小朋友多了，很多都不认识”，有人说“换了好几个新老师”，有人说“发了新书”，有人说“数学书比语文书大”，有人说“喜欢数学书上的小动物和卡通画”，有人激动地站起来说“老师，我会数数，书上的数字我认识”，有人伸出5个手指挥舞着说“我有5个新朋友，好开心哦”……聊着聊着，课堂氛围变得快乐轻松起来。

虽然对于学前教育比较完备的学生来说，仅从知识的角度来讲，认识20以内甚至更大的数并非难事，但是由于刚刚从幼儿园进入小学校园，完成角色转换、适应小学生活、熟悉身边环境、培养学习兴趣是关键，所以保护并激发学生的学习愿望是每个教师应该考虑的首要目标。

学生孙彬鑫在一年级第一学期就写下了《夸夸我自己》的小文：“我叫孙彬鑫，今年6岁半，我的数学、语文、体育都很棒，我上课听讲非常认真，积极发言，作业总是得优。放学总是先写作业，再读20分钟的书，每次考试成绩都在95分以上，老师和妈妈都经常夸我。我每天早上6点半起床，7点半上学，每天上学都很准时。我很开心，我会坚持下去的。”

从学生的话语中可以读出他的自信以及对学校生活的喜爱。作为教师，我们应为学生创设唤醒潜能、鼓励质疑的课堂氛围，呵护学生在课堂中所表现出来的对校园生活、数学学习的情感和态度。课堂中的每一个细节、每一次谈话、每一个眼神，都要显示出对学生的尊重，消除学生对学校生活、课堂学习的陌生感，让学生在入学之初就喜欢上学、喜欢课堂、喜欢同学、喜欢教师，乐于分享。

二、建立课堂常规

我国教育家陈鹤琴先生说：“习惯养得好，终身受其益；习惯养不好，终身受其累。”孩子由幼儿园进入小学校园，日常的活动内容发生了变化，由原来的以玩为主变成了以学为主。从入学第一课起，教师就要有意识地引导学生建立课堂常规，如学会倾听、独立思考、交流和合作、完成课内外作业，学会自己整理书包、文具、书本等。但课堂常规和良好的学习习惯不是短时间内就可以形成的，教师要经常耐心细致地提醒、指导，让学生逐步形成纪律意识，养成良好的习惯。

我通常从师生的谈话切入课堂常规的引导："刚才有不少学生说会数数，现在董老师就来考考大家，我把音乐老师上课用的双响筒带到了教室，我轻轻地敲，你们闭上眼睛静静地听，然后伸出手指告诉我敲了几下，比比谁的耳朵更灵哦。"顿时，教室里鸦雀无声。大部分学生闭上了眼睛，有的趴在桌子上，有的用双手捂上眼睛，脸上充满了期待。当然，结果对错并不是最重要的，这样的活动首先可以让学生感受到数学学习的丰富性和趣味性，更重要的是让他们一入学就体验到安静学习和专注倾听的美妙和重要性，这也是课堂上接收信息的第一道大门，学生的听讲能力是决定学习质量的首要因素。

日本著名教育者佐藤学先生在《静悄悄的革命——课堂改变，学校就会改变》一书中写道，课堂应当追求的不是"发言热闹的教室"，而是"用心地相互倾听的教室"。因此，倾听作为一种学习手段，必须被纳入课堂常规之中，也就是说，教师必须培养学生良好的倾听能力。

接着，我在黑板上写了一个大大的"聪"字，我告诉学生，这个字就是"聪明"的"聪"，"聪"字是由耳朵、眼睛、嘴巴，还有一个"心"字组成的。意思是只要大家会用耳朵听，会用眼睛看，会用嘴巴说，会用心思考，每个学生都能成为一个聪明的人。

然后，针对每一项要求，师生进行现场模拟。如课堂上教师讲解或有同学发言时，要学会用耳朵听，不能东张西望；听同学发言时，要注意听他回答对了没有；如果你有不同的想法，要大胆地说出来和大家分享，学会用嘴巴表达自己的想法……

通过示范和讲解，让学生明白良好学习习惯的养成不仅仅是指上课坐端正、举手发言等外在的形式，更重要的是要逐步形成独立思考、敢于提问、认真倾听、勇于表达、虚心请教等内在学习品质。

我为学生准备了好习惯儿歌，首先播放了《聪明歌》：“小耳朵，认真听。小眼睛，盯得紧。小嘴巴，会回答。老师讲话记在心。”接着播放了《作业歌》：“风儿轻轻吹，我来做作业。课上用心听，题目用心做。独立完成好，还要细检查。每天及时交，学好多开心。”最后播放《整理书包歌》：“我是小学生，自己整书包。对照课程表，课本准备好。东西固定放，用时容易找。书桌整干净，到点就睡觉……”

朗朗上口的儿歌更容易将良好的习惯渗入小学生的心中，再通过手把手的训练和持续跟进的行为指导，加上后期的不断强化，会更加有效地促使良好课堂秩序的建立及学习习惯的养成。

事实证明，学生学习的差距并不完全是由智力水平的高低造成的，情感的投入、兴趣的培养、做事的毅力、自我控制力、计划性与好奇心、合作与质疑的能力等，这些非认知技能会对学生的后续学习产生重要影响，也是影响学生学习成绩的重要因素，非智力因素的培养往往比教给学生多少知识更重要。

三、感受数学无处不在

我和学生一起交流要学的这门数学课。看着每个学生都拿着自己的新书翻来翻去，有的学生忍不住亲吻了散发着墨香的崭新教材，不少学生为自己的新书包上了精美的书皮。我为大家介绍了数学书中的几位卡通人物：“书中有一些好朋友，以后将和我们一起学数学。请大家先认识一下，他们是淘气、笑笑、智慧老人，还有机灵狗。淘气和笑笑会和大家一起学习，智慧老人会为你们提供适当的帮助，机灵狗会为每一个孩子的精彩表现喝彩。他们非常高兴认识大家，也希望和大家一起学好这门课，你们有信心吗?”学生点点头，有的还握紧拳头，表现出很自信的样子。

通过教学北师大版教材上的准备课“可爱的校园”，我为学生呈现了动物学校开学的情境，这与刚入学学生的经历相同，画面中可爱的卡通形象和美丽的校园景色深深地吸引了学生。从数学的角度看，图中呈现的素材既有“数”，又有“形”，这有助于学生对数学有一个比较全面的了解。我让学生数出动物学校里的各种实物，先自由数，再数给同桌听，然后集体交流。在交流过程中，重点追问如何才能数得既对又快，引导学生思考数数的方法。

接着，我让学生寻找身边藏着哪些数。于是，一双双眼睛在教室里搜寻，有人说看到同桌扎着 2 条辫子；有人伸出自己的手说自己有 10 个手指；有人马上跷起自己的脚说自己有 10 个脚趾；有人说同桌的衣服上有 5 个扣子；有人说自己的裙子上有 8 朵花；有人说教室里有 4 盏电灯、6 扇窗、2 扇门；有人说窗台上放着 6 个水杯；有人说黑板上方的标语有 8 个大字；有人说自己家里有 4 口人；有人说自己的书包里有 3 个本子、5 本新书、1 个文具盒……

在不知不觉中，学生的眼光从课本到身体、教室，延伸到现实生活中广阔的空间，真正感受到数学是有趣的、鲜活的。“身边的数太多了，说不完。”“我们生活在数学的世界里。”学生感受到原来数学就在我们身边，它不再神秘，不再深不可测，进而形成亲近数学、喜爱数学的良好开端。

然后，我向学生展示了精心搜集的往届低年级学生写的数学日记、数学小报，如《饭桌上的数学》《家里的数学》《校园里的数学》《大街上的数学》《公园里的数学》《认识东西南北》《时间去哪儿了》等，展示学生参加“魔法剪刀”“快乐大比拼”“我是测量小能手”等数学实践活动的照片和个性化作业，以及每年教师节学生欣赏“成长的足迹”的现场照片。那些图文并茂并富有生活气息的资料和照片一下子吸引了学生的注意力，他们一个个伸长了脖子，脸上的表情都极为丰富，还不断地发出“啧啧”的惊叹声。

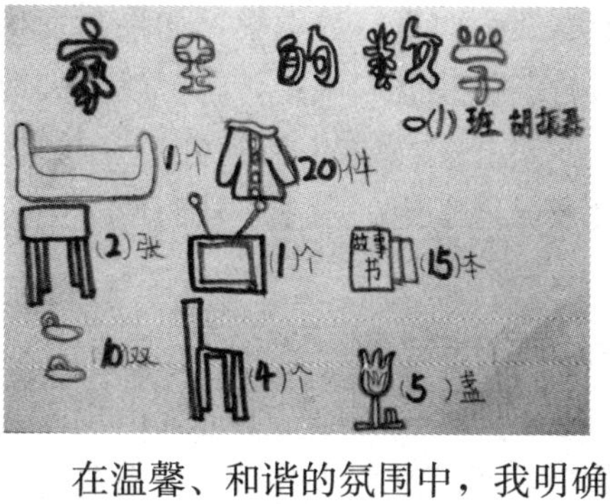

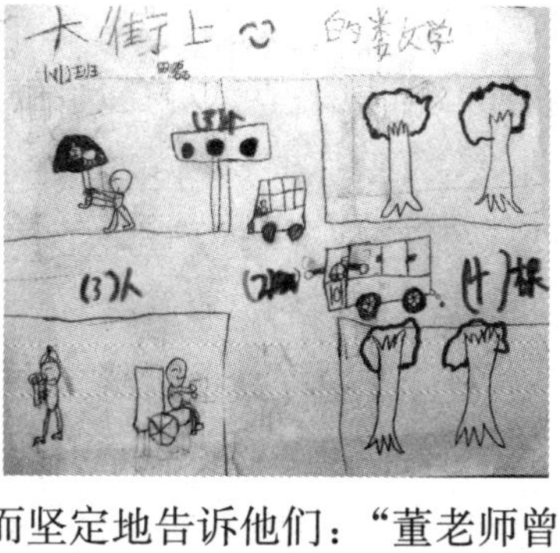

在温馨、和谐的氛围中，我明确而坚定地告诉他们：“董老师曾和大哥哥、大姐姐们这样学数学。你们觉得数学有趣吗？你们身边

有数学吗？你们愿意这样学数学吗？”班里一阵欢呼雀跃，不少学生不自觉地又挺直了腰板，明亮的眼睛里充满了期待。最后，我又布置学生课后继续开展“寻找数学”的活动。

在入学的第一课上，我想通过这样的方式揭开数学和课堂学习的神秘面纱。数学是真实的，它不仅存在于书本中，更存在于我们所熟悉的生活中，而且探究数学知识的过程是充满乐趣的、令人向往的；课堂是“活动”的，手动、口动、心动，让学生感受到原来可以“玩着”“乐着”学数学。

春种一粒粟，秋收万颗子。从入学第一课开始，我们就要培养学生对数学学科的认同感，激发学生学习数学的热情和兴趣，调动学生参与课堂学习的主动性，从小呵护、培植学生学习数学的自信心，在一节节课中潜移默化地埋下“好奇心、守秩序、愿探究、乐分享”的种子。相信只要学生怀揣一颗优质的种子，日后必将在合适的土壤里生根发芽，最终成长为参天大树。

数学是“化了妆”的生活

数学家华罗庚说过：“宇宙之大，粒子之微，火箭之速，化工之巧，地球之变，生物之谜，日用之繁，无处不用数学。”这是对数学与生活的关系的精彩描述。对于小学生而言，数学学习如果与发生在他们身边的、可以直接接触到的事物建立起联系，就可以极大地调动学生参与的积极性。教学中只有把数学与生活有机结合起来，才能更好地通过数学课程的学习来促进学生的发展，从而使学生更加热爱生活、热爱数学。

一、挖掘生活素材，学习鲜活的数学

传统的数学教学总是以“例题＋讲解＋练习”的形式出现，这种例题式的教学起点，对于小学生来说，很难使课堂达到预定的教学目标。小学生的学习是基于情境的，新课程理念下的数学开始以

“情境＋问题串”的形式呈现，充满了儿童情趣和生活气息。教学中，设计有趣的、现实的、蕴含数学意义和富有挑战性的多样化情境，有利于学生体会数学与生活的广泛联系。

例如，教学“估算的策略”一课时，我根据小学生的年龄特点和他们已有的生活经验，创设了学生喜闻乐见的购物情境。教学分两个层次进行：第一层次的教学创设了淘气买书的情境，挑选了定价 16 元一本的《夏洛的网》和定价 23 元一本的《小王子》，大屏幕出示的时候先隐去了个位的数字，让学生估计花几十元钱才能买回这两本书，从学生估计的 30 元、40 元、50 元三种情况引出“去尾法”和“进一法”的估算特点和适用范围，带领学生分析、把握其特点，同时和“四舍五入法”比较，进一步分析体会它们之间的不同点；第二层次的教学以淘气一家三口购物的情境为依托，出示购物清单，请学生替淘气一家解决三个问题：（1）这次购物至少要花多少钱？（2）带 100 元够吗？（3）大约要花多少元？在购物的情境中选择适合的估算方法，使学生认识到方法本身没有优劣，适合的估算方法才是最好的。

整节课从情境的引入、新知的建构再到问题的解决，把学生带入一个又一个喜闻乐见的生活场景中，拉近了数学学习与学生生活之间的距离，让学生感受到之所以学习所学内容是出于我们自身生活的需要，从而产生学习的兴趣和动力，最大限度地调动学生的多种感官参与课堂学习。

如一年级教学“连加连减”，可以借助乘车情境，呈现一系列动态的、连续的上下车画面，让学生置身于熟悉的场景中，形象直观地体会连加连减和加减混合运算的实际意义以及运算顺序。又如二年级教学“2 的乘法口诀”，可以创设吃饭时摆筷子的生活场景，引导学生体会筷子的“双”数与“根”数之间的对应关系，为学生学习关于 2 的乘法口诀奠定基础。

一年级的崔梓轩写了《家里的数字》一文：书上有数字，钟表上有数字，钱上有数字，手机上有数字，计算器上有数字，电磁炉上有数字，扑克牌上有数字……三年级的郭威发现了“加油站中的小数”，二年级的李梓睿发现了排队中的数学问题，窦梓涵发现了楼梯台阶中的数学问题，还有学生发现了装修房子中的数学问题以及生活中的角、寒假的作息时间表、旅游景点的门票问题等。在学生眼中，数学几乎无处不在。

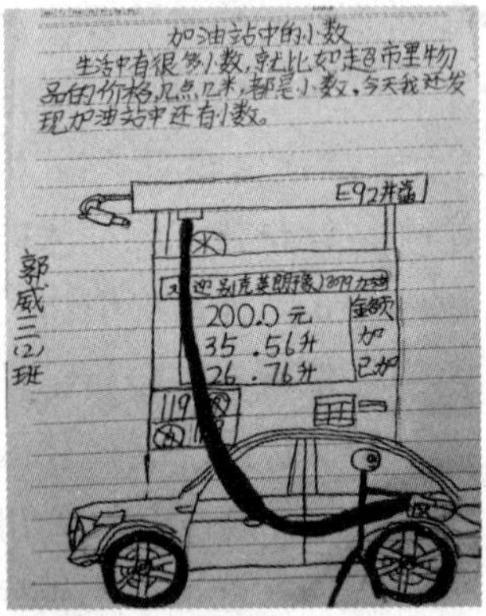

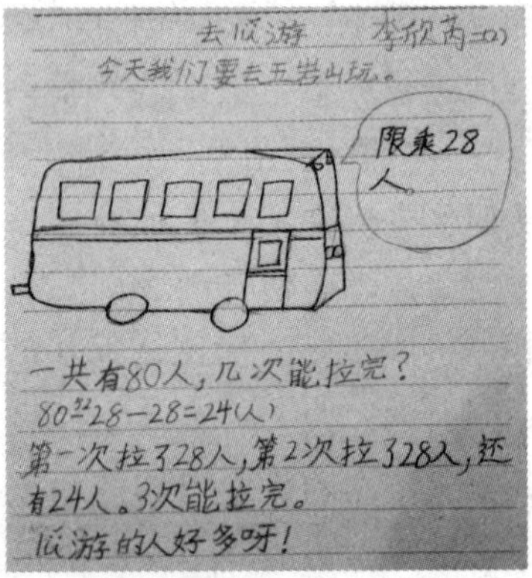

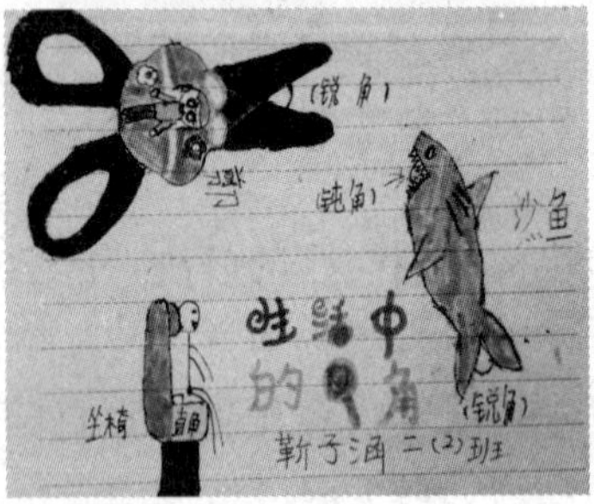

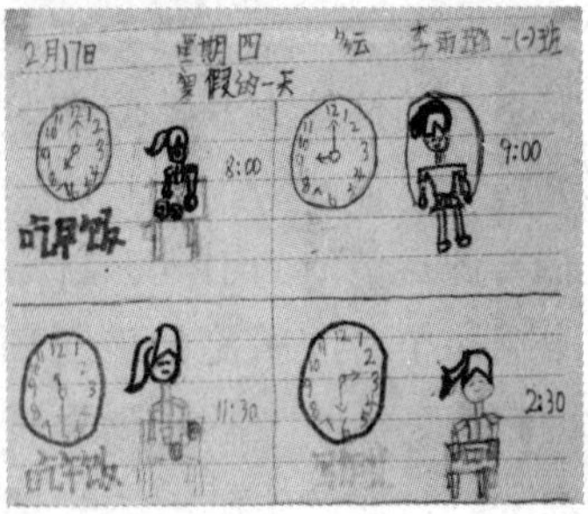

丰富多彩的现实世界是学生学习数学的广阔背景，当学生感到数学与自己朝夕相伴，并已经成为自己生活中的一部分，而不是仅仅存在于书本上、课堂上、试卷上的时候，数学就有了“孕育”和“生长”的土壤，这才是真实而鲜活的数学。

二、寻找生活原型，还原知识背景

荷兰数学教育家弗赖登塔尔认为，数学教学的最佳途径是联系学生的数学现实和生活现实，将要传授的知识和学生已经在现实世界中积累的或已经学过的知识建立起紧密的联系。

数学本身的抽象性和学生思维的形象性往往会产生矛盾，如果教师能在教学中有意识地还原数学知识的生活背景，将原本枯燥的数学知识安放在特定的生活情境中，就会为学生真正理解数与概念、规律与法则提供经验支撑。就每个抽象的数学概念而言，教学时应找找其背后有没有生活原型。一方面，数学来自生活；另一方面，通过原型，学生可以更好地理解数学概念的来龙去脉。教师要善于把教学内容与学生的生活实际联系起来，让他们了解二者的内在关联，从而理解数学，建立数学模型。

比如，“认识负数”是学生数学概念的一次重要扩展。在这之前，学生学习的都是自然数，这些数往往与生活实际联系紧密，学生认识这些数的含义比较容易。而负数在生活中的直接运用相对少些，对于学生来说，要建立概念比较困难。因此，负数的教学更要从学生的实际出发，创设现实情境，引导学生利用生活经验感悟负数具体的实际意义，然后通过实际运用，初步理解负数的抽象意义。

教学中可以创设学生较熟悉的天气预报情境，从学生熟悉的几个城市的温度入手，让他们发现气温除了 0 摄氏度、零上温度，还有零下温度。怎样用数表示气温，才能使得零上温度、零下温度一目了然呢？在这一过程中，学生感受到：如果不用文字，仅用已学过的自然数不能明确地区分零上温度、零下温度；还有比 0 摄氏度更低的温度，需要用比 0 更小的数来表示。于是，就产生了认知冲突——如何来表示比 0 摄氏度更低的温度，这样就引入了负数。接着引导学生观察生活中的家庭收支情况、银行卡存取情况、班级学生转入转出情况等，使学生在熟悉的情境中感悟到正数与负数其实是具有相反意义的量。关于比较负数大小，借助大家熟悉的温度计，学生就容易理解了。

再如“里程表（一）”一课的主情境呈现了“北京—西安”铁路沿线示意图，借助直观路线图帮助学生理解里程表中数据所表示的实际含义，唤醒学生对行车路线以及里程数的生活经验，渗透借助画图的策略分析、理解问题，找出各站点之间的距离关系。教学“认识 0”一课，通过小猫钓鱼的故事情境，理解当“一个也没有”时，就要用 0 来表示。我还特意为学生呈现了一组生活中常见的用 0 表示的现象，如电话机、开关控制器、温度计、直尺，目的是引导学生观察生活，感受到生活中很多地方都会用到0，进一步丰富对0的意义的理解：0除了可以表示“没有”，还可以表示“起点”与“基准”，在熟悉的生活情境中拓宽学生对0的认识范围。

学生的生活经验是一种重要的学习资源，当教学中遇到一些学生比较难理解的知识时，教师就可以在生活中寻找与数学相关的生活原型，让学生在现实生活情境中体验和理解数学，在原本枯燥、抽象的数学知识与现实生活之间架起一座无形的桥梁，及时唤醒学生的生活经验，有效地帮助学生理解新知，激发学生的学习兴趣，同时也让学生感受到数学就在我们身边。

三、学有所用，体验有价值的数学

生活是包罗万象的，它既是知识的源泉，也是检验知识的大熔炉。数学教学要紧密联系学生的生活环境，从学生的已有经验和已有知识出发，激发他们对数学的兴趣以及学好数学的愿望，并着重引导他们学会运用数学的思维方式去观察、分析、解决日常生活中的问题。

比如，学习“圆柱的体积”后，学生发现生活中的很多容器，如水杯、饮料罐、食品包装盒等都是圆柱形，这就引发了他们思考“人们为什么那么喜欢圆柱体”，并以此为专题开展实践活动，通过计算等底等高的长方体与圆柱体的表面积与体积，发现两者体积相同，但是长方体的表面积大。这样学生就会明白人们之所以喜欢用圆柱体包装商品，是因为制作圆柱形的包装盒比较节省材料。

教学“三角形的稳定性”后可以让学生解释一下：房子的屋顶为何要架成三角形的？木工师傅帮同学修理课桌时为何要在桌脚对角处钉上一根斜条？教学“平行四边形的特性”后请学生思考：为什么学校的推拉门要做成平行四边形的网格状而不做成三角形？通过分析、解释一些生活现象，使学生更深入地感受数学与现实生活的密切联系。这个过程让学生感受到“数学能解决、分析生活中的问题，生活问题需要通过数学来优化”，由此数学的内在价值就会渗透到学生的心里，提高学生学习的积极性、主动性。

比如，和家人一起出游，学生利用所学知识帮助家人设计出行方案、租车方案，思考如何购买景点门票才能更优惠。和家人一起去超市购物，商场的促销活动是满200元返150元划算，还是打六折划算？这些问题都可以用学到的数学知识来解决。学生郭威记录了和妈妈一起去超市购物参加“优惠大酬宾”活动的经过。

今天，我和妈妈去裕隆超市买东西，一看有购物优惠——满100送100，我可高兴了，挑了135元的东西，得到了20张面额为5元的代金券。妈妈问我，要花多少钱才能用完这些代金券？我想，超市规定50元才能用1张5元的代金券，那么500元用10张5元的代金券，1000元用20张5元的代金券。哇！要再花1000元才能用完这些代金券，说是优惠，其实还是让我们多花钱啊！

这些问题具有一定的开放性和现实性，通过解决问题，既开放了课堂的空间，又发散了学生的思维；既帮助学生巩固了所学的数学知识，又提高了学生提取信息的能力。学生在不断地利用原有的知识经验对生活现象及各种方案的合理性做出解释的过程中，对数学学习有了个性化的体悟。每一次解决问题，都见证着学生数学经验的积累和创造能力的提升。在这个过程中，数学变为看得见、摸得着、用得上的知识，学生由“学会”到“会学”，由“会学”到“乐学”。

运用学过的数学知识解决实际问题，需要一定的思考能力。当学生以数学的眼光观察、分析生活现象时，他们会惊奇地发现生活与数学竟是那样密不可分。生活的每个角落里都有数学，生活的每时每刻都离不开数学。这种体验，正是他们在学习过程中产生内驱力的基础。对于小学生来说，内在的学习动机主要是通过在活动中的体验和生活中的感悟来认识数学学科的价值，学会用数学的眼光去观察生活，从而拉大了数学课的“长度”和“宽度”，进而引发对数学学科的热爱。

数学是化了“妆”的生活。书本中的数学是对生活中的数学的一种提取，数学学习对于学生来说，是自己对生活中数学现象的解读。数学源于生活，数学原来就是生活中一些有趣好玩的事：美味的拉面、漂亮的剪纸、光滑的镜子中都蕴含着数学道理；在超市抽奖转转盘时，在交水、电、天然气的费用时，在每天翻新日历时，在上学路上，在旅游途中都蕴含着数学问题；公园里有数学，体育中有数学，购物中有数学，图案中有数学，就连人的身上也有数学……

数学无处不在，数学与生活天然地联系在一起。数学教学就是要让每一位学生拥有一双发现数学、欣赏数学的眼睛，引导学生用数学的眼光观察生活，用聪明的头脑思考世界。数学由此就会变得富有魅力，充满灵性。

从“生活经验”到“数学学习”的无缝对接

新课程改革强调数学学习要从学生熟知的生活经验出发，但如果课堂教学只在生活圈里打转，学生就得不到发展，只有进入数学化的轨道进行学习，学生才会用数学的眼光审视生活，才能在数学方面得到长足的发展。因此，教师要在教学策略的细节处入手，实现从生活经验到数学学习的无缝对接。

一、抽象概括，提升生活经验

数学本身的抽象性与小学生思维的直观形象性，构成了小学阶段数学教学需要着力解决的一对重要矛盾。强调现实情境的价值，是对学生数学学习直观性的一种直接呼应，但是仅靠直观是不够的，还要及时进行抽象，提升生活经验，理顺直观与抽象的关联，走向数学的本质。

以“分数的初步认识”为例，教师教学时常常创设野餐中分东西的情境，这不仅自然地唤醒了学生的生活经验，还引发了学生认知的冲突。学生借助原有的经验成功地分完苹果、矿泉水，并用已经认识的整数表示出均分的结果，而后，“蛋糕只有 1 块，还能平均分给 2 人吗?”“把 1 块蛋糕平均分给 2 个人，每人分得多少呢?”两个新问题的适时引入，使学生产生了认知冲突——原来学过的整数不够用了，需要用一个新的数来表示每个人分到的半个苹果。

延伸这个情境，让学生发挥自己的聪明才智：“你觉得这‘一半’应该怎么表示?”就这样引出$\frac{1}{2}$。可以说，学生经历的“半个——一半—$\frac{1}{2}$”的过程就是从生活语言到数学语言的抽象过程。

随后的教学活动是安排学生通过动手操作平均分圆形、长方形，找出几分之一和几分之几，通过具体的实物、图形的演示逐步理解部分与整体的关系。教学到此为止还不够，因为仅仅强调分数表示部分与整体的关系，会使学生容易对分数概念的理解以偏概全。这时，教师就可以补充一些图形让学生判断能不能用分数表示，丰富学生对分数概念的理解。

最后，教师还要借助“数直线”这个半抽象模型，对分数做几何解释。数直线的单位是抽象的“1”，是圆形、长方形的再抽象，是从分数的“份数模型”“面积模型”向“除法的商定义”过渡的几何载体。用线段的长度表示分数的大小，无论分的对象是什么，在数直线上的单位都是1。其中的1份或2份，在学生的脑子里不再局限为数字1或2，而可能是一个新的数。这种情况有效避免了学生对分数的理解停留在“分”的层次而对“数”的印象却很淡薄的现象，促使学生更科学、更多元地理解分数的概念。

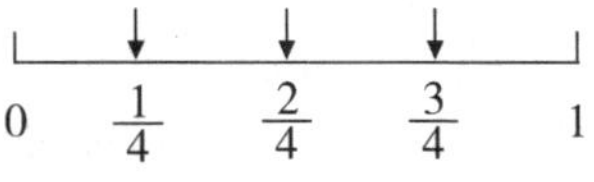

比如，教学“圆的认识”时，从学生熟知的套圈游戏入手，引入三种套圈的方式——站成一条线、站成正方形、站成圆形套圈，哪种方式更公平？引导学生结合生活经验去想象所站成的图形是什么形状，也可以采用画图的方式用点代替人，表示出每一个人所站的位置，让学生观察所产生的图形形状的特点，认识到圆上的每一个点（即每个学生）到定点（套取的物品）的距离都一样，这是套圈游戏要站成圆形最公平的原因。通过具体的、可观察的、可操作的活动抽象出圆的本质特征——圆是到定点的距离等于定长的点组成的图形。

抽象性是数学学科的显著特征，有效的数学学习不能止步于现实情境的创设，还必须引导学生经历现实情境，通过观察、比较、分析、抽象、概括等数学活动，建立起具体事物与量之间的联系，实现由直观向抽象的过程。这样才会超越生活经验，最终促进学生对数学内容及其实质的理解，发展相应的数学思维。

二、超越经验，关注数学本质

《课程标准》指出："课程内容的选择要贴近学生的实际，有利于学生体验与理解、思考与探索。"在数学教学中，只有超越学生的生活经验，实现由现实情境向数学本质的跨越，才能使学生进一步把握数学知识的实质，理解并掌握数学的思想方法。

比如，教学"整理房间"一课，主要是让学生体会分类思想在生活中的广泛运用。从教材情境图"笑笑和淘气的房间"引入，对比两个人的房间，让学生体会到淘气的房间太乱了，东西乱放；笑笑房间里的物品摆放整齐，看起来整洁、干净、有序，让学生初步感知分类的必要性。在交流笑笑房间里的物品是如何摆放时，有学生说"把书放在柜子最上层"，有学生说"把衣服放在一起"，有学生说"把玩具放在一起，然后放在柜子底层"，有学生说"把物品一类一类地摆放"……教师肯定了学生的想法，由此引出生活中常常把同类的物品放在一起，使其看起来干净、整齐、有序。

帮淘气整理房间时，问学生"你准备怎样帮淘气整理房间"，有意识地引导学生先对房间中的物品分类，而分类一定要先确定标准，至于放哪里其实不是最重要的。有学生说"我想把书放在床上，这样每天睡觉前可以看书"，有学生说"我喜欢把布娃娃放在枕头旁边，睡前一起听故事"，有学生说"把闹钟放在床头，这样早上能听见闹铃，把鞋、衣服放在一起，这样早上起床穿起来方便……"通过这些发言，教师可以洞悉学生的思维仍然停留在生活的层面，大脑中想的始终是"整理房间"的生活情境，他们以"摆放在哪里"为标准，思维在生活经验的圈子里绕来绕去，而数学中的"分类"是以物品的属性为标准进行归类的，显然学生的生活经验影响了数学学习。

这时候教师一定要追问：“为什么要把这些物品放在一起？你是按什么标准分类的?”让学生体会这些物品放在一起是因为用途一样。当学生说出“我想把书放在床上，这样每天睡觉前可以看书”的想法时，教师要及时引导学生：把书放在床上只是放在一起，但不能把书和被子归为一类，它们的用途不一样。这样才能有效避免学生的思维“徘徊”在生活经验中。

在对房间的物品进行分类后，教师将房间中的物品抽象成图片，让学生在学习单上动手操作，用圈一圈、连一连、做标记等自己喜欢的方式进行分类。这样生活中的问题就抽象成数学中的问题，学生的思维就不会被“淘气的房间”这一具体情境干扰了。在学生汇报交流时，一定要强调“你是按什么分的”，让学生先把物品按“学习类”“衣服类”“玩具类”分类整理，再讨论把哪一类物品放在房间的哪个位置比较合适。然后通过屏幕呈现整理后的淘气的房间，让学生体会分类在生活中的意义，实现了数学来源于生活而应用于生活的目的。

从整理房间这一现实情境出发，把具有同一种属性的物品放在一起，把不同属性的物品分别放在不同的地方，这样生活中的“乱与不乱”就成了数学上的分类问题，教师要引导学生慢慢地把凭借生活经验（即直觉）进行分类，逐步上升为“因为这类物品具有某种共同属性”而被归为一类。这样学生才能跳出生活经验，触及数学的本质，体会分类思想的核心。

因此，现实情境只是教学得以展开的背景和素材，如果我们的数学教学始终停留在现实情境中，止于学生的生活经验，缺乏对现实情境中非数学内容、非数学本质属性的剥离与剔除，缺乏对现实情境中所蕴含的数学知识、数学方法、数学思想、数学结构、数学模型的分析和抽象，就无法真正帮助学生实现对数学内核的把握与建构。

三、问题引领，凸显数学化过程

由于小学生思维正处在由形象思维向抽象思维过渡的阶段，因此在教学中我们常常创设具有一定实际意义和生活背景的现实情境或具体的活动情境，以调动学生的学习兴趣和主观愿望。在营造特定学习情境的同时，教师还要思考如何以问题引领，在现实情境与数学内容之间架设一座合适的桥梁，引导学生关注情境或活动背后的数学问题或思考，一步步走进数学的王国。

比如，教学“乘法的初步认识”时，首先创设学生喜闻乐见的儿童乐园的情境。图中有着丰富的信息，有小朋友在坐飞机，有小朋友在划船，有小朋友在坐小火车，还有的小朋友在长椅上休息。这些熟悉的场景一下子吸引了学生的眼球。教师首先引导学生寻找数学信息、提出数学问题，接着提出了三个问题，以此引领学生从生活经验一步步走向数学学习。

第一个问题：你喜欢哪项活动？请选择自己喜欢的活动算一算有多少人参加，在练习本上写一写。学生交流时不仅要说出想解决什么问题，用到了图中的哪些信息，如何列式，还要说出式子中的每一个数是怎么来的。这样学生的交流就围绕以下四个问题展开。(1) 坐飞机的人数。图上有 4 架飞机，每架飞机坐了 2 人，“2＋2＋2＋2＝8（人)”，坐飞机的一共有 8 人。(2) 坐小火车的人数。小火车共有 6 节车厢，每节车厢坐了 4 人，“4＋4＋4＋4＋4＋4＝24（人)”，一共有 24 人乘坐小火车。(3) 坐在长椅上休息的人数。共有 3 条长椅，分别坐了 1 人、2 人、3 人，“1＋2＋3＝6（人)”，一共有 6 人坐在长椅上休息。(4) 坐船的人数。共有 3 条船，每条船坐3 人，“3＋3＋3＝9（人)”，一共有 9 人在划船。

第二个问题：这些算式有什么不同？你会给这些算式分类吗？学生通过观察把这些算式分为两类：一类是算式中的加数都一样；一类是算式中的加数不一样。接着，教师在大屏幕上出示 20 条船，每条船坐了 3 人，让学生算出坐船的一共有多少人。学生想到要算 20 条船上一共坐了多少人，只需把“20 个 3”加起来就可以了，但是大家在写算式时都感觉“20 个 3”相加算式太长了，写起来麻烦。这时候“乘法是加法的简便运算”呼之欲出，师生一起认识了新的运算符号“×”，并把上面的三个相同加数连加的算式改写成乘法算式。

教学并没有到此为止。教师又引导学生继续思考第三个问题：生活中还有哪些可以用乘法解决的问题？学生发现了每个人都有两只手，每只手有5个手指，一共有10个手指，用乘法就是“5×2=10（个）”或“2×5=10（个）”；教室里共有30张桌子，每张桌子上坐着2人，就是“30个2”相加，写成乘法算式就是“30×2=60（人）”，全班共有60人。而且，学生还发现“30个2”相加不好求，可以考虑“2个30”相加就能很快算出结果。

整节课从现实情境出发，以三个问题为抓手，让学生对乘法的认识经历了从具体到抽象、从加法算式到乘法算式的认知过程。学生从学习加法时只关注整体里的具体数量，到关注整体的个数，沟通相同加数连加与乘法之间的内在联系，经历了将实际问题抽象成数学模型并进行解释与应用的过程，促进了思维层次的提升。

教师教学需要常常引导学生在现实情境中发现数学信息，进而提出数学问题，将学生的思维引向现实情境中所包含的数学知识，避开情境中其他的非数学信息，即弗赖登塔尔说的“横向数学化”。

学生通过横向数学化得到的对概念、定律、法则的感悟是浅显的、模糊的、表述不太完善的，但是弗赖登塔尔认为这样的结论在高一层次的学习中会作为继续学习的常识和基础，这些结论会“再一次被提炼、组织，而凝聚成新的法则，新的法则又成为新的常识，如此不断地螺旋上升，以至于无穷”，通过进一步比较、归纳，数学知识和经验由粗浅走向精确，从而完成弗赖登塔尔说的“纵向数学化”。

数学基于生活，但不止于生活。教学既要基于学生的生活经验，又要超越学生的生活现实逐步走向数学内核，使学生感到“数学有趣”“数学合理”“数学有用”。帮助学生体会知识源于生活、知识对改善生活有用，这样才能把时空有限的课堂变为学生无限发展的空间，达成生活经验与数学学习的和谐同步、无缝对接。

算式里有故事，故事里有数学

尽管抽象性、逻辑性、理性等是数学的重要特征，但是小学生的数学学习需要以直观来表达抽象，用感性去触摸理性。有关概念理解的研究表明，能够联系生活实际解释所学内容，能够为一个算式编出问题情境，为一个概念寻找生活原型，这既是促进学生理解所学内容的一种重要手段，也是对所学概念的理解程度的一种体现。

因此，在数学学习的过程中，需要鲜活的情境、有趣的故事，这不仅能增强学生的直觉感受、活化学习内容、活跃学习气氛，还能让每个学生从现实生活出发，与教材发生交互作用，建构他们自己的数学知识网络。

一、有故事味的探究，让思考更深入

美国教育家布鲁纳曾提出，探究是数学的生命线，没有探究，便没有数学的发展。在课堂教学实践中，如果组织学生在具有故事趣味的探究活动中理解知识，就会有效地降低纯理性思考的枯燥感，增添探究的乐趣。

教学“分桃子”一课，主要学习内容是两位数除以一位数的商是两位数的竖式计算，难点在于理解除法每一步的含义以及竖式的写法。课堂上教师可先借用教材中“分桃子”的故事创设情境，让学生根据情境编故事，并在故事中完整叙述题意：猴哥哥和猴弟弟的桃园丰收了，采摘的桃子放在 6 个篮子中，每篮 10 个，还有 8 个桃子装不下，放在了地上。两只猴子看着这么多桃子可高兴了，它们各自能分到多少个桃子呢？……

学生在讲故事的过程中明确了数学信息，然后脱离故事情境抽象出数学信息：共 68 个桃子，平均分给 2 只猴子，每只猴子分到多少个桃子？根据题意列式“68÷2＝　”。接下来，教师边分小棒（用小棒代替桃子）边讲故事：猴哥哥和猴弟弟先分的是 6 个篮子中的桃子，每只猴子分到 3 篮，也就是“60÷2＝30（个）”；猴哥哥和猴弟弟继续分桃子，分篮子外面的 8 个桃子，每只猴子又分到 4 个桃子。猴哥哥和猴弟弟各自把两次分到的桃子合起来为“30＋4＝34（个）”，哇！每只猴子竟分到 34 个桃子。

接着让学生尝试用竖式表示摆小棒、口算的过程，依然结合分桃子的故事情境，对应解释竖式每一步的意思。

```
     3 4   ……每只猴子分到34个桃子
   ┌────
 2 ) 6 8
     6     ……2只猴子先分掉60个桃子，每只猴分得30个，在十位上写3
   ──────
       8   ……68个桃子分掉60个，还剩8个桃子
       8   ……2只猴子又分掉8个桃子，每只猴分得4个，在个位上写4
   ──────
       0
```

上述过程，结合分桃子的故事解释了竖式每一步的意思。通过这种方式，学生把平分物品的过程内化成数学思维，体会到竖式就是分物品过程的一种记录方式，而不仅仅是一种计算的工具；学习竖式的价值也绝不仅仅是获得“怎么做”的程序化知识，更为重要的是要明白为什么这样做。故事化的探究让学生看到的不仅是最终的得数，还能理解竖式的每一步都对应着一个故事细节，蕴含着内容丰富而有趣的故事，蕴含着除法竖式计算的一般方法：从被除数的高位算起，先算十位，再算个位。

从心理学的角度来分析，物化的操作结合生动的故事使抽象的计算得以具体、形象地展现，有利于学生了解计算过程，澄清算理，培养逻辑思维能力。

比如，教学“混合运算”，主要是让学生体验混合运算中“先乘除后加减”的合理性。计算顺序实质上是一个约定俗成的规定，但是数学上的规则都是有其客观合理性的。因此，结合既有加法又有乘法算式的现实情境，可以帮助学生理解“先乘除后加减”的合理性。

小熊购物正是这样一个故事情境。教师可引导学生在情境图中寻找数学信息，将情境中的数学信息与数学问题以小故事的形式融合在一起：小熊胖胖在超市买了 1 个蛋糕，每个 6 元；又买了 4 个

面包，每个 3 元。小熊胖胖一共要付多少元？无论画图、分步计算还是列综合算式，教师都要引导学生结合小熊胖胖的购物情境解释每一步算式表示的意义。尤其是当学生列出“6＋3×4”的综合算式时，教师就更需要引导学生结合故事情境理解为什么不能先算“6＋3”及“6＋3”在情境中表示的意思，通过与情境图中“买 1 个蛋糕和 4 个面包”的实际问题相比较，让学生发现这样的计算顺序与题意不符合，并理解“先乘后加”规则的合理性。

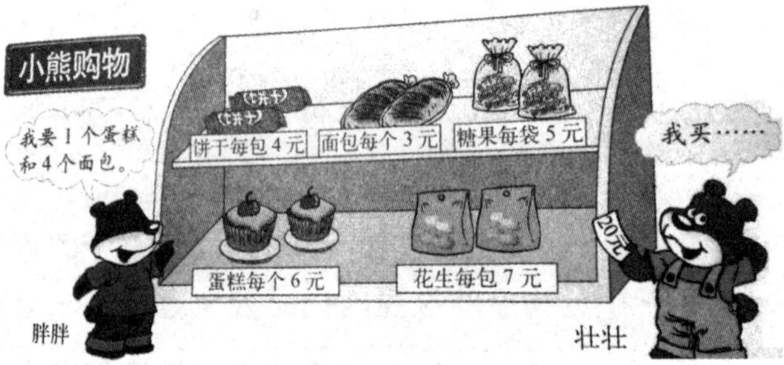

当学生初步理解了混合运算的顺序后，教师继续借助情境图，列出另外的算式，让学生结合具体情境猜猜每个算式（见下图）解决了什么样的购物问题，引发学生进行逆向思考。

●结合小熊购物图，说说下面每个算式的意思，再算一算。

$20-2\times 7$ = =	$5\times 3+4$ = =	$4\times 6-20$ = =

以第一个算式为例，学生结合情境图，把算式的含义表达清楚：小熊壮壮想买 2 包花生，每包花生 7 元，它付了 20 元，应该找回多少元？由此，学生结合自己的购物经验，在情境中进一步理解算式所表达的意义，加深了对运算顺序及其合理性的理解。

正如弗赖登塔尔所说的，数学的根源在于普通常识。对于小学生来说，在一定程度上，小学数学知识并不是新知识，因为他们在生活中已经对许多数学知识有了体验，数学学习就是对他们生活中的有关数学现象的总结与升华。每一个学生都从他们的现实数学世界出发，与教材内容进行互动，来建构他们自己的数学知识网络。

二、抽象的式子故事化，让理解更深入

《课程标准》倡导培养学生的数学应用意识。数学应用意识就是一种从数学的角度观察、分析、解决生活问题的积极心理倾向和思维反应。学生凭借熟悉的生活环境，结合自己的生活经验，用讲故事或画一画的学习形式表达对知识的理解，寻找生活中的原型，让模型回归生活，这些就体现了数学应用意识。同时，有真实感和实用感的学习能够帮助学生走出数学枯燥的“怪圈”，改变仅依靠记忆理解概念、依靠简单重复训练形成技能的教与学方式。

比如，教学“有余数的除法”一课，为了让学生进一步理解除法算式的意义，我为学生设计了利用算式编故事的练习。如利用“10÷4＝2……2”这个算式编故事，旨在结合学生熟知的情境解释算式，促进学生对有余数的除法的理解。学生借助生活经验并展开丰富合理的想象，有人编水果店装苹果的问题，有人编拿棒棒糖招待同学的问题，有人编联欢会上扎捆气球的问题，有人编发奖品的问题……

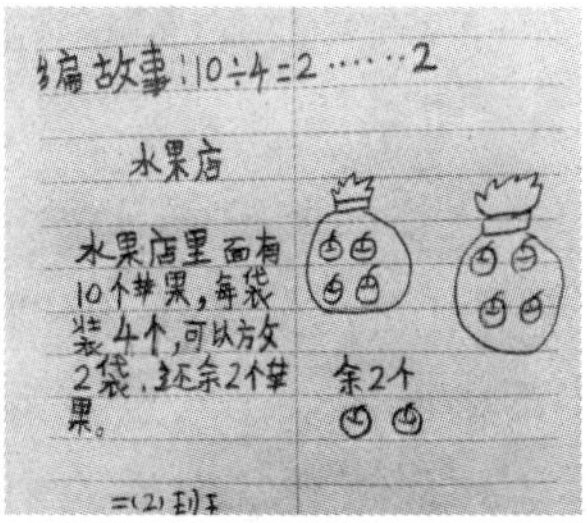

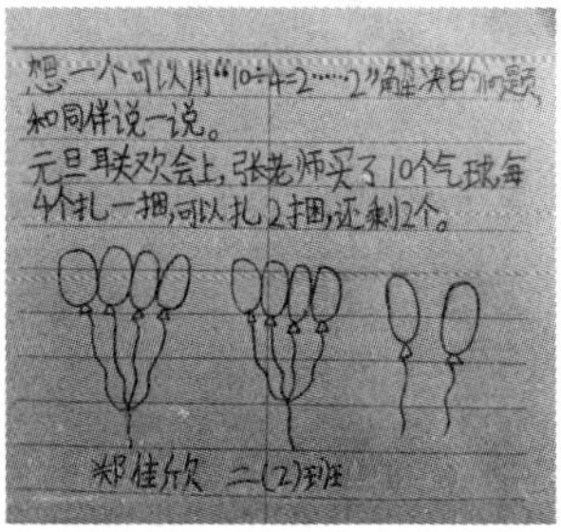

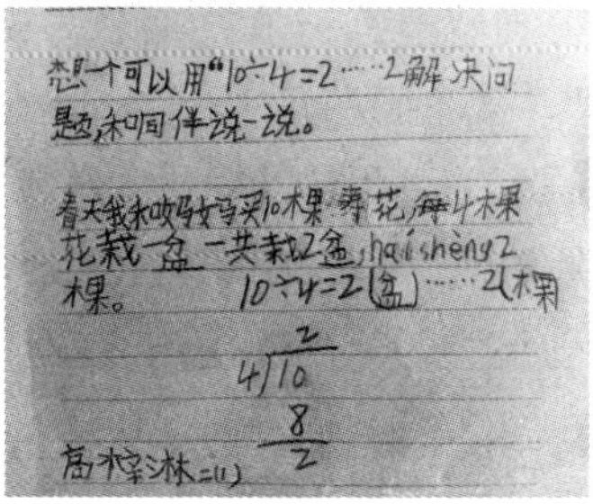

在接下来的交流分享中，学生不仅借助情境理解了除法算式的意义，更重要的是他们发现同是“10÷4=2……2”这个算式，但每个人编的故事不同，不同的情境中算式所带的单位名称也不同，算式真的太神奇了！枯燥的算式在学生手中变得趣味无穷，仿佛在诉说着一个个生动的故事。模型背后的丰富意义已经展露无遗，这是数学特有的魅力。

学完“乘法的初步认识”后，学生尝试着用图画、文字、图文结合的方式表达自己对乘法的理解。尽管他们还不会说出“乘法就是求几个相同加数的和的简便运算”这样的结论，但是从学生稚嫩的表达中，我发现“乘法作为高一级运算的简便性”已植入到学生的心中。

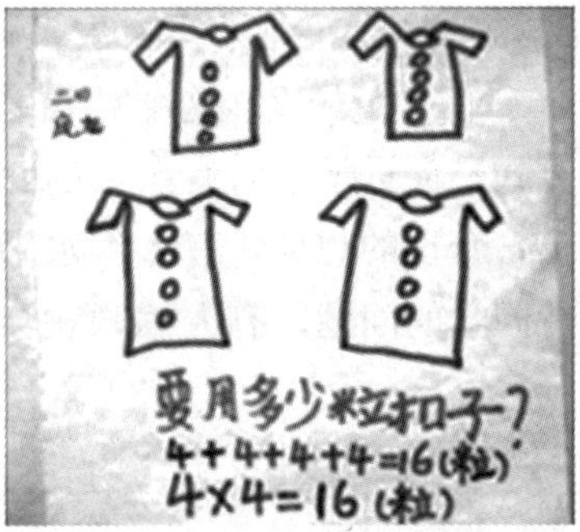

学完“混合运算”，在学生明白了混合运算的顺序后，我让学生寻找生活中运用混合运算解决的现实问题。比如，让学生用“100－20×3”这个算式编写故事，寻找现实生活中能用这个数量关系解决的实际问题，其目的就是让学生感受混合运算与日常生活的密切联系，充分理解混合运算这部分知识的形成过程，即“从哪里来，到哪里去”，从不同的角度诠释一个算式可能表示的多种实际意义。学生在编故事的过程中进一步体会到建立运算规则的意义和价值，从而提高解决现实问题的能力。

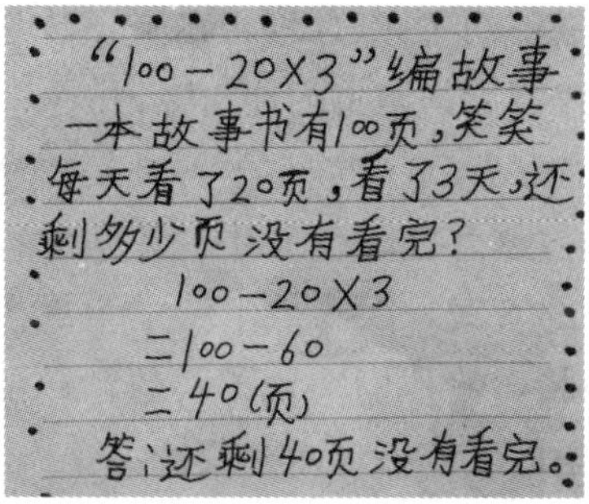

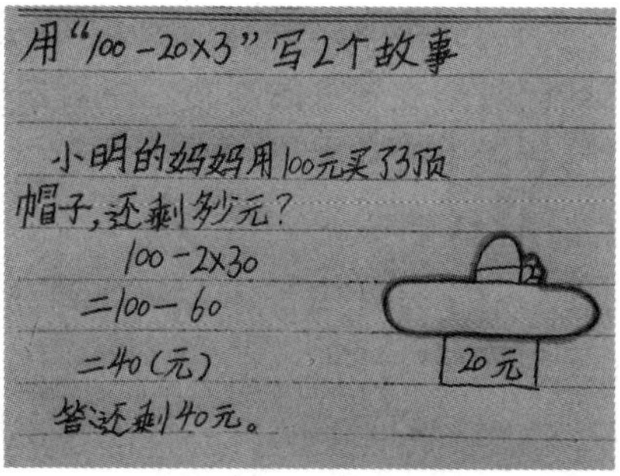

学完"买矿泉水"一课后，让学生探索并掌握连乘运算的顺序和计算方法。在学生初步建立两步连乘计算的解题模型后，我安排了变式练习，让他们借助编故事、画一画的方式表示"4×5×3"和"4×5＋3"两个算式的意义，学生在直观形象的比较中理解了连乘和乘加两种计算模型数量关系的不同，建立了比较牢固的知识结构。

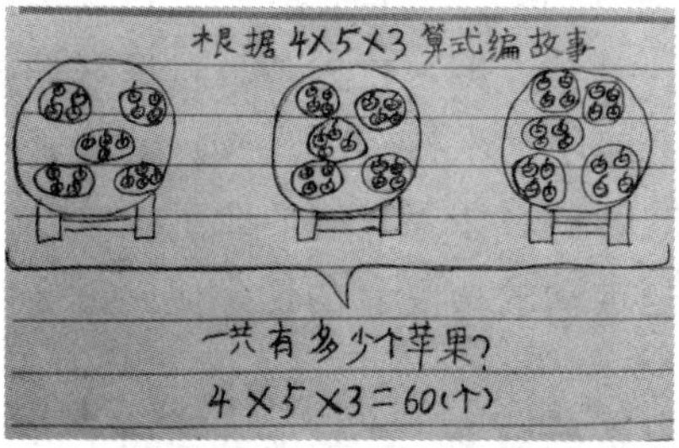

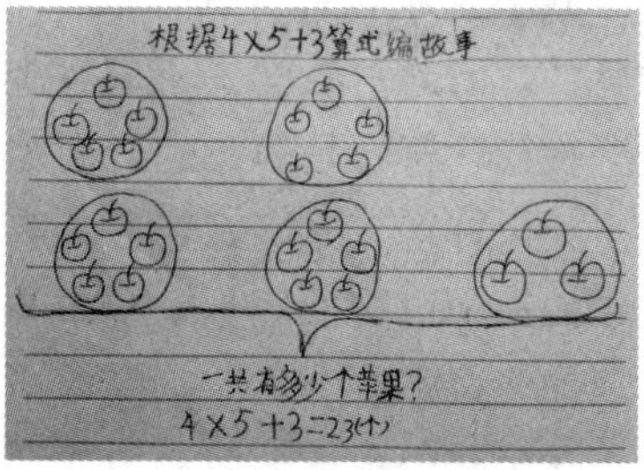

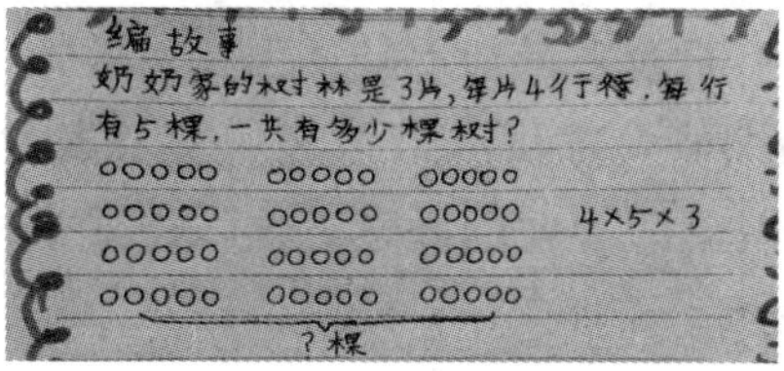

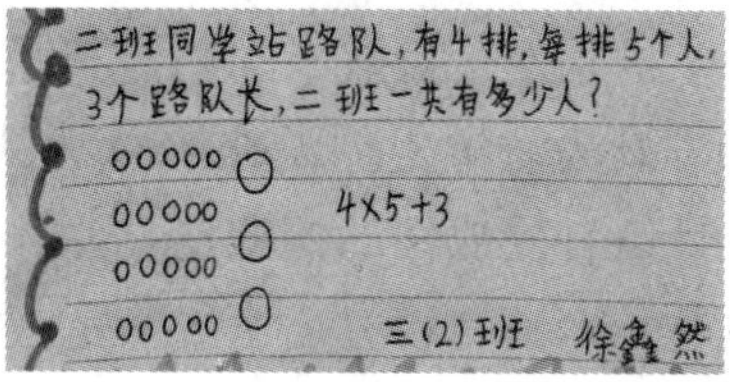

这样的题目，价值不在于计算，而在于培养学生对知识的理解力和想象力，发展学生的数学思考能力。正如弗赖登塔尔提倡的"再创造"指向的就是具有创造性的精神，能将学习过程变成创造过程。这样，学生的学习就不再是机械、被动的接受，而是鲜活、灵动的创新实践，数学学习的世界会变得更加开放，数学学习的过程也会成为一个生动活泼的、主动的、富有个性的数学思考过程。

用算式编故事的学习方式，赋予枯燥的算式以具体、生动的情境。灵动而富有内涵的情境，使学生进一步明白算理，在坚守数学味的同时拓展想象的空间，体会到算式背后的丰富内涵与魅力。

算式中有故事，故事中有数学。融入故事的数学学习，是一个促进学生个性发展与数学能力提升的过程。在学生眼中，数学太神奇了。数学是什么？你无法找到确定的答案，因为数学给学生提供了无穷无尽的空间，为他们插上了翅膀，使他们实现了“想学、要学、乐学”的心理飞跃，让他们在数学的天空下自由翱翔！

“趣”“味”课堂焕生机

数学大师陈省身说“数学好玩”，但不少学生感受不到数学的“好玩”，因此对数学提不起兴趣。分析原因，首先是教材呈现的概念、规律、符号是静态的，很难引起小学生持续的兴趣。其次是小学生天生好动，充满好奇心，喜欢尝试。如果我们的课堂教学陷入单一的教师讲授的境地，学生只是被动的接受者的话，他们就会对学习毫无兴趣。

学生获得数学学习动力的一个重要因素，就是他感受到了学习数学的乐趣，对数学问题进行了不断的思考与追问。因此，教师要想方设法为学生创设充满童趣的课堂，提供丰富多元的学习素材，设计富有挑战性的探究活动，采用灵活多样的教学方法，让课堂生机勃勃，富有活力，让学生爱上数学。

一、导入巧妙，开课生趣

俗话说：“良好的开端是成功的一半。”独具匠心、形式多样的开场白就像是给学生准备的一份充满诱惑的见面礼，可以牢牢地吸引学生的注意力，让学生想听、想学。

在小学低年级，教师通常采用喜闻乐见的儿歌、妙趣横生的谜语、栩栩如生的动画、直观形象的游戏以及引人入胜的故事等导入新课，以期在第一时间吸引学生的注意力，让知识变得生动有趣，激发学生进一步探究的欲望。

比如，教学“有趣的算式”一课，教师引入计算器时用的是猜谜语的形式：有个脑袋真正灵，忽闪忽闪眨眼睛。东西南北带着它，加减乘除很轻松。教学“小数点移动引起小数大小变化的规律”一课，教师在强调小数点的作用时让学生猜谜语：我的个子虽不高，跳跃起来不得了。右跳一步大十倍，往左一跳立即小。学生在轻松的氛围中掌握了知识。

再比如，教学“‘重复’的奥妙”一课时，教师创设了“猜一猜”的游戏情境引入新课：动物园里的小动物们在彩排节目，大屏幕上小熊、小狗、小羊在排着队表演节目，并循环出现。学生很快被精彩的画面吸引住了。教师停止播放课件并提出问题：“猜一猜，下一个出场的小动物是谁？再下一个呢？你是怎么猜到的？有什么好方法和大家分享吗?”在学生分享观点之后，教师引出本课内容：“是啊，大家发现了小动物们的出场是有规律的。小熊第一个出场，第二个是小狗，第三个是小羊，它们按照这个顺序重复出场。今天我们就来研究‘“重复”的奥妙’。”这样的导入不仅激发了学生的兴趣，而且通过猜想、验证、思考，唤醒了学生的求知欲，吸引他们参与到对新知识的探究中。

对于小学生来讲，故事的魅力是无穷的，爱听故事是小学生的天性。因此，教师还可以根据教学内容选用恰当的故事引入新课，为学生打开一扇五彩斑斓的数学之窗。

比如，教学“小数乘法”一课时，师生一起重温“曹冲称象”的故事。教师提出问题引导学生思考：“你们觉得曹冲聪明吗？他的聪明之处在哪里?”学生交流分享：“曹冲很聪明！没有办法直接称大象的质量，他便把‘称大象的质量’转化成了容易解决的‘称石头的质量’。”教师顺着学生的思路引入新课：“大家提到了一个词——‘转化’，其实在我们的数学学习中，转化是一种重要的学习方法。今天这节课，我们就要用转化的方法来帮助我们学习新知识。”从而引出课题“小数乘法”。

到了高年级，教师可以考虑设置悬念导入新课，或者提出问题导入新课，以更多地凸显数学的思考性。它能让学生的求知欲望由潜伏状态迅速转入活跃状态，这有利于调动学生思维的积极性和主动性，启发学生思考。

比如，教学“百分数的认识”一课时，教师用当地的《淇河晨报》上的一则信息引入新课：近年，鹤壁市以营造碧水蓝天的居住环境为着力点，经过全市人民坚持不懈的努力，城市建成园林绿化面积达到 1275.69 公顷，绿化覆盖率、绿地率由原来的 25.1%、15.36%分别达到 37.5%、36.1%；人均公共绿地面积由原来的 1.5 平方米达到了 6 平方米，形成了“三季有花，四季常青，人在花中，城在绿中”的优美景观。

然后教师组织学生讨论：“这段话通过一些数据来说明城市的发展和变化，你注意到这些数了吗？对于百分数，你想了解关于它的哪些知识？”学生提出的问题大概有这样几个：百分数和分数听起来有点像，它们一样吗？有什么不同？百分数应该怎样读，怎样写？学了分数，为什么还要学习百分数？百分数能和其他的数一样进行计算吗？

提出问题是开启学生数学思维的金钥匙。当学生处于“我要学”的心理状态时，数学思维就已经被悄然激活，让他们能够积极投入新知的学习中。

二、素材丰富，引发兴趣

教材中仅呈现了有限的例子。很多时候，我们需要根据教学内容及目标，精心收集教学资源，为学生提供丰富多元的学习素材，创造良好的学习情境，引发学生积极思考。

比如，教学“认识钟表”一课时，教师可以让学生提前画出自己心目中的钟表，学生画的有方的、有圆的，有的还缺“胳膊”少“腿”，这就充分暴露了学生已有的知识和经验。学生通过观察、比较各式各样的作品，发现钟面通常有 1～12 这些数字，有大格和小格，还有长针和短针；对比自己画的钟面，他们会思考自己画全了吗，还缺什么。这样的学习资源丰富多彩，和每个学生有关，极大地调动了学生参与学习的积极性。

再比如，教学“认识立体图形”一课时，可让学生准备学具。学生展示的长方体、正方体物品多种多样：有6个面都是长方形的字典，有两端是正方形的牙膏盒，有6个面都是正方形的魔方，此外还有粗粗的透明胶带卷、细细的饮料罐等圆柱体物品。这些丰富多样的学习素材，不仅让学生感觉到数学就在身边，更重要的是为学生把握数学概念的本质特征、区分非本质属性特征提供了契机。

教学“毫米的认识”一课后，练习以“淘气上学记”的数学日记形式出现：早晨，“丁零零”闹铃响了。我从2分米长的床上爬起来，来到卫生间，拿起13米长的牙刷匆匆刷牙。早饭后急匆匆去上学，学校离我家大约800厘米。在学校门口，我看见一棵高2厘米的树被风刮弯了，连忙找来一根长3厘米的绳子把小树绑好。我跑步赶到教室，从书包里拿出5米厚的数学课本和12毫米长的铅笔，开始预习新课。

学生看了哈哈大笑，然后分析这些长度单位的使用为什么可笑。学生借助生活经验和对每个单位实际大小的认识，对日记中的长度单位做出判断和修改。原本枯燥的单位名称，经过包装变成了富有情趣的“淘气上学记”，形式活泼、趣味十足，进一步巩固了学生对长度单位的理解。

三、以做代听，乐享过程

小学生好奇、好动，有意注意时间较短。如果课堂上让学生动起来，参与到探究活动中，让他们在“做中学”“玩中思”，就能极大地调动他们的学习热情。说一说、画一画、摆一摆等活动符合小学生的心理特点，都是他们喜欢的学习方式。

比如，在教学“鸡兔同笼”一课时，教师提问：“鸡兔同笼，有8个头，有26只脚。鸡和兔各有几只？”并让学生运用假设法解决该问题时，不少学生露出了疑惑的表情。教师让学生扮演鸡、兔来演一演，选8名学生全部扮演鸡，让“鸡”起立。学生看到有8个头，16只脚。学生马上想到还要再添上10只脚才行，10只脚除以2就算出有5只鸡，但是动物头数不能变，于是学生又自发地演了假设全都是兔子的场景……最后在欢快的气氛中学生理解了假设法的含义。

计算是小学数学的“重头戏”，单调重复的计算题目往往会让学生反感。为了提高学生的计算能力，我在计算课中引入了扑克牌。扑克牌的随意性很强，每一次抽到的牌不一样，得到的结果也就不一样。玩扑克牌游戏时教师还要引导学生把学到的方法和知识点进行串联、并用，以便更好地理解和综合运用。

比如，学生玩的“拖拉机”游戏，其实就是凑10练习。游戏由同桌两人参加，规则如下：挑出四种花色的1～9共36张牌，按红、黑两种颜色每人分得18张；两人依次翻牌、放牌，当有两张牌能凑成10时，连带两张牌中间的牌就可以一起“拖”走。最终拿到牌多的人获胜。利用扑克牌还能学习九九乘法表。从印有1～9数字的所有扑克牌中，随意抽取两张来对乘法口诀。这样的游戏可以从课内延伸到课外，由学校延伸到家庭，学生之间、亲子之间都可以进行。

这样的练习，规则简单、便于操作，富有思考性、趣味性和竞争性，激发了学生的兴趣。学生全神贯注地投入游戏中，做到了眼、耳、心、口、手的和谐互动。学生在游戏中检验了学习的效果，加深了对数字的认识与理解。

四、“趣”“味”结合，经历再创造

没有思考的数学课堂是缺少数学味儿的。教学“小数的初步认识”一课时，我从学生的生活经验出发，创设了学生熟知的买文具情境，引导学生思考如何给日记本贴标签。

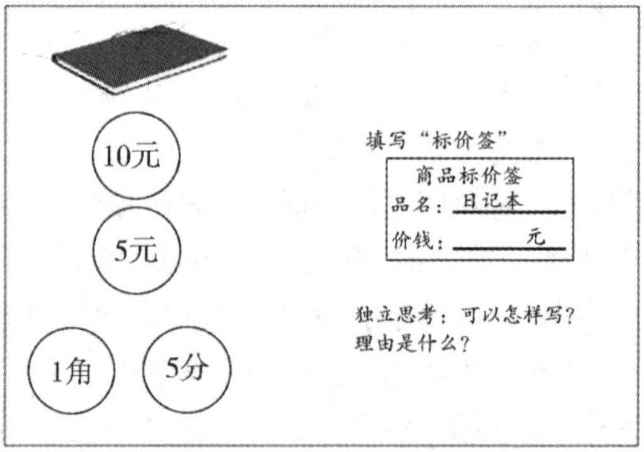

之前学生学的“数”是用来表示一组物品的个数。而买文具情境中，日记本的价格无法用原来的整数表示。因解决问题的需要，

学生依据生活经验和自己的理解“创造”出了小数，然后和同学分享了自己对 15 元 1 角 5 分应该如何写的想法，最后形成共识，即写成 15.15 元。这个过程，学生经历了从整数到非整数的认知冲突，明白了从“整”到“不整”需要产生新的数，体会到数学知识是能够被发现的，从中获得了成就感。

教学“比一比”一课时，学生认识了平均数的意义。在学生通过“移多补少”获得了一组数据的平均数，感知了平均数的意义后，教师借助情境又设计了有价值的问题进行追问：“将平均数 6 放在原始数据中排队，你认为平均数会站在哪儿？为什么在这组数据中没有 6 的身影？怎么回事儿呢？现在这组数据的平均数是 6，如果将小明投中的球的个数再增加 4 个，这时女生队的平均数是多少？如果将小明投中的球的个数减少 2 个，此时女生队的平均数会是多少？”

这些问题引发了学生的思考。在进一步的辨析中，学生发现：平均数在最大数和最小数之间；平均数是把多的移给少的得到的，反映的是一组数据的整体水平；原始数据中每一个数字的变化都会影响平均数的值。最后，教师做小结：“看来，平均数就像孙悟空的脸，说变就变。”在问题引领下，平均数的概念及特质一一浮现出来。

托尔斯泰说过，成功的教学所需要的不是强制，而是激发学生的兴趣。学生对数学更长久的兴趣，来自数学学科本身的吸引力，即让学生体验数学思考的酸甜苦辣，享受智力活动带来的振奋与愉悦。创设充满情趣、质疑与挑战的情境，能使深奥的知识变得浅显，使紧张的学习变得轻松。

这样的课堂动静结合、张弛有度，凸显了节奏感；在这样的课堂上，学生不仅掌握了公式、符号、结论，而且还收获了无限可能，学生体会到的数学味是浓郁的、芬芳的。

第三章

玩转数学，让课堂更具智慧

概念建构，从“根部”浸入

在小学数学的基础知识体系中，概念、规律和法则是重要的组成部分。但是在教材中，这些知识往往是以精确、简洁的“结果”呈现的，并未呈现其形成的过程，正如荷兰数学家弗赖登塔尔所认为的“教材是教学法的颠倒”。在这种情况下，教师需要思考的是，如何把教材“冰冷的美丽”恢复为“火热的思考”，把概念的“学术形态”转化为“教育形态”，使学生理解知识背后的深刻意义，进行深度学习。

一、注重首次感知，建立正确表象

表象是通过感知的客观事物在人脑中再现的形象，是具体形象思维的“材料”，是直观感知向具体形象思维发展的必不可少的中间环节。没有感知便没有表象，没有表象便没有形象思维的产生，也没有抽象逻辑思维的发展。在有关概念的教学中要重视学生的首次感知，让学生通过对具体学习材料的感知建立正确清晰的数学表象，发挥“先入为主”的心理定式的积极作用，争取给学生留下鲜明、深刻的印象。

比如，在学习了“面积”之后，学生常常将面积与之前学过的周长混淆。为了清除后续学习的障碍，教师可以在教学“面积”一课时，有意识地引入相应教学素材。教学时可以从班级参加学校武术操表演的一张照片导入，让学生思考这几个问题：要给这张珍贵的照片做一个木质的镜框，需要多长的木条？这是求什么？（并让学生用手适时比画一下周长）如果要给这个镜框配一块玻璃，这块玻璃需要多大？也就是求哪一部分的大小？（并让学生用手摸一摸、感觉一下）

然后，师生边交流边总结：所需镜框的长度就是求周长，它相当于四条边合在一起的一条线段的长度；而所需玻璃的大小就是指这个摸起来平平的面的大小。这样的活动，将视觉和触觉联合起来，让学生感受周长和面积的空间意义，即周长相当于线段，属于一维图形；面积代表平面，属于二维图形。这样，周长和面积的概念表象就清晰地建立在学生的大脑中了。

对于“空间与图形”的教学，在学生首次接触图形时，教师要注意让他们对此形成正确的认知，即通过视觉与触觉对学习材料进行直观的认识。用眼睛仔细观察和用手触摸物体便是形成正确认知的最好方法，能让学生建立清晰的表象，进一步发展空间观念。

比如，教学“认识物体”一课时，让学生从家里带一些学具，如乒乓球、茶叶罐、魔方等，安排摸一摸、滚一滚等活动，让学生亲身体验这些物体的特征，形成初步的印象。学生描述正方体会说“方方正正的”，描述长方体会说“长长方方的”，描述球体会说“可以任意滚”“滚动得很快”，描述圆柱体时则会说“躺着滚”。这样的图形感知来源于动手操作和观察后的真实感受，能使学生在活动中加深对物体特征的认识。

因此，在教学中，教师要精心组织直观演示与动手操作活动，通过有目的、有计划的感知活动，利用回想、复述、提问等方法，帮助学生把这种场景和体验在头脑中保存下来，形成动态表象，并以表象为中介，促使学生在遇到相关问题时，能快速唤醒和提取表象来解决问题，强化对概念的理性认识。

二、注重过程，建构主体性概念

很多时候，当学生熟练背诵一个定义和法则时，未必了解定义、法则的由来，导致这种“悬在半空”的事实性的知识常常是背得快、忘得快，遇到稍有变化的题目学生就无从下手。

因此，教师要让学生在操作中体验数学，关注数学概念、数学思想的本质及其发展的历史本源。同时，教师要关注学生思维的进程，利用思维过程中的冲突、质疑与障碍使学生获得高水平的理解能力，激起学生学习的愿望与动机，使学生体会到创造的乐趣。

比如，教学“长方体的体积”一课，重点是引导学生探索长方体的体积计算公式，探索的过程可分三步，层层递进，让学生经历猜想、操作、实验、验证的思考过程。

第一步，先让学生猜测长方体的体积和什么有关。学生由长方形的面积与长、宽有关，进而猜想长方体的体积和长、宽、高有关。第二步，先让学生思考长方体的体积和长、宽、高有什么样的关系，接着让学生通过动手操作来发现长方体的体积计算公式。学生用12个体积为$1cm^3$的小正方体摆3个不同的长方体，每次摆完要在表格中记录有关数据。通过观察、分析，引导学生发现长方体的体积就是所用的小正方体的和，即数小正方体的个数就能求出长方体的体积。但是“数”比较麻烦，通过进一步观察就可以发现长方体的体积就是长、宽、高相乘的积。学生发现原来长方体的体积计算公式中的“长×宽×高”是这样来的，从而初步理解长方体的体积计算公式的由来。这个时候，不少教师急着让学生运用公式解决问题，其实还可以引导学生对这个公式做进一步分析。第三步，课件呈现标有长、宽、高的长方体，引导学生思考：如果要用体积为$1cm^3$的小正方体摆成这个长方体，长需要摆多少个？宽需要摆多少个？高需要摆多少个？接着让学生在脑中摆。

学生结合前面操作的经验，借助大屏幕呈现的画面展开联想，有学生突然发现，长方体的体积与该长方体的一个面的面积以及对应这个面的高有关，原来“用一个面的面积乘这个面所对应的高”也能求出长方体的体积。看似学生的探索仅仅是往前走了一小步，其实学生的思维飞跃了一大步，这个公式不仅适用于长方体，而且适用于一切柱体，注重过程的学习提高了学生的理解水平。

整个过程，学生经历了由手“量”向脑“算”的转变，测算过程变得便捷、简单。而在这个过程中，学生不但了解了公式产生的来龙去脉，还能在所涉及的概念与概念之间，以及概念与已有的经验之间建立起联系，并能根据不同的条件灵活选择公式解决问题。显然，学生对知识的掌握从死记硬背达到了通过主体建构来理解。

我们常说，手脑促建构，身心做数学。在操作活动中，教师要关注的是学生理解的“质”，而不是操作的“量”。有经验的教师都知道，如果学生在知识的建构过程中仅仅停留在操作层面，就会出现认知的模糊或错误，将会“后患无穷”。只有当学生由单纯的行为参与转向深层次的认知参与，才能把抽象的概念、规律、法则变为看得见、摸得着、理得顺的数学事实。

三、提供变式或反例，促进认知对接

日常教学中常常遇到“难啃”的教学内容，对此，教师不能笼统地认为是学生不认真听讲、粗心、练习过少造成的。因为认知建构需要经历一个反复的、不是很稳定的阶段，学生一旦遇到新情境或新问题，就会对自己刚刚建立起来的新认知产生怀疑和动摇，甚至有时还会出现认知的混淆。因此，在知识形成和巩固的过程中，教师要提供变式或反例，帮助学生建立稳固的知识结构。

比如，教学“乘法分配律”一课，导入时创设了做操队列的情境，提出了“一共有多少人在做操”的问题，引出两个算式后，教师要慢下来，借助多媒体演示两种算法的意义，即分开算是求队列中的哪部分，合起来算又是求队列中的哪部分。这让学生直观地看到无论分开算还是合起来算，结果都是做操的总人数。

接下来还要撇开情境，回到两个算式上，“逼着”学生从乘法意义的角度去理解分配律：左右两边的形虽然有区别，但是质没有变，即量的守恒。

最后运用反例，促进学生的规律建构。例如，用图形呈现红白两个方块阵，红的 3 行，每行 5 个，白的 4 行，每行 6 个，求一共有多少个方块。教师列出算式“3×5＋4×6”，然后追问：还能合起来算吗？为什么？由此引导学生明白：行数不同，每行的个数不同，没办法合起来算，也就是两个算式中没有相同的乘数。正反结合，学生对乘法分配律的理解就不仅仅停留在外在的形式上了，而是进入了质的层面。

很多时候，学生新建立的认知关系与头脑中原有的认知关系一时还无法实现“无缝对接”。教师要预见到学生在学习过程中的这种认识反复，并有意识地运用变式或反例，依靠变化的情境，引导学生产生疑惑，参与辨析，经历从无疑到有疑的过程，并通过解疑深化理解，建立牢固的概念认知。

四、聚焦错误，获得长久的“免疫力”

瑞士心理学家皮亚杰说，学习是一个不断犯错误的过程，又是一个通过不断反复思考找出错误缘由并逐渐消除错误的过程。因此，面对课堂上出错的学生，教师首先要态度平和，避免学生产生焦虑情绪，让学生认识到有错不要紧，重要的是要弄清楚错在哪里、为什么错；其次，对于生成的错误案例，教师不仅要看错误的结果，更要看错误产生的过程。教师可以让全对的学生帮忙把关，一起参与到查找错误的过程中，让所有的学生共同成长。

我曾经上过一节全市远程教育观摩课，讲授的内容是“认识角”。课堂即将进入尾声时，我为学生设计了一道实践活动题：同桌合作，用一根毛线拉出一个角。在大家互相欣赏创造出来的颜色各异、能变大变小的“角”时，突然一个学生站起来，指着另一组学生拉成的角（两条边长短不一）大声地说：“老师，他们拉的不是角!”所有的学生和听课教师的目光齐刷刷地聚在了一起，又不约而同地移向了我。下课铃即将响起，该如何处理这突发的事件?

我先是一愣，继而微笑着把这个特殊的“角”请到了教室的前边，然后让该学生说一说不是角的原因，教室里随即展开了一场辩论。

“我觉得它不是角，和黑板上画的不一样。”“刚才我们拉出的角都有一个顶点两条边，这个角也有，它为什么不是角?”“可是它的两条边一条长，一条短。”“你觉得不像角，它缺什么?”“这……似乎什么也不缺，可我认为它长得怪怪的。”“既然它什么也不缺，就应该是角，只是长的样子没有其他的角‘顺眼’。”这个学生边说边走到“奇怪的角”面前，调整角的两边直至一样长，又追加了一句“这样就好看了”。

由这个长得怪怪的“角”引发的辩论结束了，最初提出问题的学生不好意思地挠挠头说“明白了”。接着我做了总结：两条边长短不一的角虽然长得不太美，但它也是角。只是我们画角时习惯上把两条边画得一样长，让其具有对称美。另外，观察事物要看它的本质特征，不能被外表迷惑……

学生在课堂上出错的原因是对概念的本质认识不够。当学生在课堂上出现了一些差错，教师不要轻易地判断其对与错，也不要急于用自己的想法去“同化”学生。而应站在学生的立场，顺应学生的认识，及时引发学生的观念冲突，促使学生对已有的思维过程进行批判性的“扫描”，引导学生学会自我纠错，并获得长久的“免疫力”。

在数学学习中，一个新的概念总是在原有概念不足以解决问题的情况下产生，这是数学自身发展的动力。每一次学习新知，其实都是突破原有认知结构的过程，是一个从平衡到不平衡，再到新的平衡的过程。因此，教师要将静态的概念、法则、规律的学习过程还原为动态的创生过程，这样学生才能举一反三，触类旁通，才能具备灵活应对各种问题的能力。

多元表征，让内隐的思考外显

直观性是一种发展观察力和发展思维的力量。它能给认知过程带来一种情绪色彩。如果不能形成发达的、丰富的情绪记忆，就谈不上童年时期完满的智力发展。数学具有高度抽象性、形式化的特点，教师在教学中可以采用多元化表征方式促使学生调动多种感官参与数学学习，将概念、法则化虚为实、化静为动，让问题可感可思。

一、动作表征，手指尖上建构模型

皮亚杰指出：思维是从动作开始的，切断了动作和思维之间的联系，思维就不能得到发展。传统的教学存在的问题，就在于往往用口头讲解而不是从实际操作开始教学。因此，学生的思维与创造过程需要从动手操作开始。

比如，教学“100 以内数的认识”一课时，我从家里带来一个玻璃碗，里面是我提前放好的 100 颗豆子，课堂从“一把能抓多少颗豆子”开始，接着估豆子、数豆子、比谁抓的豆子多，小个子的同学、大个子的同学以及老师都来试一试，先猜猜谁抓得多，估测一下个数，再认真数一数，拨在计数器中，然后比多少。

“王浩应该比李丹抓得多，因为他的手大。”“刚才周琪宁一把抓了 45 颗，吴冉一把大约能抓 50 颗，因为他使劲儿抓了一把。”“先看十位，十位大这个数就大。”“我猜老师的手大，可以抓得更多。”“我觉得可以抓 90 颗。”“老师抓了 100 颗，这么多啊。”“我知道，数完 99 才数 100。”“100 是个三位数，比刚才的两位数都大。”

100 以内数的认识及大小比较对于一年级的学生来说不是什么难事，重要的是培养他们的数感，即对数有敏锐和丰富的领悟。课堂上借助半碗黄豆，学生在富有情趣的活动中投入学习，关于“一把黄豆大约有多少颗”“不同的学生抓的数量也会不同”“老师比学生抓得多”等方面，学生在活动中逐渐有了比较准确的把握和判断。整节课，学生经历了借助实物数数、借助计数器操作到抽象出数的大小比较规则的学习过程，而且乐此不疲。

学习加减法时，教师常通过手势表演帮助学生建构运算模型。如用两手合在一起表示加法具有“合并”“添加”的实际意义；而学习减法时，则用手势表示“移开”“剩下”凸显减法的实际意义。

教学中，很多直观模型如手、小棒、计数器、数线模型或者生活中的一些实物、工具，给学生提供了数学化的支持过程。整数四则运算等借助学具的分、合、拆、摆来理解，一些量的知识则是让学生在量、剪、画、称、掂的实践中把握的。

二、语言表征，用感性去触摸理性

在整个小学阶段，由于数学概念的抽象性与学生思维的形象性之间的矛盾，所以教材对大部分概念没有下严格的定义。对概念、规律、法则的学习要多站在学生的角度，关注儿童化的数学语言和思考方式。

教学“两位数加减一位数（不进位、不退位）”一课时，在学生直观操作小棒、计数器后，我问学生：“如果手里没有小棒和计数器，你们会怎么算?”提问的目的是想把教学过渡到计算这个环节。

一个男生大声喊“用脑袋想”，有几个学生笑了起来。多好的回答啊！我赶紧表扬这个男生，然后夸张地说：“人人都有两个宝，一个是我们的手，还有一个就是我们的大脑。比如，刚才大家用动手操作的方法知道了该怎么计算，现在大家可以回想操作的过程，用我们聪明的脑袋思考结果是多少，你们是怎么想的，比一比谁的脑袋想得快。”

从直观的操作过渡到根据一定的算理来口算或心算，这难道不是“用脑袋想”吗？“用脑袋想”这句话是我在计算教学中听到的最精彩的一句话，这位发言的学生的思维已经从“动手算”走向了更高一级的“动脑算”。

教学“认识角”一课时，针对“角有大小吗”这一问题，一个女生站起来，夸张地张大嘴巴，再合起来，然后说：“角有大小，就和嘴巴张开、闭上一样，可以大可以小。”

用两根小棒摆角时，我发现有的学生摆的角不太规范。我问学生：“这个角摆得怎么样？”有学生说：“不好，两根小棒的一端没有‘碰’在一起。”另一个学生补充说：“应该让两根小棒的一端挨着。”“碰”和“挨”字，抓住了角这个平面图形的本质特点。这些看似不规范、原生态的语言，流露出学生对数学的真实理解，让课堂充满着灵动的气息。

语言是思维的物质外壳，内部语言是内隐的观念、思想的物质外壳。知识与相应的智力活动都必须伴随着语言的内化过程而内化。教师要尽量引导学生做出描述性的表达，通过“说”数学，将严谨的数学表达出来，用直观表达抽象，用感性触摸理性。尽管学生的这些表达是感性的，但这是学生形成概念和判断的基础。

三、图形表征，用直观的图解释抽象的理

《教育与脑神经科学》一书讲到，以图释义是激发思维和促进学习的有效工具，相比冰冷的文字和呆板的公式，图形表征能让学生更加直观地理解知识背后蕴含的道理。比如，计算教学是小学数学教学的重头戏，如何处理算理和算法之间的关系是这部分教学的重

中之重，要让学生明白数的运算不应该仅是按程序机械进行，也是要讲道理的。

教学“两位数乘两位数”时，教师在第一节课可以借用点子图这一直观模型来解释口算方法。在用点子图探索并理解口算方法时，要关注学生的掌握情况，尤其要注意学生是否看懂、学会，是否明白拆分的过程、体验到算法的多样化和创造性，从而真正理解“把整体‘分块’求积，再求这些积的总和”这一两位数乘两位数乘法的算理，以及乘法算理与乘法意义的本质联系。

第二节课学习用竖式计算时，教师可以利用第一节课中的学习资源，打通点子图与乘法竖式之间的内在联系。首先，通过点子图这一直观模型对视觉的刺激，引导学生在“圈一圈”中明白“为什么乘了之后还要加”。其次，引导学生根据图理解“用第二个乘数十位上的数字去乘第一个乘数，所乘的积为什么要写在十位上”这一难点。这是算理的核心所在。而关注笔算的算理，对学生牢固掌握算法有着重要的意义。

想一想：有多少人参加武术操表演？

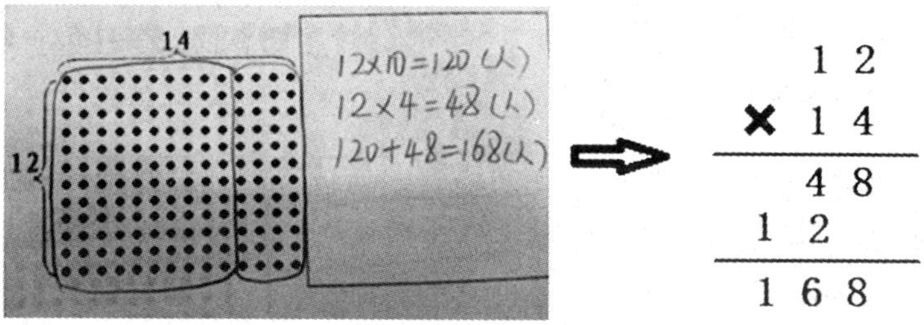

一个简单的点子图，直观诠释了算理，让学生对数学计算有了清晰的理解，原本抽象的计算过程也生动形象起来，进而提高了学生对数学运算的应用意识。

很多时候，学生在解决问题时也需要通过画图来寻求合理的解决方案，借助画图来解释计算结果的合理性。比如，学完“有余数的除法”后，针对下面的一道练习题，学生通过画图做了清晰的解答。

按下面的方式穿珠子，从左往右数，第18颗是什么颜色？第25颗呢？第34颗呢？

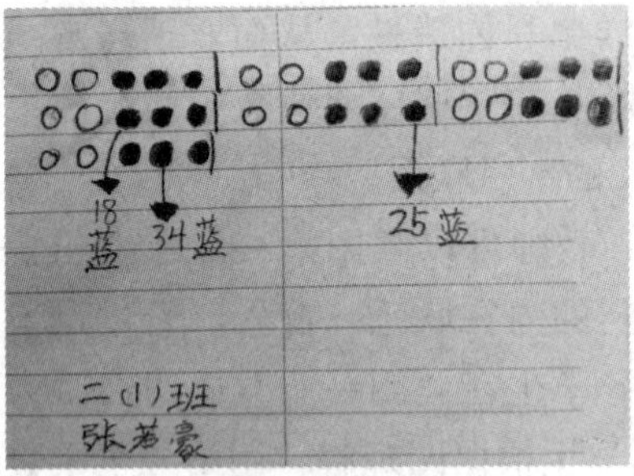

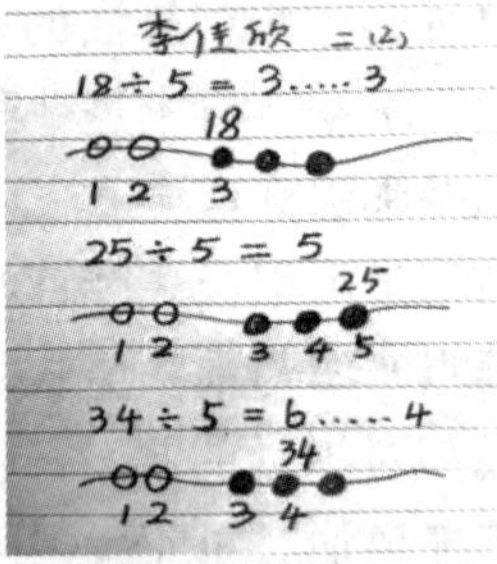

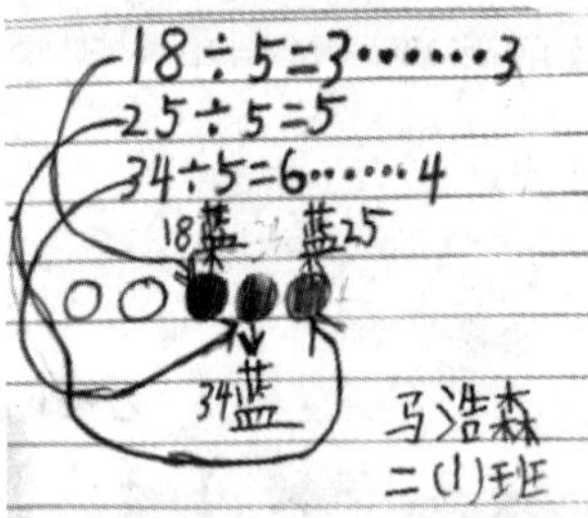

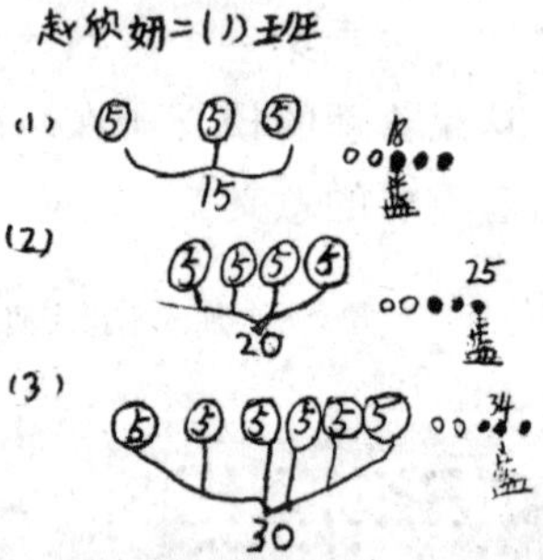

一图胜千字，图是最直观的语言，易读、易懂、易记，能把复杂的数学问题变得简明、形象。学生以画图的形式解决了有余数的除法的拓展问题，每种方法都有它的思维价值，学生在交流和碰撞中感受到方法的多样性。

由于小学生的思维发展正处于具体运算阶段向形式运算阶段的过渡期，将抽象的数学语言与形象的图形结合起来能促进学生的理解。长期坚持下去，教师可以将画图的策略由“纸上画图”发展到“心中有图”，将学生看问题的目光由狭小的范围引向更大的空间，实现由特殊到一般的认识飞跃。

四、符号表征，积累抽象模型表达的经验

美国教育心理学家布鲁纳提出学习的三种表征方式——动作表

征、形象表征和符号表征，并认为这三者之间存在一种严格的递进关系。“数”作为符号远远比“图”要抽象。因此，教学中需要让学生经历“具体事物—学生个性化的符号表示—学会用数学符号规范地表示”的逐步符号化、形式化的过程。

比如，教学“负数的认识”一课时，教师将谚语“早穿皮袄午披纱，围着火炉吃西瓜”引入教学，凸显温度差异之大。而后列出0℃、30℃、零下15℃，并抛出问题：依据你对温度的理解，应该用怎样的方式表示出30℃和零下15℃呢？这个问题是让学生感知引入数学概念是要表征我们现实生活中存在的一些现象，因此我们要创造符号来表示它。

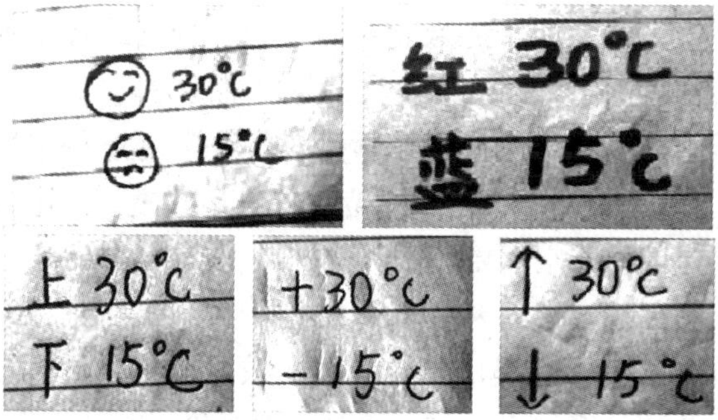

由于学生个体之间的差异，课堂上产生了多样化的记录方法，呈现了学生真实的数学学习状态。教师抓住时机，引导学生将这些记录方法进行对比，使学生明白让每个人都能看懂的符号需要一种统一的形式。最后，大家公认用正、负号表示零上温度与零下温度这两个相反意义的量。这个过程，是学生对数学进行再创造的过程。

比如，教学“认识倍”一课时，教师要引导学生理解数学概念中的“倍”，是两个数量之间的比率关系：以一个数为标准，看另一个数中包含几个这样的数，我们就说另一个数是这个数的几倍。对于二年级的学生来说“倍”的概念比较抽象，不像加减法“比多少”那样直观。教学时，教师可先利用实物图，进而抽象到小棒，圈一圈，画一画，让学生建立“倍”的表象，反复引导学生用语言叙述什么时候可以说××是××的几倍，最后过渡到用算式求解。层层递进，让学生对“倍”的意义的理解完成从“形”到“数”的转变。

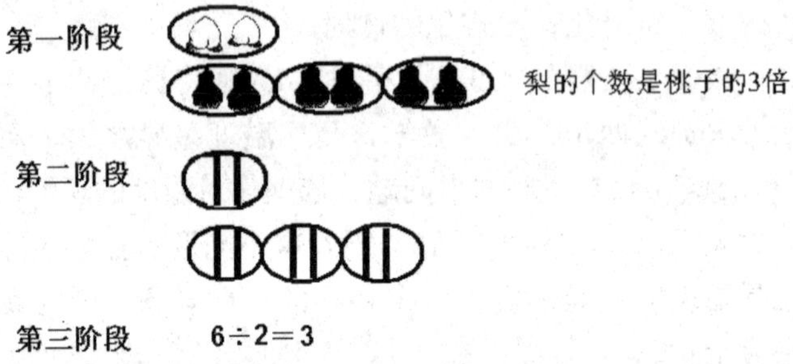

学生的数学思考主要表现在经历运用数学符号和图形描述现实世界的过程中，建立初步的数感和符号感，用图或最少的文字把事物的本质属性表达出来，从而发展抽象思维能力。

在教学中，教师要经常引导学生对解决问题过程中所用的表征方法进行反思和梳理，引发不同观点的相互碰撞，促进学生的深度学习，让课堂的思维空间更广阔。

用多元表征的方法对数学知识结构和关系进行描述，既是思考的过程，也是建模的过程，能使教师的教以及学生的学更有效。关注这些，比关注答案的正确与否更具有教育价值。

思维多样化，享受理智的欢乐

北京航空航天大学的李尚志教授曾从数学家的角度来谈教育。他认为：学数学的人要喜欢数学、欣赏数学，老师要通过展示数学的学科魅力来吸引学生。

数学享有“锻炼思维的体操，启迪智慧的钥匙”的美誉。课堂的温度建立在思维的深度上，教师在课堂上要有意识地培养学生思维的多样化，让学生体验数学思考的酸甜苦辣，享受智力活动的愉悦，这才是学生热爱数学的内在动力。

一、感性与理性对接，培养思维的深刻性

在小学阶段，学生的课堂学习更多地体现在实际操作和图形语言中。学生在直观操作中感知、积累丰富的表象，并以此支撑对符号语言的认知。因此，要通过打开文字、符号、图形与动作语言的通道，引导学生从感性到理性、从形象到抽象，培养思维的深刻性。

比如，教学“两位数乘两位数”时，教师让学生先在点子图上动手圈一圈，初步感知“分块求积”的直观算法。接下来，教师要借助点子图这一直观模型，设计层层递进的问题，提升思维的层次：（1）求 14 乘 12 要分几步算？（2）对照点子图，每一步分别求什么？（3）为什么竖式中用十位上的数字去乘的结果要和十位对齐？表示什么？（4）用“先算、再算、然后算”说说计算过程。

在对问题进行梳理的过程中，算理直观和算法抽象之间的通道被打通，利用点子图“分块求积”的直观性，揭示了从分步计算上升到竖式计算的过程。这个从“分”到“合”的演变过程，其实就是从直观操作到理性概括的思维提升过程，彰显了思维的深刻性。

比如，教学“两位数加、减两位数”一课，当教师看到有的学生从十位算起的时候，一种处理方法是果断地提示“从个位算起”这一计算法则，然后做示范，接着让学生在反复的练习中形成技能，这无疑是一条捷径。另一种是缓处理的方法，教师不动声色地在下一个教学环节中设计进位加、减法题目，让学生自主计算，然后在两种不同方法的比较中追问学生：“这道题和刚才的题目有什么不同？计算中出现了什么问题？为什么刚才选择从十位算起的学生这次选择了从个位算起？”学生在对比中加深了对“从个位算起”的合理性的认同。

这个过程看似曲折，实则使学生不知不觉调整了自己的认识和理解，体验到了规则生成过程中丰富的、充满张力的数学思考。

荷兰数学家弗赖登塔尔说，只要孩子没有对他自己的活动进行过反思，他就达不到高一层次。因此，在教学过程中教师要引导学生及时反思，从感性过渡到理性，把思维引向更深处。我常常在课堂上给学生提供“纠错小专家”“金话筒”“小老师”等平台，鼓励

学生大胆表述自己解决问题的过程，让学生体会如何用打比方、举例子、直观演示等方法，清晰地表达自己的观点。说的过程可以呈现学生思考的过程，思考的过程被讲述之后会变得更清晰。

二、开放问题情境，培养发散思维

发散思维具有流畅性、变通性、创造性。学生拥有发散思维，遇到问题时就能够轻松地进行转换、变通，灵活地重组信息，综合运用学过的知识提出巧妙的解题设想，在交流和碰撞中开阔解题思路，从不同的角度、用不同的方法解决问题。这中间体现了学生对知识的再创造，使解题策略具有发展性。

比如，教学“乘法的初步认识”一课，学习了新知识后，我为学生设计了一道题：“你准备用什么方法算出图中的五星角有多少颗？在练习本上写一写、算一算，和同学交流自己的想法。”

在交流中，学生走上讲台，借助投影仪进行展示和交流。有的学生说，把这些五角星看成两部分，每部分都按 9 颗算，“9×2=18（颗）”，因为中间那颗是共用的，多算了一次，再减掉 1 颗，共有 17 颗；有的学生说，中间那颗先不算，这样就分成了相等的四部分，每一部分都是 4 颗五角星，“4×4=16（颗）”，再加上中间那颗，一共是 17 颗；有的学生说，可以把每一部分都看成 5 颗，“4×5=20（颗）”，中间只有 1 颗，多算了 3 颗要减去，这样也是有 17 颗。

在学生交流的过程中我不断地追问：“大家的方法不一样，为什么有时加有时减？这其中的奥秘是什么？”学生结合图形进一步解释：有些方法计算时多算了，有些方法计算时少算了，所以有时加有时减。

说到底，学生的解题方法不同是由于观察的角度不同，从而衍生出的解题思路也不同。在交流中，学生感悟到，无论用哪种方法，都要清楚：是不是正好是“几个几”？多算了还是少算了？应该怎么办？只要思路清晰，就不会出错。

数学教学不是把学生的思维关在笼子里，而是要想办法打开学生思维的大门，让学生学会变通。因此，在教学中，教师要为学生提供开放的问题情境，培养学生的发散思维，使其体会到问题解决策略的多样性。学生展示的每一种计算方法都表达着他们的个性感悟和创造，见证着他们数学经验的积累和理解能力的提升。

三、从“算法”到“思辨”，培养思维的灵活性

荷兰数学家弗赖登塔尔在《作为教育任务的数学》一书的第二章中谈到了“思辨数学与算法数学”。他举了一个例子：设有相同数量的红酒和白酒各一杯，取一匙白酒倒入红酒内，使之混合，再取同量的一匙混合酒倒入白酒内，然后来回调酒，最后问白酒中的红酒多还是红酒中的白酒多。很多人采取直接计算的方法，得出一样多的结论。少数人做了这样的分析：因为两个酒杯中所失的分量各由另一种酒代替，盛白酒的酒杯中的红酒与盛红酒的酒杯中的白酒分量一样。弗赖登塔尔称第一种做法是“算法求解”，第二种做法是“思辨求解”。

教学“分数加减法”时也有类似的题目，我让学生试着解题，从学生的作业中我感受到思辨数学的味道。有的学生试图用直观的图分析题意，尝试用多种方法阐述、说明问题，而没有陷入遇题就算的机械和盲目中。

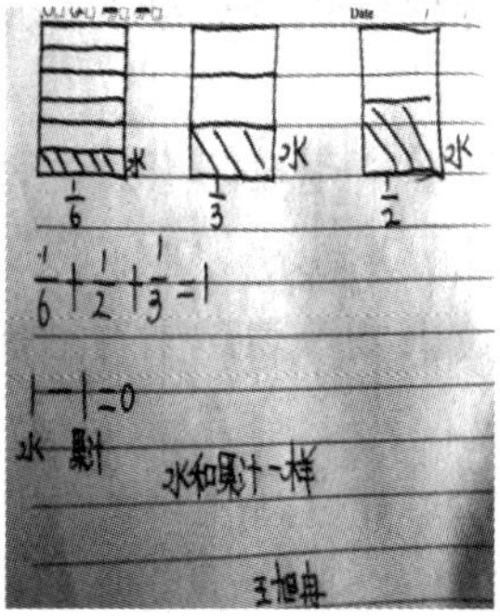

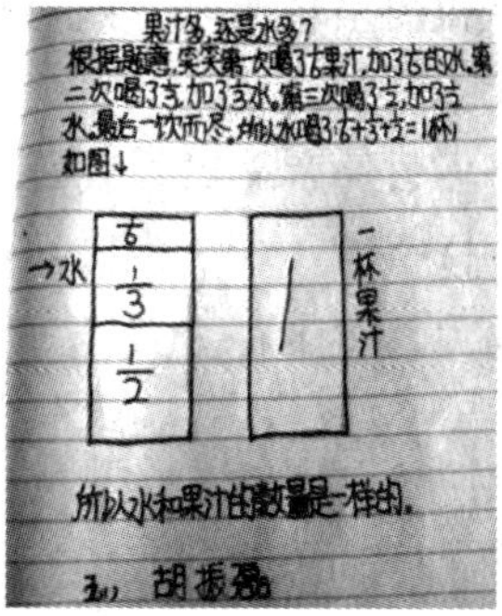

比如，讲“异分母分数加减法”时，我在黑板上写下算式“$\frac{1}{6}+\frac{1}{8}=\frac{1}{14}$”，问：“你有什么方法证明这个结果是错的?”有学生围绕着“14不是6和8的公倍数”，先通分再加减的计算法则说理；有学生说通过计算发现结果是错误的；还有学生说“两个分数都比$\frac{1}{14}$大，加起来的和肯定比$\frac{1}{14}$大”。对于学生来说，比掌握计算方法更可贵的是对数感的准确把握和遇到问题时思考、解决问题的能力。这是他们可以一辈子享用的财富。

有人说我们的计算教学只是“算”而不去“想”，总是要求学生“算得既对又快”。事实上，在科技迅速发展的今天，算得再快能快得过计算机吗?从算法数学到思辨数学，让我们树立了不以计算速度论英雄的科学观。速度未必代表着思维的品质，教学的落脚点应该是“思考是否有价值”，而不是“算得对不对”，所以教师要积极鼓励和培养学生有根据地表达观点的好习惯，让学生有条理地把判断的依据和过程说出来，做到言之有物、言之有理。

四、精思细练，培养思维的专注性

学生思维的发展并不只是来自知识的积累，更是来自寻求知识过程中的思维方法和过程的改进。教师需要从关注学生的“短时思考”到关注学生的“长时思考”，从关注学生“依靠感性经验做题”到关注学生“运用理性思考寻求答案”，让学生把看不见的思维过程用语言文字和图呈现出来，这可以让他们提升思维的品质，培养思维的专注性。

在学习了数的意义后，我曾安排学生用自己喜欢的两种方法表示出“45”这个数，学生的表示方法异彩纷呈，他们以计数器、数与数之间的关系等多种方式凸显了位值制，表达了对数的意义的丰富理解。

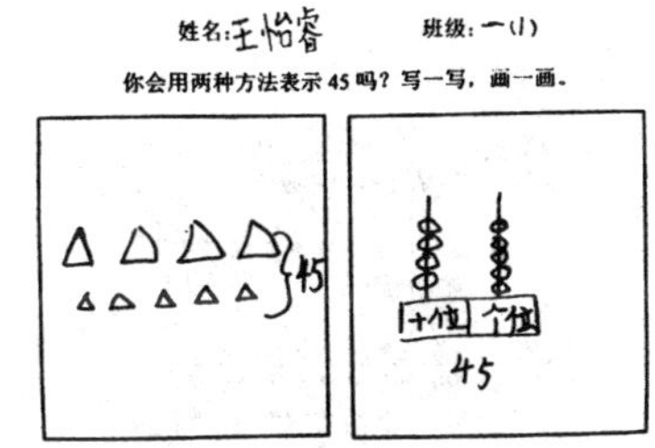

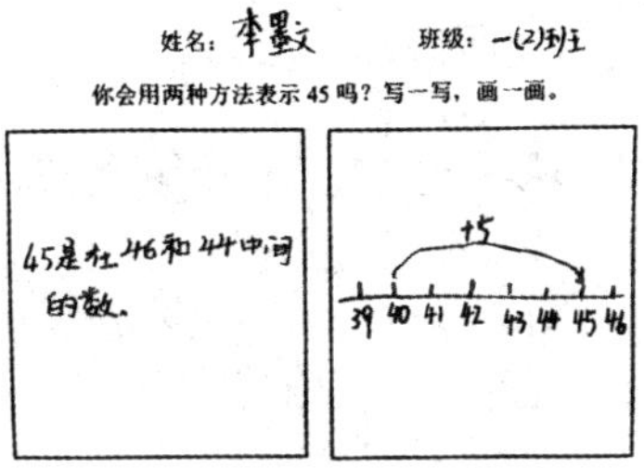

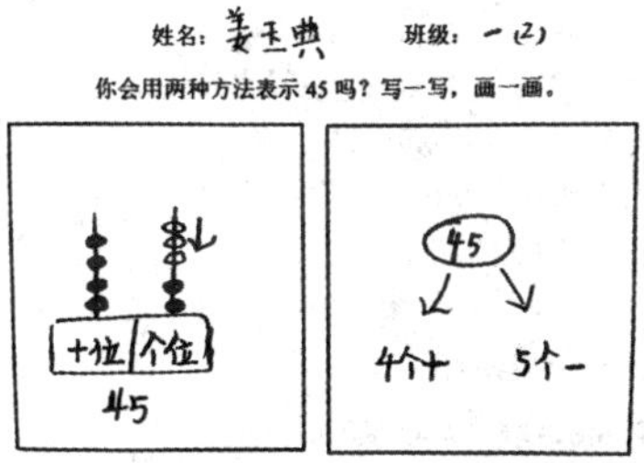

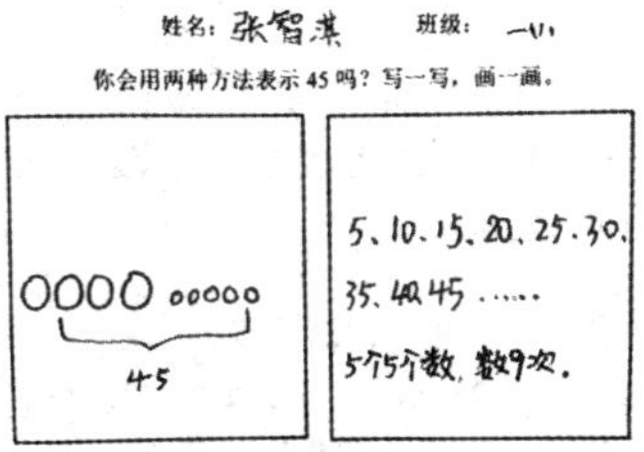

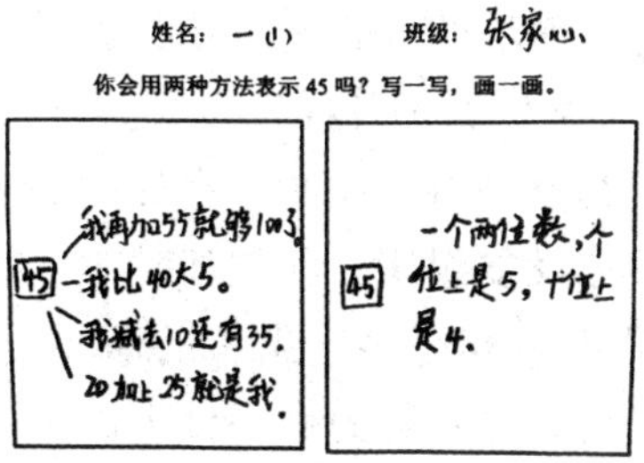

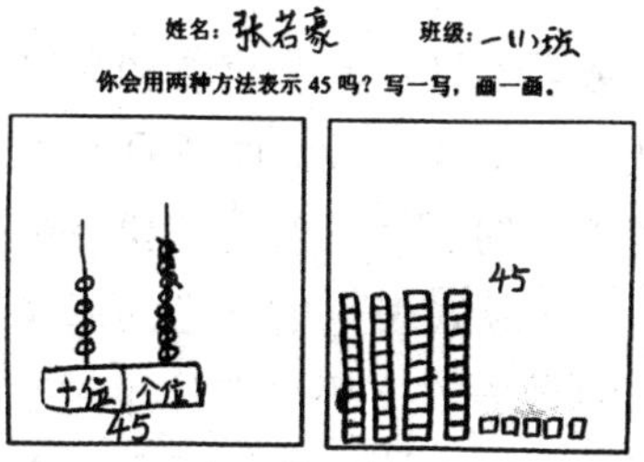

学完“24 时计时法”后，我给学生布置了一道题：小明晚上 8:30开始睡觉，一共睡了 10 小时，他第二天早上什么时候起的床？我让学生用自己喜欢的方式写出思考的过程。

第二天，我惊喜地看到很多学生或用文字叙述，或图文并茂，或用算式，表示了自己对这个知识点的理解，这些成果闪耀着学生智慧的火花。不少学生将数、形有效结合，这是解决问题的有效方法。即使基于同一种思维方法，表达的方式也不一样。思考过程并没有好坏之分，每种方法都有它的思维价值，都反映出学生对问题的理解和所做出的努力。

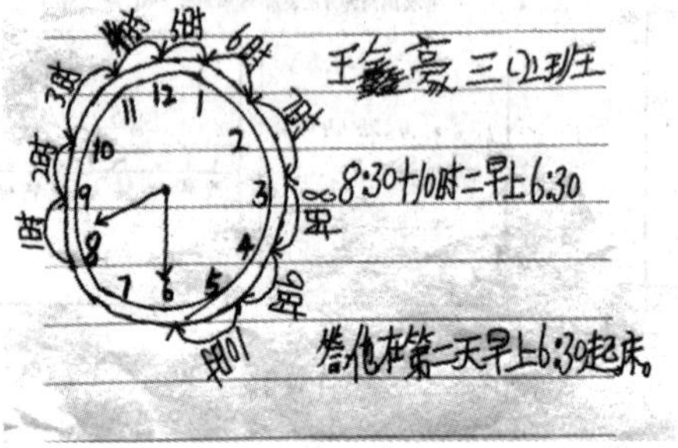

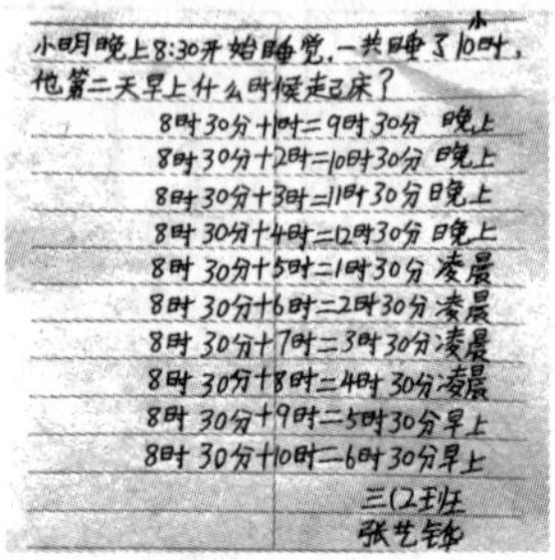

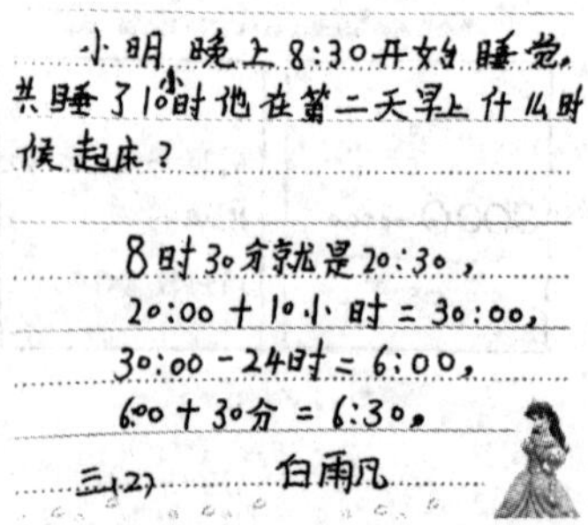

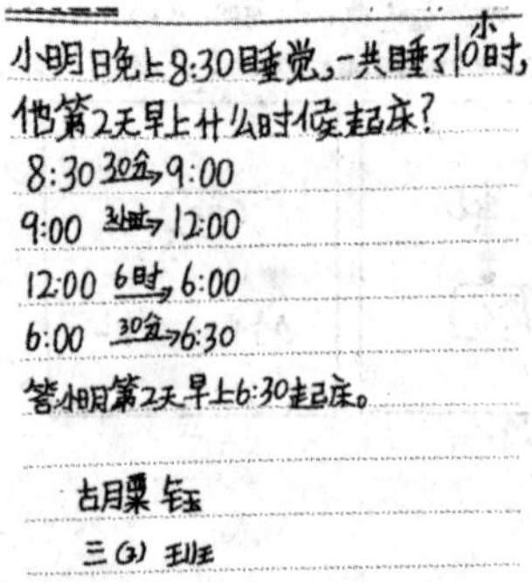

数学学科是追求简洁和严谨的，用最简洁的方式把事物的本质属性表达出来，需要很高的水平。为此，学生做了各种各样的努力，我仿佛看到了书桌前他们执着的身影，在努力画一幅画，在琢磨如何用一个算式表达出自己的思考过程，在反复组织一段能清楚表达自己的方法的文字。在这个过程中，学生培养了善于思考的品质、勇于探索的精神，我也读到了喜欢和坚持，以及努力做一件事的执着，当然还有创造的火花……

在数学教学中，把分析和处理问题的时间缩短是有效教学的一种策略，把时间拉长也是一种策略。缩短可能增加知识的容量，拉长可能提升学习的质量。课堂学习不仅要结论，更要引导学生用个性化的表达来展示思考的过程。这个过程犹如登山，“转过一座山，绕过一道岭，眼前又是一座峰”，思维的过程中充满着探索，充满着期待，这种“智力的历险”恰是思维的深层次“狂欢”。

比如，计算教学，不能只追求做题的数量，更要注重解题后的回味和提炼。不要引导学生看到题就算，而要认真观察数目的特点，思考是分步计算还是综合算式，是从左往右计算还是凑整计算，要引导学生灵活运用数与数的联系和运算律做出判定。这种严谨认真、全身心投入做一件事的态度是重要的思维品质。

另外，我还经常在课堂上进行听算练习，这需要学生聚精会神地听题，可以训练手、眼、脑协同发展。例如，我在课堂中随时提问学生："某某同学刚才发言中有一个关键词，谁听到了?""你能把某同学的观点再强调一遍吗?"时时处处关注学生学习的"生命在场"。

2014年美国年度教师肖恩·麦考说："学生就像一棵树，成绩只是暴露在地表的枝丫，思维模式才是深埋地下的树之根本。"数学课堂，我们期待学生乐听、善思、能辨，这样的学习体验对于学生来说才是深刻的。从清楚，到困惑，再到清楚，再到困惑，这个寻找的过程就是一种渐进的思维发展过程。每一次发现，都让学生感觉数学原来这样奇妙，这种理智的欢乐能激起学生对数学的好奇心，进而使学生品尝到数学学习的内在张力。

求联求通，建构知识网络

荷兰数学家弗赖登塔尔说过，学生在数学学习中，将知识联系得越是紧密，越是记得牢，学得快。学生在每节课中获得的知识是零散的，常有"见树不见林"的感觉。教师要做一个"织网人"，让学生从整体上把握知识，形成良好的知识结构，并经常引导学生梳理知识，建构知识体系。

一、纵横联结，辨析概念的本质意义

教材内容是按照循序渐进、螺旋上升的方式编排的，即各册教材各单元知识之间有较为严密的逻辑关系和承接关系。教师课前要充分地研读教材，梳理教材内容，理清知识内在的逻辑联系。如果学生能认识到新知识和已有知识是有关联的，就能很快地将新知识纳入自己已有的知识体系中，在纵横联结中突出其本质意义。

在教学“乘法分配律”时，我让学生想一想：在以前学过的知识中哪些用到了乘法结合律？哪些用到了乘法分配律？我和学生一起回忆了学过的连乘问题的模型：王老师带学生参加实践活动，买了2箱矿泉水，每箱24瓶，每瓶3元。王老师要花多少元？解答问题时，有人列式“24×3×2”，有人列式“3×（24×2）”，后者就用到了乘法结合律。而学习“两位数乘两位数”时，计算“14×12＝14×（10＋2）＝14×10＋14×2”，或者“14×12＝（10＋4）×12＝10×12＋4×12”，运用的就是乘法分配律。另外，原来学过的竖式、长方形周长公式的计算都用到了乘法分配律。学生通过将新知识与已有知识联结，进一步区分了两种运算律运用的不同情境，强化了对乘法分配律的意义建构。

教学“体积与体积单位”时，我引领学生回顾之前学习的长度和长度单位、面积和面积单位，让学生通过对已有知识的回忆引发对新知识的联想，使其隐隐约约感觉到新知识和旧知识有联系，激发学生学习新知识的欲望。

在学习完新课后，我再次组织学生交流：体积单位与以前学过的长度单位、面积单位有什么区别？让学生进行对比，深化对三种计量单位的理解。在交流中，学生发现长度单位用来测量线段的长短，面积单位用来测量平面的大小，体积单位用来测量物体所占空间的大小。在联系和对比中，学生进一步理解了三种计量单位的意义，通过暗含的一维图形、二维图形、三维图形之间的转换，提高了空间想象能力。

很多知识之间都有生成点和联结点，教师在备课时要善于挖掘、捕捉这样的点，以引领学生获得清晰的概念。

二、动静结合，感受知识的关联

对于小学生来说，认识静态的知识是有困难的。在教学中，教师如果能让知识从静态走向动态，就可以加深学生对知识的理解，有效地突破认知难点。比如，三年级的“长方形和正方形”，是学生在一年级学习“认识图形”的基础上加以延伸的。一年级学习“认识图形”时，学生主要从并列关系认识长方形和正方形，直观辨认图形的特征，初步感知长方形是长长的、方方的，正方形是方方的、正正的。但是，到了三年级再学习“长方形和正方形”时，要求学生从“正方形是特殊的长方形”这一从属关系来认识，这显然有了挑战性。一位教师在教学时设计了两个活动，让学生感悟长方形和正方形之间的联系。

第一个活动：在学生认识了长方形和正方形的基本特征后，教师准备了一个信封，里面放着一个露出一小部分的长方形卡片。

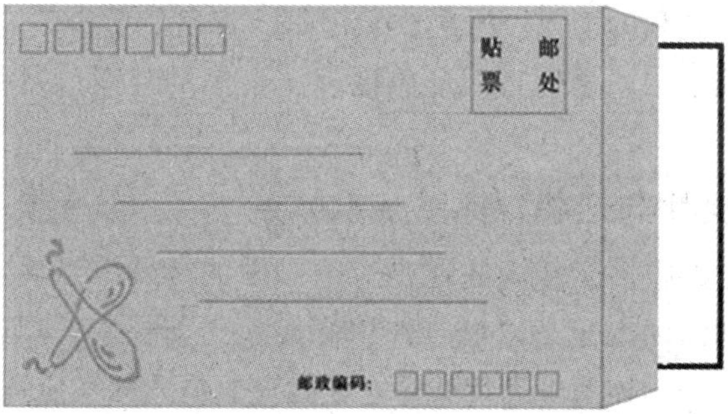

教师边操作边提出问题让学生思考：信封里面装的是一张有四条边的卡片，它可能是什么形状？你是怎么判断的？学生通过看到的两个直角做出猜测，有学生说可能是长方形，有学生说可能是正方形。教师追问：“什么时候是正方形？”有学生说继续往外拉，如果四条边相等就是正方形。

这时，教师一边抽拉卡片，学生一边观察辨别。教师适时追问：“现在拉出的卡片它的形状是不是正方形？”一直拉到用红笔做记号的红线处，这时候就是四条边相等的正方形。教师接着追问：“如果还能再往外拉，猜猜是什么图形？”学生判断：“又变回长方形了，因为四条边不一样长了。”在动态的演示中，学生理解了“正方形是特殊的长方形”这一结论。

第二个活动：教师安排学生用 16 根小棒摆一个长方形，边摆边记录结果，然后再让学生观察，看有什么发现。

学生操作完后，师生一起整理记录表，让记录呈现更加有序：

长摆 7 根，宽摆 1 根；长摆 6 根，宽摆 2 根；长摆 5 根，宽摆 3 根；长摆 4 根，宽摆 4 根。有学生说，长边不断减少，宽边不断增加；有学生说，当长和宽都摆 4 根时，就摆成了正方形。在动态的操作过程中，学生进一步理解了“正方形是特殊的长方形”这一结论。

这两个活动，都需要学生用规范的数学语言描述图形特征，并紧紧围绕图形的特征做出分析和判断，让学生在猜想、验证的过程中进一步认识长方形和正方形的特征，感悟长方形与正方形之间的联系。

再如，教学“旋转与角”时，通过操作“活动角”，让学生在旋转过程中体会角的形成，再次认识锐角、直角、平角、钝角和周角。在动态的演示中，学生直观形象地理解了角的本质以及每类角之间的大小关系。

三、类比与迁移，完善知识体系

数学中的很多新知识往往是对旧知识的延伸、发展和综合，而学生的认知活动也总是以已有知识和经验为前提。教师如果能将概念放在数学知识体系中进行教学，更能突显概念的本质意义。

如教学“小数的初步认识”一课时，教师引导学生从小数的计数系统上理解概念。首先让学生尝试建构小数的概念：“如果用 1 个图形来表示 1 元，你能找出 0.1 元吗?”课堂上，学生的思维呈现出多样性和层次性。同样用图形表示 1 元，有学生将图形大致等分为 10 份，其中的一份标出 0.1 元；有学生随意在图形上点一个点或圈一部分，标出 0.1 元；有学生用一条 10 厘米长的线段表示 1 元，并借助直尺上的刻度找出 1 厘米即 0.1 元，这样的创意无疑技高一筹!

这便引发了学生之间的对话、质疑和补充。“为什么有人点一个点，有人却分那么多格子?”“因为 1 元等于 10 角，所以要分为 10 个格子。”借助动手操作和数形结合，1 元和 0.1 元之间的关系变得越发清晰，1 角就是 0.1 元，几角就是零点几元。学生在探索过程中，通过类比迁移，认识了小数的本质属性。

教师在课堂的结尾再来个“回马枪”：“如何把数学书的价钱 6.76 元写在数位顺序表中?”在学生的讨论中，教师出示折叠的数位顺序表，顺着学生的思维进度依次向右展开……让学生体会到小数是将个、十、百、千等整数的计数方式，朝着另一个方向进行“不断缩小”的新计数方式。

教学“分数加减法”时，教师先让学生回忆整数加减法和小数加减法的计算方法，并追问“计算时要注意什么”，同时强调“相同数位对齐”其实就是“计数单位相同才能相加减”这一道理。在接下来的教学中，要让学生认识到尽管分数加减法的书写形式与整数、小数加减法不同，但是计算还是落脚到“分数单位相同才能相加减”这一规则上。也就是说，学习“分数加减法”要从整数、小数加减法的法则中去类比和迁移，最终将新知识顺利纳入原来的知识体系中。

小学数学的知识、技能都是有内在联系的，它们相互作用、彼此影响。因此，教学中我们需要打通整数、小数、分数、百分数之间的关系，各图形面积、体积间的关系，小数乘除法与整数乘除法之间的关系，以及各类问题解决方法之间的关系。把每堂课的教学内容置于知识体系中，注重知识的结构和体系，处理好局部与整体的关系，使新知识通过迁移顺应原有的认知结构，使学生感受到数学的整体性。

四、凸显数学思想，形成普适的数学模式

美国教育心理学家布鲁纳认为：不论我们选教什么学科，务必使学生理解该学科的基本结构。所谓基本结构，就是指“基本的、统一的观点，或者是一般的、基本的原理”。数学思想与方法是数学学科中一般原理的重要组成部分，在教学中有意渗透数学思想与方法能够帮助学生更好地理解和掌握数学内容。因此，教师不仅要关注显性的知识和技能，更要关注隐性的数学思想与方法。相对于知识和技能来说，思想与方法“具有足够的稳定性”，有助于新知识的学习，能帮助学生解决新的问题。

教学“圆的面积”后，我引导学生对平面图形的面积计算公式推导过程进行了梳理。有学生把平面图形分成两类：一类是直边图形，包括长方形、正方形、平行四边形、三角形、梯形；一类是曲

边图形，包括圆。接着我们又对第一类图形的面积计算公式的推导过程进行了梳理，其中平行四边形的面积计算公式是通过转化成长方形来推导的，三角形和梯形的面积计算公式是通过转化成平行四边形或者长方形来推导的。对于圆形，其面积计算公式是通过切割、拼补，把曲边转化成直边，把圆形转化成平行四边形或长方形来推导的。

在分享和交流中，我把这些公式写到黑板上，板书错落有致又呈显出清晰的脉络，似一棵知识树亭亭玉立——由根生干、由干生枝、由枝生叶。学生边看边感叹：原来知识之间就是这样相互关联、相互依存的！

学生通过梳理知识，形成了前后贯通的知识网络，在梳理的过程中，凸显了两个字“转化”。这种重要的数学思想将伴随着学生学习数学的整个进程，甚至影响学生的一生。

再如，教学“植树问题”时，无论教学时如何研究“两端都种”“一端不种”“两端都不种”三类常见的植树问题，用画图、手指模拟演示，让学生理解间隔和点数之间的关系，到最后都要回归到植树问题中蕴含的数学思想——“一一对应”上，只要掌握了点数和间隔的对应关系，就可以应对各种情况。

其实，教学最后还要跳出“植树问题”的特定情境，放眼生活中的问题，发现“路灯问题”“排队问题”“爬楼问题”“锯木问题”等，它们都有着同样的数学结构，都蕴含着“一一对应”的数学思想。建立这种普适的数学模型，以后再遇到这类问题时，学生就会积极调动与之相关的图式，正向迁移，顺利解决问题，达到“一通百通”，提升思维水平。

正如数学家华罗庚所说：学习有一个“由薄到厚”和“由厚到薄”的过程。将那些学到的知识咀嚼、消化、融会贯通，提炼出关键性的问题，看似学到的知识比以前少了，但实质上原来的知识经过消化，变成精练的知识了。

数学知识就像一粒粒珍珠，只有把它们穿起来才不易散落。同时，学生的认知结构需要经历一个从形成、发展到完善的过程，教师要引领学生自觉、及时地把学过的知识进行归类整理，由点到线，由线到面，由面到体，将孤立的知识和零碎的经验串联成知识链条，促进学生不断实现认知结构的改组与重建，形成知识体系。让学生感悟数学知识是如何关联，又是如何生长的，这样才能转识成慧。

第四章

创生课程，让素养浸润心灵

从研究教材到研究课程

荷兰数学家弗赖登塔尔说：教育作为一种人类活动，它是那么复杂，不能由教科书做全面的反映。如果一位好教师只是局限于一本有特色的教科书，但书的特色又不能与他自身的教学特色相融合的话，一位普通教师用这类教科书，再补充上自己的教育思想进行教学，完全有可能超过那位好教师的教学。

对弗赖登塔尔的这段话，我深有感触。一位教师在教学过程中，最初研究教材，关注更多的是教学的技艺问题；然后才关注课程，把目光转向教育的价值观问题。教师从研究教材转向研究课程，体现了从教学的必然王国到自由王国的嬗变和飞跃。

一、打破课时限制，树立大数学的观点

新《课程标准》的基本理念告诉我们，教师不应只做教材忠实的实施者，而应在充分理解教材的基础上，立足学生实际，从学生的发展考虑，突破课时限制，从一个单元、多个单元去思考一堂课的教学。这样整体考虑，是为了更好地理顺课与课之间的关系，从联系的观点促进知识的建构。

比如，“小数的初步认识”这一内容，教材安排的第一课时是通过文具店的情境，让学生借助元、角、分这些直观模型认识小数，初步理解小数的意义；然后通过“货比三家”“存零用钱”“寄书”的情境让学生比较小数的大小，学习简单的小数加减法。这个单元的最后一个课时“能通过吗?”借助长度单位米、分米、厘米等，让学生进一步理解小数的意义。考虑到人民币单位和长度单位都是十进制，在生活中又十分常见，都是认识小数实际意义的实物模型，教学中，我把本单元的第一课时“文具店”和最后一课时“能通过吗?”整合在了一起。

教学从商品单价开始，让学生初步了解元、角、分与小数各数

位之间的联系，这部分的教学体现了“有指导的再创造”；然后迁移到长度单位米、分米、厘米等，这部分的教学则放手让学生经过类比、同化，理解米、分米、厘米等和小数各数位之间的对应关系，通过丰富的背景来强化小数的意义。这样的整合把零散的知识串在了一起，更利于知识的建构。

再比如，有关乘法口诀的内容，教材将其分为两个部分。首先是学习“2～5 的乘法口诀”，在后面穿插“数与代数”的部分学习内容，然后是“6～9 的乘法口诀”。考虑到大多数学生已经会背乘法口诀，于是我将教学重点放在让学生理解口诀的意义、体验口诀的编制过程、感受口诀之间的联系上。在分析了教材特点、读懂了学生思维的最近发展区后，我把这两个单元放在一起教学，拓展探究知识的空间，增加探究知识的思维深度。

教学“2～5 的乘法口诀”时，我将教学重点放在让学生通过图式，理解口诀的编制特点和每一句口诀表示的意义上，让学生经历口诀的编制过程。在教学“6～9 的乘法口诀”时，我将教学重点放在通过问题激发学生的学习兴趣上，让学生思考：哪一句口诀是原来学过的？哪一句口诀是新的？新口诀和旧口诀之间有联系吗？请你选一句口诀解释。这样的编排对学生来说具有挑战性，将新知识置于旧知识的大背景之中，使学生明确了每一项学习内容在数学知识体系中的位置与作用、前联与后续，也让学生经历了对知识的再创造过程，使得课堂学习始终处于一种简明又充实的张力中。

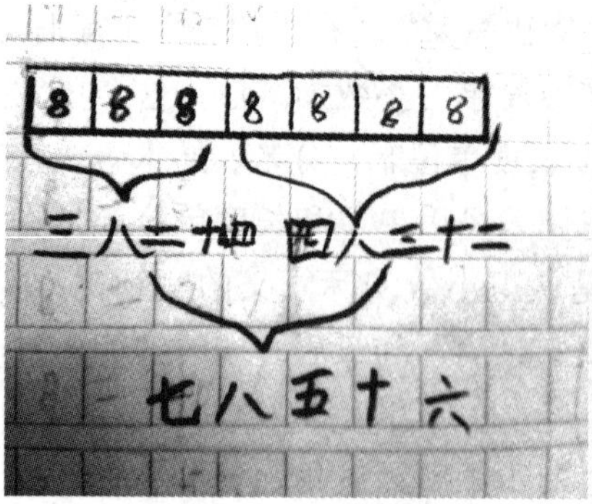

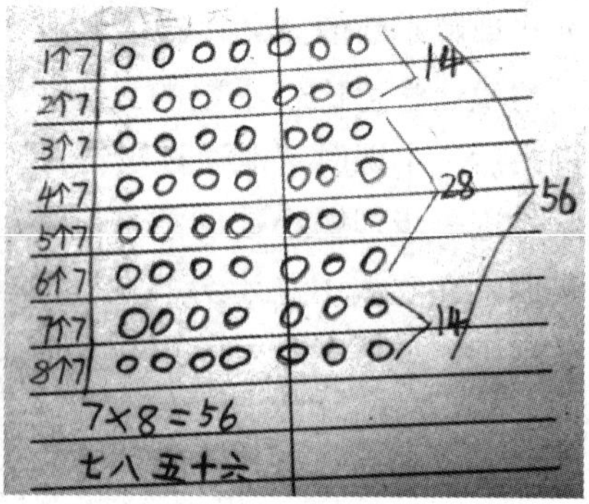

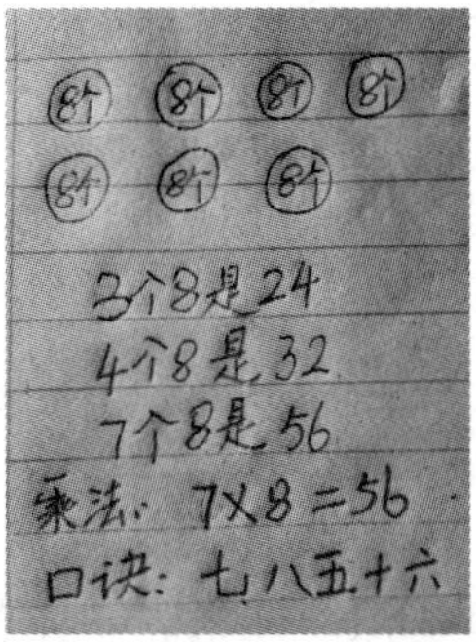

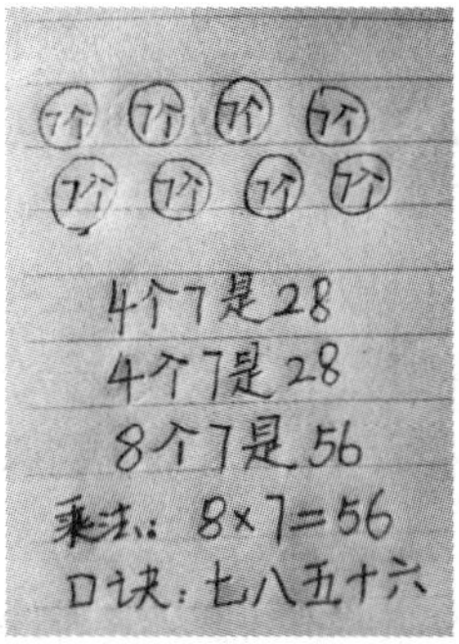

二、将教材变为学材，提供丰富的学习载体

教材是实现课程目标、实施教学的重要载体。它虽然明确规定了教学内容，但是课堂实施如何展开，素材以何种形式呈现，则是教师的事情。教师要做的，就是在学生与教材之间架起桥梁，根据学生的认知水平、原有基础，兼顾更多学生认识方式的差异，将教材中特定的、静态的文本知识变为富有生命力的学材，使其流动着鲜活的气息走向学生。

首先是对教材进行增补和改造，增加学生熟知的，能够看到、听到、感受到的，可以直接体验的现实素材。比如，教学“百分数的意义”时，教材是从足球比赛派谁罚点球的情境引入的，考虑到小学生对足球并没有太多的关注以及对罚点球比较陌生，我创设了“派谁参加计算小能手比赛”这一贴近学生实际的情境。

选手姓名	做对题数（道）	做题总数（道）
王昊	7	10
李想	18	20
尤越	21	25

我将“派谁参加计算小能手比赛”这个情境分层呈现，先出示了三个人做对的题的数目，有学生第一反应就是“谁做对的数目多就应该派谁去”，我并没有立即评价，而是等待一些学生的思考。有学生提出：“他们做的题目总数是否一样？”此时，我出示另一种量，即三人各自做题的总数。学生悟出要解决“派谁参加计算小能手比赛”的问题应该关注两个量的比较。当总量不一样的时候，需要求

出两个量之间的倍比关系，这样学生对百分数的意义“一个数是另一个数的百分之几”就有了初步的感知。

这样的情境，既是学生熟知的，又是富有挑战性的，能激起学生的探究欲望。教师要关注学生的兴趣爱好，挖掘与学生生活环境密切相关的事情，与自然、人类文明或其他学科相关的现象和问题，以及在他们的数学学习过程中遇到的问题等，这些都可以作为课程资源。

其次是将课堂生成转化为课程资源。课堂教学宛若下棋，任何一个棋子的变化，都会引起整盘棋的变化。走进课堂，是指走进变化。课堂的“静”，是指没有学生参与情况下的教学设计状态；课堂的“动”，是指学生的学习过程、学习结果加入课堂教学之后所形成的局势变化。如果不考虑学生参与学习过程之后教学形势的变化，总是将学生理解为备课时所考虑的状态，那么课堂教学就是一件十分容易的事，就会缺少师生的双边活动，也没有艺术性可言。

教师要关注课堂生成，引导学生把探究过程中出现的各种思维方法进行展示、交流。教师要关注学生的个性化表达，为学生提供思维碰撞的机会。比如，教学“搭配中的学问”一课，探究马戏团小丑的“两顶帽子和三条裤子如何搭配”的问题时，教师就可把学生在尝试解决问题中暴露出的问题作为教学资源。

例如，有的学生搭着搭着就乱了，有的学生能有序思考；有的学生想到利用文字描述解决问题，有的学生想到利用画图法解决问题。在讨论解决问题的过程中，学生有机会看到别人的观点和方法，评价这些观点和方法的准确性、实用性，能使学生获得帮助和启示，并在以后解决问题时加以使用。

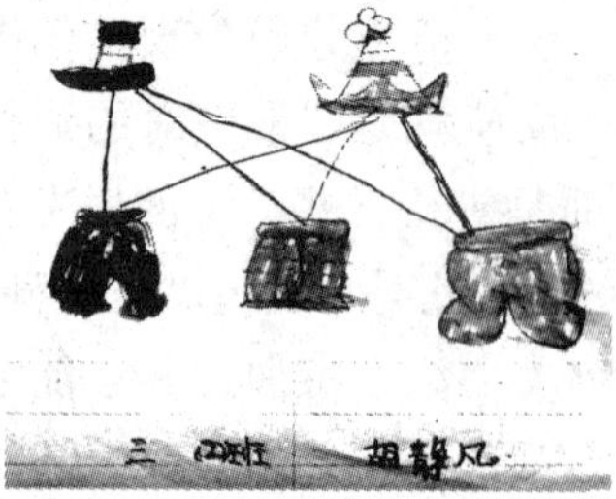

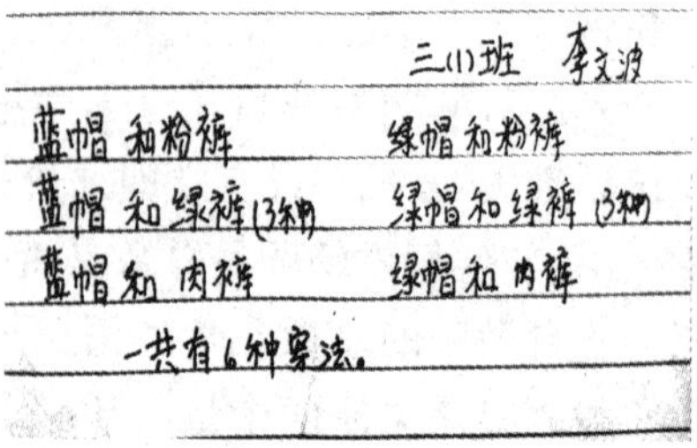

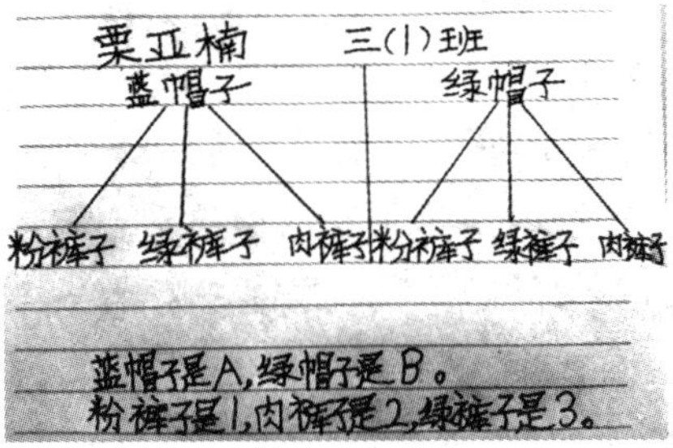

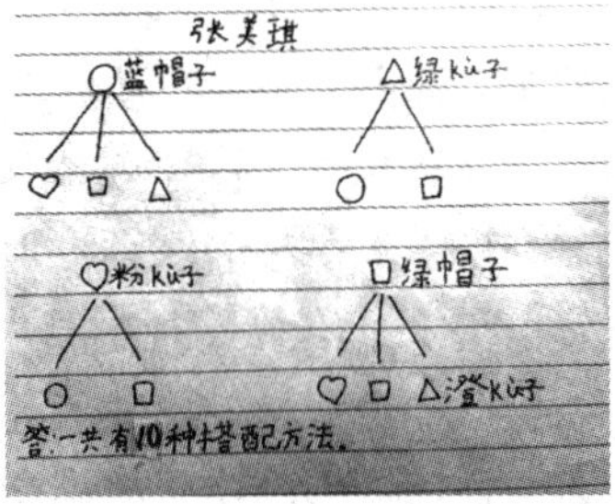

数学课堂不仅仅是在预设的圈子里精讲细练，也是在生成性的资源中探究延伸。关注课堂生成，把学生课堂上探究的学习成果作为学习的素材和进一步探究的载体，用这些参差不齐的教学资源引发师生、生生之间的对话、质疑和补充，在学生的原始想法和数学方法之间建立联系。教师有效地利用这些生成性资源，就会使课堂变得自然生动。

三、关注心灵，用完整的课程育完整的人

印度的甘地有一次到某学校去演讲，他从遇到的第一个教师开始问：“你是教什么的?”教师们回答：“我是教数学的。”“我是教语文的。”“我是教历史的。”“我是教地理的。”……来到讲堂，甘地跟大家说：“我想大家有点误会了。我们到学校不是为了教数学、语文、历史、地理，我们是来教人的。”

课堂上，学生是“整个人”在参与教学活动，而非只是智力领域，教学活动必定会影响到学生的精神世界。因此，教师要研究课堂生成及教学内容的育人价值，关注“行为的影响、德行的熏陶、核心素养的养成”，全方位地影响“整个人”。有一次我利用课前三分钟和学生分享数学日记，一个叫梓潼的小女孩站起来读了她的日记——《妈妈的生日》。

今天是周六，正好也是妈妈的生日，我想给妈妈一个惊喜。数了数储钱罐中的钱，一共是78元。我先到门口的鲜花店买了一束康乃馨，15元；又到王叔叔的蛋糕房里买蛋糕，挑了最小的那个，应该够我和妈妈吃，花了35元。算了算，一共花了50元，我的钱还剩28元。

终于盼到晚上，妈妈下班了。我关上灯，让妈妈闭上眼，送上我的生日礼物。妈妈笑了，我也笑了。

听女孩念完这段不长的文字，一股暖流在我心中涌动。我走下讲台，摸着女孩的头，动情地对大家说：“我非常喜欢这篇日记，她很好地记录了给妈妈过生日中的数学问题，我收藏了。梓潼是个有心的孩子，通过她的这篇日记我们感受到了梓潼对妈妈的爱。为我们班有这样懂事的孩子感到骄傲……”

瞬间的静寂后，学生自发地鼓起掌来，我看见梓潼坐得更加端正了，眼中有亮晶晶的东西在闪动。此情此景，让我想到泰戈尔的那句话：“教育的目的应当是向人传达生命的气息。”

教学“认识毫米”一课时，我用学生喜欢的故事引入：厘米和毫米曾是好朋友，它们生活在同一把尺子上。有一天，厘米看了看身边的毫米，心想：你这么小，竟敢跟我平起平坐。于是厘米很不客气地对毫米说：“每次主人让我俩去测量，总是我出力多，你只是偶尔量一下，几乎派不上用场，你算老几，竟敢跟我平起平坐?”接下来，我让学生给这个故事接龙。学生在故事接龙中不仅理解了毫米和厘米的本质联系，还明白了“尺有所短，寸有所长”的道理，这样就在教学中彰显了学科价值和育人价值的和谐统一。

教师要明白：课程不仅仅是知识的传递，更应是情感的交流，情感的交流是理智活动的中介。学生的一切活动都依赖于情感的驱动，教育过程其实就是人与人之间情感交流的过程。教师在课堂上不仅要把握教材的精髓，更要关注学生的需求，融入教师的情感，这样教学才能产生真正的效果和意义。教师的知识储备、教学经验、实践智慧及人格魅力等，对于学生来说就是一种丰厚的课程资源。

课程设置的目的不是把学生的知识篮子装满，而是把学生的心点亮。给学生怎样的课程，就给了学生怎样的童年。作为教师，要“眼里有课程、心中有学生、手里有方法、脸上有微笑”，要探索和创生课程，让学生学得好，走得远，用完整的课程培育完整的人。

实践活动，拓展数学的宽度和厚度

《课程标准》指出：“‘综合与实践’是一类以问题为载体、以学生自主参与为主的学习活动。在学习活动中，学生将综合运用‘数与代数’‘图形与几何’‘统计与概率’等知识和方法解决问题。‘综合与实践’的教学活动应当保证每学期至少一次，可以在课堂上完成，也可以课内外相结合。提倡把这种教学形式体现在日常教学活动中。”

在现行的教材中，每册设计的综合实践活动课一般是两节，这显然是不够的。还需要教师以教材为线索，自主开发综合实践活动课程，为学生提供具有探索空间的“小设计”“小实践”“小研究”，把实践活动日常化。

一、资源收集型实践活动，为课程设计埋下伏笔

《小学数学教师》特约副主编陈洪杰说，教材作为给定的、静态的知识载体，一旦到教师手中，其存在的状态就是动态的、千差万别的。因此，即便是相同的教材，最终却是被“创造”成完全不同的教材，对不同的学生产生不同的影响。教材本就有“被创造”的一面，其生命特性是在教师使用中被赋予的。

教学“百分数的应用（三）”一课时，我从“家庭消费”这个话题引入，利用百分数的意义列出方程解决实际问题，引导学生体会百分数与现实生活之间的联系。本节课的“你知道吗?”部分是让学生了解恩格尔系数，考虑到这部分内容既贴近生活实际，又是学生十分感兴趣的话题，且恰逢后面要教学“数据的处理”，学习扇形统计图，于是我提前布置任务，让学生记录一个月的家庭消费情况。

有的学生每周记录一次，有的学生十天记录一次，一个月统计结束后汇总，进行分类整理。大部分学生按“服饰”“文化教育”“水、电、天然气费”“日常生活开支”“其他”等分类记录数据。到

了教学“数据的处理”时，我引导学生把统计的家庭消费的各类数据和总数据进行对比，计算出每一类的消费所占百分比，并绘制家庭消费扇形统计图，引导学生读懂扇形统计图表示的每部分消费和总消费之间的关系特点，体会扇形统计图在表示部分与整体的关系上的优势。

到正式学习“恩格尔系数”的内容时，学生马上想到了自己绘制的家庭消费扇形统计图，然后结合恩格尔系数分析自己家的生活水平处在“贫穷、温饱、小康、相对富裕、富裕、极其富裕”中的哪个层次。以往呆板无趣的统计与百分数应用知识一下子变得“鲜活”起来。

这个课程周期较长，又是动态的、持续的。在这个过程中，学生经历了明确问题、制订方案、采集数据、统计汇总、绘制图表以及分析反思，不仅培养了实践能力，还在对数据调查与分析的过程中培养了合理消费的意识，体会到父母挣钱的不易。不少学生还给父母提出建议，争做节约型家庭，这也是除了知识之外的另一种收获。

教学“栽蒜苗”一课时，我提前三周布置学生栽种蒜苗，让学生每三天测量一次蒜苗的高度，并做好记录，还告诉学生可以通过写日记记录自己种蒜苗的心情和体会。学生乐此不疲地投入到栽蒜苗的实践活动中，从他们的文字中可以感觉到他们期盼和喜悦的心情。

今天，在妈妈的指导下，我满怀希望地种下了10瓣大蒜。妈妈叮嘱我，每天要按时浇水，这样蒜苗才能长得茁壮。我兴奋得一天看了几回，盼望着我的蒜苗赶快发芽！——顾明月

今天我又去测量我的蒜苗，不知道怎么回事，我发现这两天蒜苗长得很慢，有的叶子有些发黄。昨天测量的是21厘米，今天测量的是21.8厘米。我很着急，问了问其他同学，大家也都这么说，这是怎么回事？我们准备去问问科学老师。——李晓彤

明天就要交观察记录表了，我认真看了蒜苗的生长情况记录后，有个小发现：蒜苗在第3天到第7天长得最快，由5厘米很快长到

了 12 厘米，后来每天长 2 厘米左右，第 13 天以后，生长得比较慢，大概每天长 1 厘米左右……

——祝子云

学生亲身经历栽蒜苗的实践活动，每天浇水、观察、记录数据，付出了辛勤的劳动。这些数据是学生通过亲自参加实践活动获得的，融入了个人的情感，所以这些数据是鲜活的、有生命的。课堂上，我带领学生对这些数据进行整理和分析，学生感到亲切、自然，从中感受到了数学与生活、数学与其他学科的联系。在这次实践活动中，学生坚持不懈地做一件事，磨炼了意志。

像这样，把学生在实践活动中获得的教学资源、积累的活动经验和教材融合在一起，就构成了带有学生生命特质的课程，可以让封闭的数学课堂走向开放，让数学学习更多元、更丰富、更有趣，也让学生的数学学习增值。

二、探究型实践活动，提升综合解决问题的能力

实践活动的目的主要是通过活动促进学生的发展。小学数学实践活动的开展要结合教学内容的进度，选取有挑战性的主题，吸引学生参与探究。在活动中，教师要关注学生能不能主动地参与实践活动，是否积极地寻找解决问题的策略，是否经历数学化的过程，至于实践得出的结论应该是第二位的。

比如，教学“两位数乘两位数”和“克和千克”的内容后，我设计了“1 千克黄豆大约有多少粒”的综合实践活动。这是一个富有挑战性的问题，也是一个需要充足的时间来解决的问题。我把这个问题当作周末作业布置给学生，让学生尝试自己研究，并记录研究方法。周一的数学课上，我从学生的分享中看到了他们解决问题的不同策略。

有的学生用杯子一杯一杯地量 1 千克黄豆，共量了 18 杯，数了其中的一杯共有 204 粒，按 200 粒估算，这样就可以推算出 1 千克黄豆大约是 3600 粒。有的学生说家里的黄豆只有 400 克，把这些黄豆分成差不多的四堆，每堆大约 100 克，数了其中的一堆是 398 粒，可以按 400 粒计算，推想 1 千克黄豆大约就是 4000 粒。有的学生说先一把一把地抓这 1 千克黄豆，一共抓了 65 把，数了数其中一把黄

豆是63粒，按60粒来算的话，1千克黄豆大约有3900粒。有的学生说自己家没有黄豆，上网查了一下，1克黄豆大约是5粒，那么1千克黄豆大约就是5000粒……

教学并没有到此为止，师生重点交流了两个问题。第一个问题是，大家的估算方法不一样，它们有没有相同之处？在交流和分析中，学生明白了这些方法都是从小处入手，从部分的数量推算整体的数量。第二个问题是，为什么同样是“1千克黄豆”，估算的结果却不一样？

学生想到的因素有这样几个：其一，每个人买的黄豆大小不一样，如果颗粒大数量就少一些，反之数量就多一些；其二，同样都是每人抓一把，每个人的手大小不一样，抓一把的数量也不同，同样一个人的手，每次抓的数量也有差别，所以会有误差。

其实，“1千克黄豆大约有多少粒”最终的结果并不重要，重要的是本次实践活动给学生带来的挑战与成功体验。要想知道1千克黄豆大约有多少粒，不可能让学生一粒粒去数，而是要寻求解决问题的策略，用一定的依据推导出最终的答案，特别是要逐步学会思考得更深、更合理、更清晰、更全面。

无论是在数学学习还是在现实生活中，都需要学生根据实际情况来解决问题，需要分析各方面的因素并做出选择和判断，这种分析与综合解决问题的能力会让学生受益终身。教师要多设计这样的实践活动，比如，学习“生活中的大数”后，可以安排“1亿有多大”的实践活动；学习“两位数乘两位数”后，可以开展“全校有多少学生”的实践活动；学习“长方体、正方体的认识”后，鼓励学生尝试“搭长方体”；学习“圆的认识”后，开展“为什么车轮做成圆的”的探究活动……

通过开展这些实践活动，我们努力拓展数学的宽度和厚度，让学生学习数学的视角延伸到生活这个大课堂中来，不仅实现了课内与课外、学校与社会的资源整合，丰富了课程资源，也实现了“大数学”的教育观。

三、趣味型实践活动，促进学生个性化发展

课堂40分钟结束了，并不意味着课程的结束和学习的终止。对

于小学生来说，尤其喜欢“以玩促思”“以做促思”的趣味实践活动，这类实践活动没有统一格式的束缚，为学生自主探究、展示个性提供了比较宽松的环境，深受学生的喜爱。

在教学“认识周长”后，我们开展了“我是测量小能手”的实践活动。学生可以选择自己感兴趣的事物进行测量，根据选择的实物确定测量工具，有些测量活动需要找人合作，于是邀请家长也参与到活动中来，从而促进了亲子关系。如学生在测量自己的腰围、头围、脚长的过程中，感觉到了自身的变化，体验到了快乐成长的美妙。

有趣的测量　程涵冰

测量物体	周长
我的腰	60厘米
爸爸的头	60厘米
开水瓶	50厘米
水杯	21厘米
水桶	80厘米
我的手腕	12厘米

有趣的测量　三(1) 周子[illegible]

今天，我和妈妈各自量了量自己的头围和腰围。我们用软尺来量，由于我们家的软尺没有0刻度，所以我们从10厘米开始量。妈妈的头围是62厘米，再减去10等于52厘米。我的头围是64厘米，再减去10等于54厘米。哦，原来，我的头围比妈妈的要粗。我量的腰围是62厘米。

我们又找到了一片不规则的枫叶，用绳子绕一圈，再用尺子量绳子。75厘米减10厘米等于65厘米，枫叶的周长是65厘米。

原来量周长有这么多工具和方法，它们是：直尺、软尺和绳子。

学习“认识平面图形”后，我们开展了“巧手大比拼”活动。要拼出怎样的图案，选用哪个或哪几个图形来拼，不同图形适合放在图案的哪一部分，颜色如何搭配，选用什么材质，如何才能让作品更精致……这些问题的策划考量着学生的空间想象力、创造力和审美情趣。“拼”是手段，“对图形的理解”是活动的目标，至于拼出的图案则只是活动的“副产品”，这样的实践活动打破了学科的界限，把数学和美术无痕地对接在一起，起到了一石数鸟的作用。

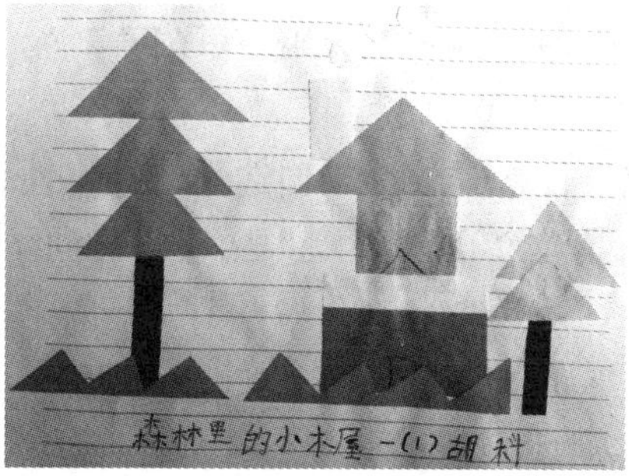

在学习了“图形的变换”和“轴对称图形”后，我们开展了“我创造我快乐”“魔术剪刀”等实践活动，学生放飞想象，施展才能，体验到了创造的乐趣。

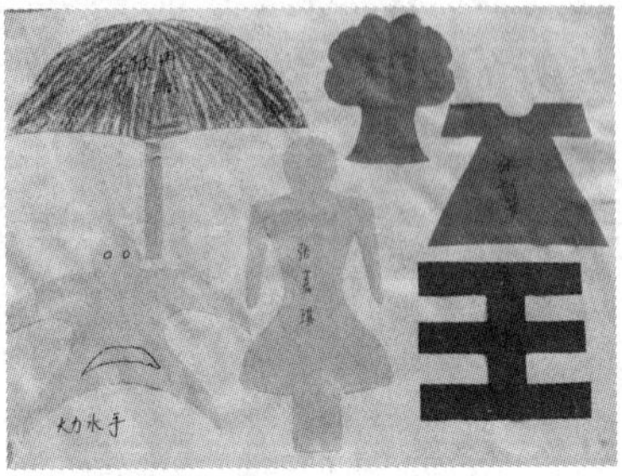

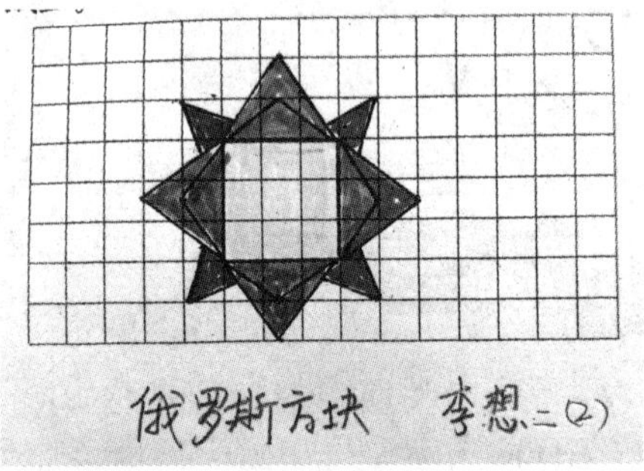

为了展示学生的学习成果，我们多次开展“快乐数学节”“学数学，用数学，爱数学”文化周，鼓励学生走出课堂学数学，人人参与到实践活动中，快乐学习，智慧成长。

荷兰数学家弗赖登塔尔说过，学习数学唯一正确的方法是进行再创造，也就是由学生本人把要学的知识发现或者“创造”出来。这样的实践活动凸显了数学学习“理解—运用—再创造”的三个层次，体现了学生对所学知识的深层次思考。

正是由于实践活动的综合性、开放性、创造性、探究性、趣味性，学生学习数学的眼光从课堂转向了校园，从校内转向了生活，充分感受到身边处处有数学，人人要学数学，事事需要数学。实践活动开阔了学生的视野，拓展了数学学习的宽度和厚度，打通了知识之间的联系，促进了学生综合能力的提高。

数学日记，写出学科新精彩

写日记不是语文学科的专利。8 年前我突发奇想，开始尝试让学生写数学日记，鼓励学生把自己在数学学习中的解题思路、数学思考、数学发现、数学收获等有关数学的内容以日记的形式记录下来。

8 年的实践证明，让学生写数学日记这一实践迎合了新课程的理念：通过义务教育阶段的数学学习，学生能体会到数学知识之间、数学与其他学科之间、数学与生活之间的联系，并能运用数学的思维方式进行思考，增强发现和提出问题的能力、分析和解决问题的能力。

一、数学可以这样温情地表达

一年级学生认识的字不多，刚开始倡导学生写数学日记时，不能做硬性规定，可以让他们写一写、画一画，只要能表达“自己心中的数学”就可以。最初学生写得比较稚嫩，但重要的是他们能积极参与，只要学生写了，教师就展示给大家看，并及时表扬，来强化这种写数学日记的形式，呵护学生写数学日记的兴趣。在教师费心劳神又看似没有多大价值的坚守中，越来越多的学生喜欢上了“写”数学，而且题材越来越丰富，形式越来越多样，思考越来越明晰，内涵越来越丰富。

记录眼中的数学与生活。生活中的信息有很多，低年级的学生主要是用量化的眼光去观察生活中的事物，数学日记能够使学生依据对数学的认识和理解，将现实生活中的数学成分提取出来，给熟知的生活披上数学的外衣，体会数学与生活的广泛联系。因此，写数学日记成为学生在生活中寻找数学、认识数学的途径。

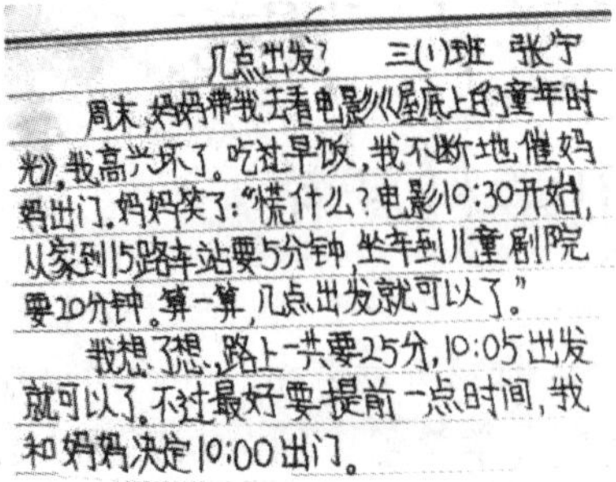
几点出发？　三(1)班　张宁

周末，妈妈带我去看电影《屋底上的童年时光》，我高兴坏了。吃过早饭，我不断地催妈妈出门。妈妈笑了："慌什么？电影10:30开始，从家到15路车站要5分钟，坐车到儿童剧院要20分钟。算一算，几点出发就可以了。"

我想了想，路上一共要25分，10:05出发就可以了。不过最好要提前一点时间，我和妈妈决定10:00出门。

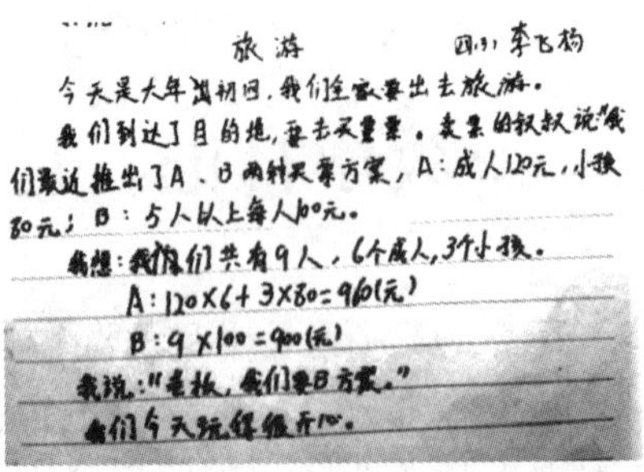
旅游　四(1) 李飞杨

今天是大年初四，我们全家要出去旅游。

我们到达了目的地，要去买门票。卖票的叔叔说："我们最近推出了A、B两种买票方案，A：成人120元，小孩80元；B：5人以上每人100元。"

我想：我们共有9人，6个成人，3个小孩。

A：120×6+3×80=960(元)

B：9×100=900(元)

我说："老板，我们要B方案。"

我们今天玩得很开心。

随着年级的升高，学生的生活经验丰富了，视野更开阔了，开始尝试用数学知识解释生活中的现象，解决生活中的问题，这体现了一定高度的数学发现、数学应用和数学思考水平。学生借助数学课堂中所学到的数学知识解决生活中遇到的各种数学现象和数学问题，进而形成属于自己的数学认知结构。只有当学生在生活中应用数学知识解决实际问题时，所学知识才能内化为一种能力。

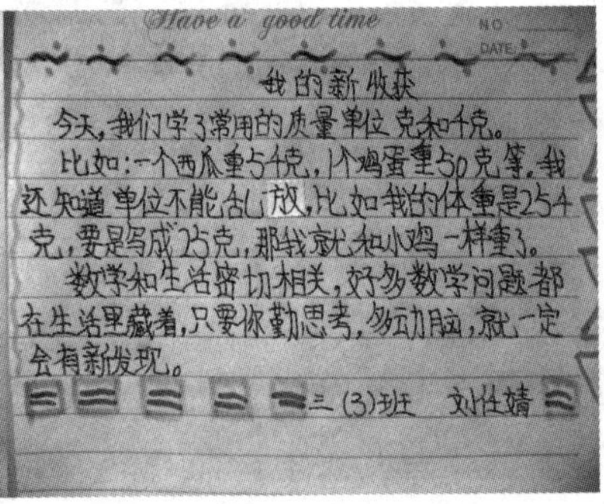
Have a good time

我的新收获

今天，我们学了常用的质量单位克和千克。

比如：一个西瓜重5千克，1个鸡蛋重50克等。我还知道单位不能乱放，比如我的体重是25千克，要是写成25克，那我就和小鸡一样重了。

数学和生活密切相关，好多数学问题都在生活里藏着，只要你勤思考，多动脑，就一定会有新发现。

三(3)班　刘佳婧

记录对课堂知识的追问。小学生的认知特点是由浅入深，他们对数学的理解并不是一次完成的，而是需要经历逐步深化、提高的过程。数学课后，学生及时记下当天感兴趣的课堂学习内容或由课堂知识延伸出的数学问题，用自己的方式表达出对所学知识的再理解和再创造。

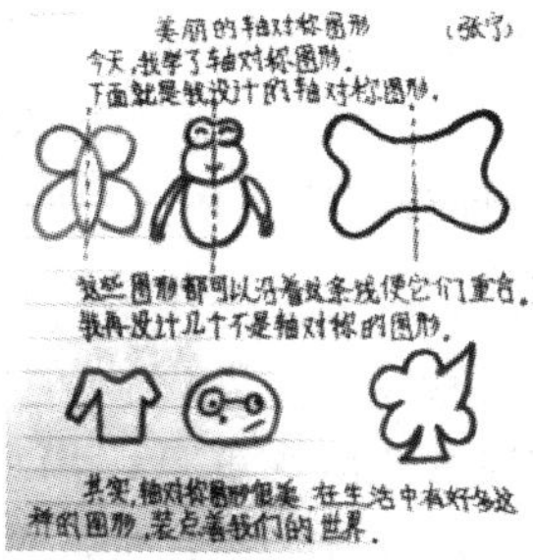

记录独特的解题过程。一节课 40 分钟，有些探究型的题目学生很难在课堂上展示详细的解题思路，教师就可以以数学日记的形式布置作业，给足学生时间，围绕“是怎么想的”“怎样写才能让别人一眼看出自己是怎么思考的”“还有不同的方法吗”等问题进行叙述，让学生充分展示个性化的解题思路。在这样的教育方式下，很多学生养成了解题时不只是写结果，还把自己的思考过程以数学日记的形式写下来的习惯，凸显了“从头到尾”思考问题的过程，同时教师也能从学生的数学日记中感受到其数学思维的丰富多彩。

写数学日记给了学生展示自我的天地，充分挖掘了学生的潜能，使越来越多的学生养成了善于反思、分析问题，积极寻找更好的解题策略的良好习惯。

记录单元整理与反思。新课程倡导培养学生的整理、反思意识。每学完一单元的内容后，要让学生尝试着对本单元的知识进行归纳总结，以使学生理清知识的结构体系，找出单元的重、难点，掌握其中的数学思想和方法。

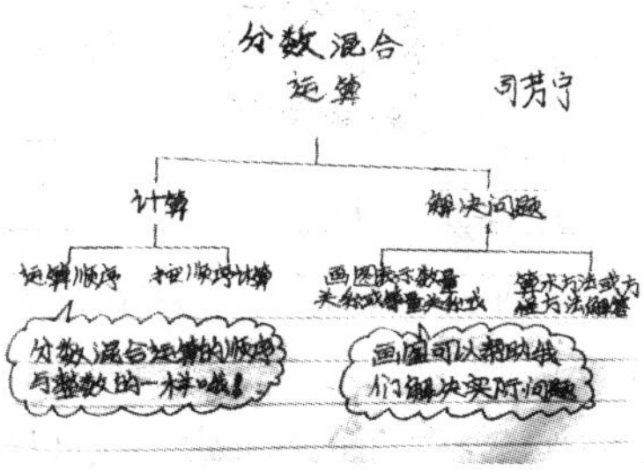

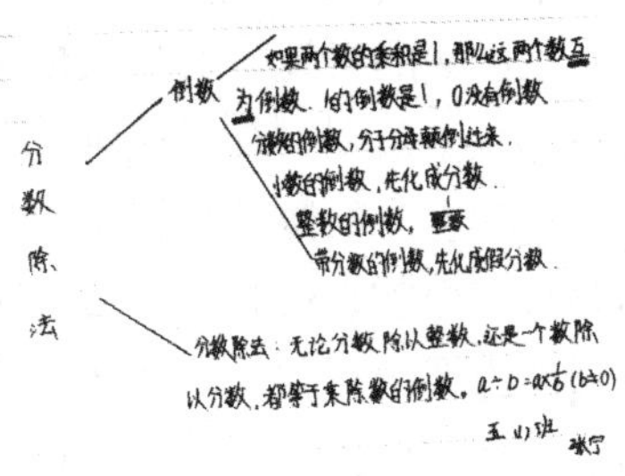

及时回顾、反思并整理所学内容，是一种良好的学习习惯和重要的学习方式。学生通过对单元知识进行概括和整理，能掌握知识

之间的前后联系，进一步深化对概念的理解。这样的反思方式不仅再现了学习的过程，还把新知识顺利地纳入了自己原有的知识体系中。

《课程标准》指出，要让学生初步学会从数学的角度发现问题和提出问题，综合运用数学知识解决简单的实际问题，增强应用意识，提高实践能力；获得分析问题和解决问题的一些基本方法，体验解决问题方法的多样性，初步形成评价与反思的意识。通过写数学日记，学生能从数学的角度发现和提出问题，并学会用不同的方法解决问题，有意识地培养反思习惯。学生反思在学习过程中自身存在的问题，有助于其加深对知识的理解和掌握，提高学习效率。

二、在写中促进学生的“数学健康”

数学学习离不开“演”和“算”，传统的作业布置统一且形式单一，长期反复操练、速战速决的练习形式会抹杀学生学习数学的兴趣，导致他们对数学产生厌烦、恐惧心理。小学生主要通过活动中的体验和生活中的感悟来认识数学学科的价值。只有当学生走进生活，在生活中应用数学知识解决实际问题后，才能对所学知识记忆得更加深刻，掌握得更加牢固，也才能体验到学习数学的趣味性，增强学好数学的自信心。

让学生写数学日记要尊重学生的个体差异，富有人情味，为学生提供展示个性的广阔平台。学生可以选择自己感兴趣的话题写一写、画一画，有的学生愿意以故事的形式记录自己的发现，有的学生喜欢以列表的形式表达，有的学生喜欢以图画的形式直观呈现，有的学生则喜欢图文并茂的表达方式……学生学习数学的视角投向了更为广阔的天地，写日记的素材越来越宽泛，形式也越来越趋向数学化，多角度、有创意地描绘着自己心目中的数学。

从学生写的数学日记中可以看到，在学生心目中，数学不再是由符号、数字、运算、习题组成的枯燥学科。写日记这种教学形式，使课堂由课内延伸到了课外，由学校延伸到了家庭，拓展了数学学习的宽度与厚度。另外，它跨越了学科的界限，实现了学科之间的渗透与整合，让学生在写的过程中锻炼了语言表达能力，在调查与实践中实现了数学与语文、科学、美术等学科的整合，起到了一石数鸟的作用，有效地践行了《课程标准》提出的教学要实现多目标育人的理念。

通过学生的数学日记，我看到了他们眼中的数学世界是丰富的、有用的、神奇的。数学不再是仅仅存在于书本上、课堂上、试卷上的静态的知识，而是和学生朝夕相伴，成了学生生活的一部分。这种真实而鲜活的体验，正是学生在学习过程中产生认知内驱力的基础，由此，数学才有了“发育”和“生长”的土壤。

每次收到学生交上来的数学日记，我都会仔细阅读、耐心批注，看到主题新颖、视角独特的作品总会忍不住发朋友圈“炫耀”一番。我还专门在教室开辟了数学日记专栏，轮流张贴学生的数学日记，还通过校讯通、班级微信群推广好的数学日记，以使学生相互借鉴。看到自己的作品被人称赞、点“赞”，学生也在潜移默化中获得了自信心。越来越多的学生从不会写到试着写再到自由写，逐渐体验到了“写”数学的乐趣，加入了写数学日记的行列。

小学数学的教学，不仅要让学生体会到数学知识在实际生活中的具体运用，还要让学生在学习数学的过程中体会到思考的愉悦，拥有理性的精神，从而让学习的过程成为一种生命的体验和需要。

仅仅从几道题的答案中是看不出学生的学习过程和思维层次的。我们常说言为心声，通过学生的数学日记可以发现学生学习过程中的困惑点、思维的差异性、学习数学的喜怒哀乐，以及他们的情感变化，教师及时捕捉这些信息，就可以有针对性地调整自己的教学，更好地因材施教。对于学生在数学日记中流露出的心理波动和情感变化及时疏通和化解，可以增进师生感情，和谐师生关系。

学生的数学日记从易到难，从模仿到创新，让我看到了写数学日记在数学学习中的重要作用。学生一旦对数学有了浓厚的兴趣，就会主动去寻找、去探索、去实践，并在这个过程中产生愉快的情绪体验。数学日记不仅捅破了数学与生活之间的“窗户纸”，还记下了学生学习数学的轨迹，让学生“学”数学、“找”数学、“写”数学、“想”数学、“爱”数学，用眼“看”数学，用手“做”数学，用心“悟”数学，形成了健康、自由舒展的数学情感。

阅读，和数学的美妙之约

苏霍姆林斯基在《给教师的建议》中强调了培养学生阅读能力的重要性。他指出，学生到了中年级和高年级能不能顺利地学习，首先就取决于他会不会有理解地阅读。

阅读，不是语文的专利，学习数学也需要阅读。小学阶段是培养学生数学兴趣和理性思维的关键时期。教学实践表明，数学语言发展水平低的学生，就会出现课堂上对数学语言信息的敏感性差、思维转换慢、理解问题困难、对数学有恐惧心理等问题。因此，数学学科也要重视阅读，引导学生掌握阅读方法，丰富数学语言系统，提高数学的语言表达能力。

一、阅读数学文本，提升学习能力

苏联数学教育家斯托利亚尔认为："数学教学也就是数学语言的教学。"而语言的学习离不开阅读，数学文本的阅读包含对文字、符号、公式、图表的感知、理解、同化和顺应等心理活动，以及阅读过程中带来的情感体验。

在低年级，数学文本多以情境图、图表、对话的形式呈现。阅读情境图时可以采用"提取信息—寻找关联—尝试分析—解决运用"的流程，培养学生处理信息的能力以及分析、表达信息和解决问题的能力。"说说你发现了什么信息?""要解决问题需要用到什么信息？它们之间有什么关系?""你能用别人一眼就能看明白的方法表示它们的关系吗?""还可以怎么做?"……

在阅读的过程中，要引导学生学会整体观察，在理解文本中文字、图之间的关系的过程中，让学生不仅能理解题目中每句话的意思，还能了解图与文字间的密切关系，并能将图的信息转译为文字信息，利用原有的知识结构来对接新知识，为把生活问题抽象为数学问题奠定基础。

在中、高年级，阅读文本还体现在对知识的解释和运用中。数学语言比较抽象，教材中的概念、公式、法则等对学生来说常常是一副“冷面孔”，不像语文学科那样生动有趣。因此，在教学中要引导学生学会阅读，将概念、定义、公式反复咀嚼，排疑解难。我通常会采用“批注引思、问题引领、尝试练习”的阅读方法，引导学生去理解和内化知识。

比如，教学“商不变的规律”一课时，教材上用红色加粗字体呈现了商不变的规律：被除数和除数同时乘或者除以相同的数（零除外），商不变。我向学生提出了以下几点要求：圈出概念中的关键词语；指出括号中词语的意思；自己写出几组这样的例子；尝试运用规律计算 4800÷80，并说出这样计算的理由。

学生边阅读边思考，通过对圈出的重点字词的追问、分析、研究，与概念展开了对话：为什么要“同时”？“相同”是什么意思？不相同会怎么样？“零除外”这一条去掉会怎么样？学生在对规律的分析解读、举例验证、解释运用中经历了“发现规律—总结规律—运用规律”的建构过程，感受到了规律的价值和数学表达的严谨性，并在不知不觉中获得对文本的深层次感悟，完成了将新知识转化、储存到大脑，与已有知识相通相融的建构过程。

当一个学生试图阅读一个数学情境、一段数学材料或一个数学概念时，他必须了解其中出现的每个数学术语和每个数学符号的精确含义，不能忽视或略去任何一个不理解的词语，并尝试用自己的方法解释和运用，这是理解概念、正确解题的关键。只有这样才能有效避免学生对公式定律背得滚瓜烂熟，但是遇到题目就无从下手的现象出现。

学生阅读文本的过程就是对知识的体验和探索的过程，学生在阅读的过程中完成对图、文字的数学化感知，找准数量关系，寻求解决问题的方案。其间，学生经历了“山重水复疑无路，柳暗花明又一村”的豁然开朗的过程，获得了深层次的愉悦体验。

二、阅读数学拓展知识，丰富学习内容

新教材增设了“数学故事”“你知道吗”“数学万花筒”等拓展

板块，教师在教学中要合理利用这部分知识，激发学生的阅读兴趣。如教学“认识前后”一课时，教材安排了“新龟兔赛跑”的故事情境图。课堂上，我先让学生讲龟兔赛跑的老故事，然后引导学生阅读情境图，用上“前”“后”两个字说说乌龟和兔子又一次比赛时发生的情境。这样的阅读过程，使学生把无声的图转化为有声的文字，加深了对“前”“后”相对性的理解，也让学习过程充满了趣味。

教材上的拓展阅读毕竟是有限的。教师要根据教学进度为学生补充阅读材料，将数学阅读常态化。比如，教学“用数对确定位置”一课时，补充笛卡儿发明数对的故事，能让学生在阅读中了解用数对表示位置的由来，体会到生活中处处有数学的奇妙，培养其善于观察和思考的习惯。教学的最后，以笛卡儿的名言“读一本好书，就是和高尚的人对话”结束，鼓励学生多读书、读好书，让课堂充满生长的力量。

教学“最喜欢的水果”一课时，我在课堂上穿插分享绘本《避开恶猫的办法》。伴随着 PPT 中故事情节的展开，“为什么叫恶猫？它凶在哪里？”“老鼠们讨论了几次？用什么办法做决定？”“在猫脖子上挂什么东西好？”在提出这些问题后，我引导学生多读几遍故事内容，并让他们慢慢体会，甚至让他们想象、模仿、表演。这些活动和问题引发了学生极大的兴趣，也让他们在轻松愉悦的氛围中了解了如何统计、统计的作用是什么、统计的方法有哪些等问题。

教学“认识图形”一课时，我为学生补充《七巧板的中国发展流程》阅读材料，然后让学生利用七巧板拼搭图形，并用拼搭的图形讲述一个生动有趣的故事。这便把好玩的数学活动与有趣的数学阅读结合了起来，使学生发现了数学之美、体验到了数学之趣。这样的教学给学生以期待，是温润的、丰满的。

另外，一堂课的教学时间毕竟是有限的，我们可以鼓励学生在课后通过网络搜集教材的拓展内容，进行延伸阅读。

例如，教学“神奇的算式”一课时，学生上网搜集了关于“计算工具的演变”的知识，了解了计算工具的发展史。不少学生阅读后发出感叹：原来只知道计算器既快捷又精准，给生活和学习带来了方便。今天才知道计算工具的发展经历了这么漫长的过程，凝聚着无数劳动人民和数学家的智慧。学生由此对数学产生了一种敬畏的情感，并开始自觉地学习更多教材之外的拓展知识。

在班级的图书角，可以看到不少学生带来的数学课外读物，《数学家的故事》《趣味数学》《马小跳玩数学》《奇妙的数王国》《故事中的数学》《生活的数学》《过去的人们是怎么数数的呢?》《鼓鼓和蛋蛋的梦想》《寻找消失的爸爸》等。这些课外读物以生动有趣的故事来呈现数学知识，当数学知识融入一个又一个有趣的故事中时，在轻松的氛围里，数学概念被悄悄地诠释，冰冷的公式变得活泼起来。课间，经常看到有学生安静地坐在图书角，沉浸在快乐的阅读中。

阅读作为一种学习方式，是人们获取知识的基本途径之一。要让学生通过广泛的阅读，关注日常生活中的数学，捕捉身边的数学信息，体会数学的价值，了解数学发展和研究的动态；通过广泛的阅读扩大视野，充分挖掘自身的潜能，提升数学素养。

如果说数学阅读是输入，那么数学交流则是输出。广泛的数学阅读让学生有了深厚的智力背景和丰厚的语言积淀，学生心中表达数学的愿望越来越强烈，他们用写数学日记、办数学小报、画漫画和手工创造等丰富多彩的形式描绘自己心目中的数学，加深了对知识的理解、应用和拓展。

三、美文欣赏，数学课上的另类风景

好的阅读可以起到启迪思考、陶冶情操、塑造人格的作用。8 年前，我开始尝试在数学课上“见缝插针”地和学生一起欣赏美文，从此数学课上多了一道另类的风景。

从最初我精心寻找适合与学生分享的美文，到后来学生把一篇篇美文、一本本书放到我的桌子上；从最初美文欣赏的时间不固定，到后来固定为每周两次，雷打不动；从最初我为大家朗诵，到后来学生轮流朗诵；从最初少数学生在课间静静阅读，到后来班级自发成立了 5 个读书小组……

阅读就像细微的炭火一样，默默地燃烧着，温暖着学生的生命。

尊重理解、努力上进、知行合一等这些珍贵的品质如同春日的阳光，为学生的成长打下了干净、明亮的底色。

这些，可能和我所教的学科知识无关。有时，我也会心虚地问：这算不算不务正业？苏霍姆林斯基曾说：小学里错过了的东西，是永远也无法弥补的。所以这份担当，不分学科。我坚信，教育发生的地方都是课堂，触动心灵的细节都是学习。

阅读是思考，是理解，是收获。阅读让学生看到的不仅仅是公式和习题，更感受到数学本质的美；阅读让学生体会到数学不仅闪烁着理性的光芒，更有人文、柔美的一面；阅读的过程，蕴含着数学的滋养、情感的熏陶、文化的润泽、品格的塑造，是打通数学和外界的一座桥梁。

第五章

滋养生命的课堂

教材，不是课堂的全部

——“认识小数”课例及反思

2017 年 12 月，我在深圳市福田小学参加教学研讨活动，要执教北师大版小学数学三年级上册“认识小数”一课。拿到这个课题时我感觉有点棘手，着实费了一番脑子。

一是这节课在各种赛课和教学研讨会上频繁“露脸”，不好出新。二是北师大版教材把“认识小数”的学习放在了“认识分数”之前，惯用的用十进制分数来理解小数的路子被堵死了。三是教材上借助“元、角、分”来理解小数的意义，要求学生会读、会写并理解小数在简单情境中表示的含义，但这样的目标定位对于已经有购物经验的三年级学生来说是不是低了？如果拔高一点，可能涉及小数的数位和意义，又怕拔高成四年级的课。

考虑再三，我决定把教学目标定位在借助“元、角、分”直观模型、通过“数”和“量”初步感知小数，侧重于从小数的计数系统上理解小数的概念。于是便有了以下的教学尝试。

教学实录

一、调动经验，初步感知小数

师：昨天董老师发给大家一张学习用品价格调查单，你调查了哪些学习用品的价格？买这些学习用品需要花多少钱？

生：我的数学书定价是 6.76 元，也就是要花 6 元 7 角 6 分。

生：我的文具盒定价是 14.00 元，也就是要花 14 元整。

生：我在超市买的橡皮 0.5 元，付了 5 角钱。

生：我的这本《小学生新华字典》价格是 19.80 元，也就是不够 20 元。如果拿 20 元去买，还能找回 2 角。

生：我买的这盒彩笔标价是 17.00 元，也就是刚好花 17 元整。

师：（根据学生的分享依次在黑板上写下这些价格）仔细观察我们通过调查学习用品价格得到的这些数，你有什么发现吗？

生：我觉得这些价格有整元的，有不是整元的。

生：我觉得这些价格中都有一个“点”。（其他学生补充说那个叫“小数点”）

师：的确，黑板上的这些文具的价格分为两类，一类是我们学过的整数，还有一类和原来所学的数不一样了，它们都有一个小圆点。刚才有同学说这个小圆点叫“小数点”，这些带有小数点的数都叫小数。这些小数你们都会读吗？如果我再写一个（板书：99.99），你还会读吗？试试看。

（学生试读，重点分析“99.99”的读法，感受和区分整数部分的“99”和小数部分的“99”在读法上有什么不同）

师：为什么学了整数还要再学小数呢？想想看，什么时候要用到小数呢？

生：如橡皮的价钱，不够 1 元时就无法用整数表示它的价格是多少元，就用到了 0.5 元。

生：如 6.76 元就在 6 元和 7 元之间，既不是 6 元也不是 7 元，就得用小数表示了。

师：大家的意思其实就是，因为原来学过的整数在生活中不够用了，于是人们就创造了小数。看来数学真是来源于生活，也服务于生活！

二、自主探索，建构小数的概念

1. 借助元、角、分探索 0.1 元

师：如果用 1 个图形来表示 1 元钱，你能找出 0.1 元吗？请在学习单上表示自己的想法。

[课堂上，学生的思维呈现出多样性和层次性。学生选用长方形、正方形、圆形、三角形等表示 1 元，有学生大致等分 10 份（因为没有学过平均分），选其中的一份标出 0.1 元；有学生随意在图形

上点一部分，标出 0.1 元。还有学生用一条 10 厘米的线段表示 1 元，并借助直尺上的刻度找出 1 厘米即代表 0.1 元。这样的创意层出不穷，课堂上，学生的思维层次有高低之分，可也正是这些参差不齐的课堂生成引发了师生、生生之间的对话、质疑和补充]

师：通过刚才的尝试，你认为在一个图形中找到 0.1 元的关键是什么？

生：1 元有 10 角，找到 1 角就找到了 0.1 元。

师：这个思路非常正确，你们是这样想的吗？从下面学生所画的三幅图中可以看出，他们都是想找到 1 角，你对他们的做法有什么建议吗？

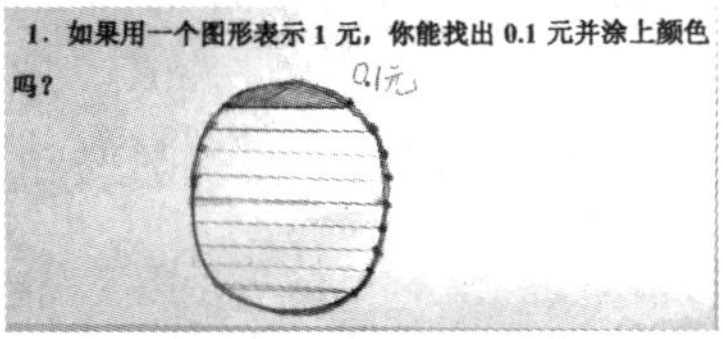

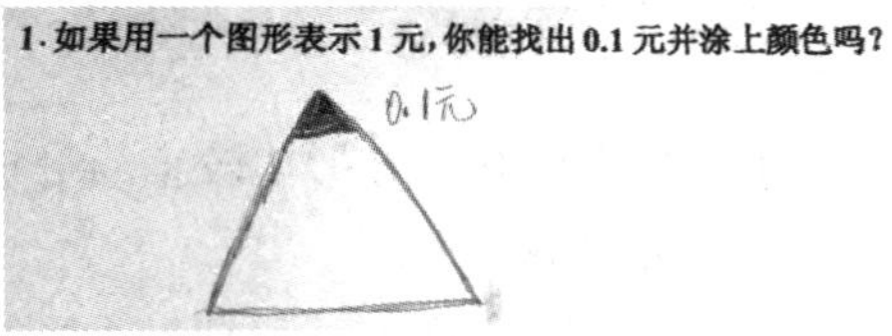

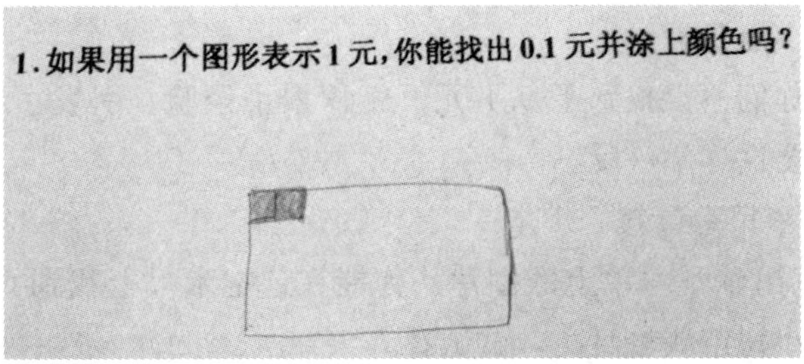

生：我觉得那个圆虽然分成了 10 份，但是感觉 10 个 1 角大小不一样。

生：那个三角形和长方形都没有分成 10 份，看不出来是不是 10 个 1 角，我觉得也不太好。

师：看来，找出 0.1 元的关键在于，不管用什么图形表示 1 元，想办法在图形中表示出 10 个 1 角就可以了，其中每一个 1 角都可以看成 0.1 元。

（师生共同交流和评价正确合理的学习单）

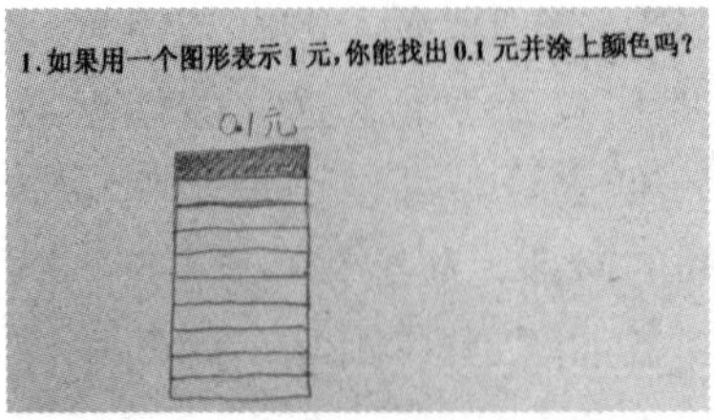

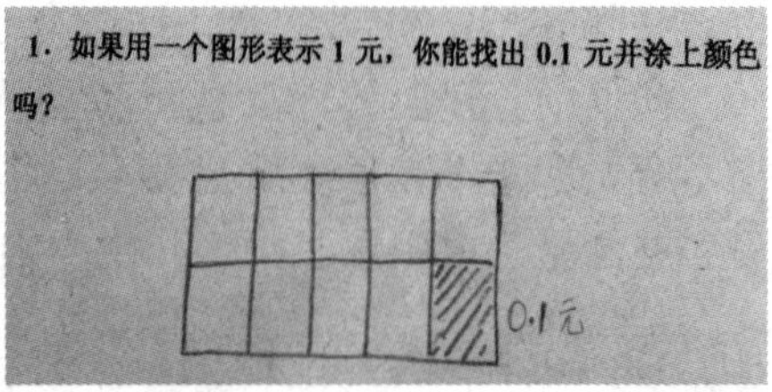

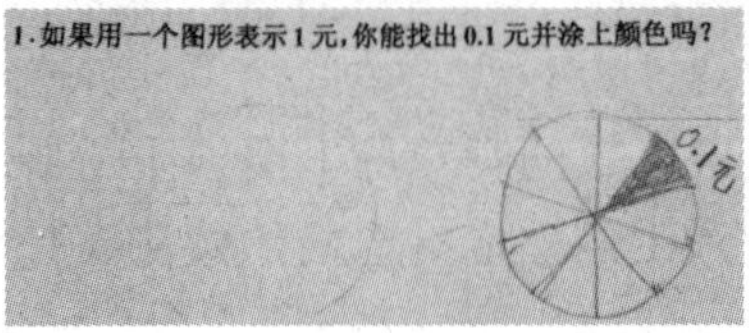

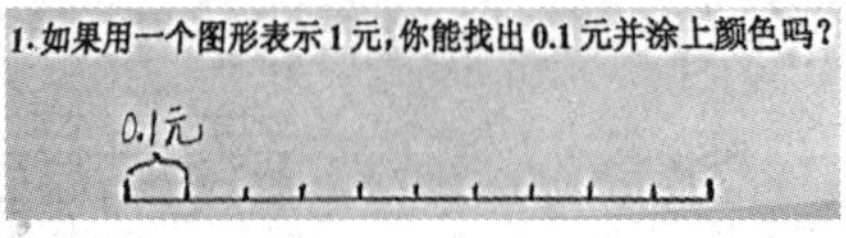

师：看了这些学生的作业，联想自己思考的过程，你有哪些体会？

生：长方形和正方形比较容易分成 10 份，找到 0.1 元。圆形和三角形不太好分。

生：我发现找到 1 角就是 0.1 元，2 角就是 0.2 元。也就是说，几角就是零点几元。

师：你们不仅找到了 0.1 元，还积累了经验，引发了联想，学习就是需要这样举一反三。

2. 在米尺上寻找 0.1 米

师：（出示学习单上的图片）你能在这把米尺上找到 0.1 米吗？帮助这棵小树苗测量身高，试试看。

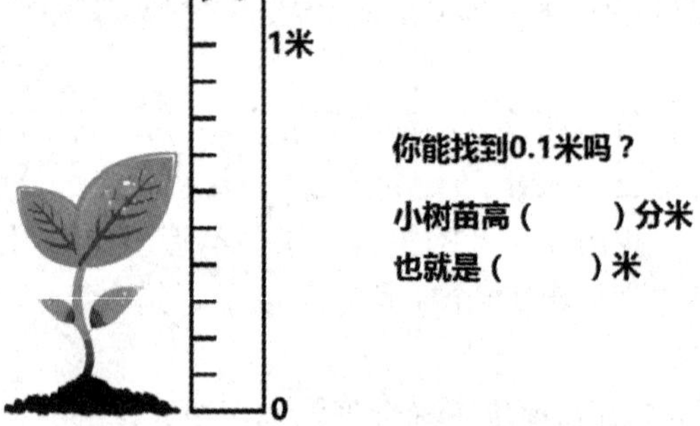

（学生借助学习单进行探究，然后展示分享）

生：我数了数，这把米尺上有 10 个空，每个空就是 1 分米，其中的每一个空都是 0.1 米。

生：找到了 1 分米就找到了 0.1 米，小树苗的身高是 7 分米，也就是 0.7 米。

师：大家分析得很有道理，看来在米尺上找 0.1 米的关键是找到 10 个 1 分米。每个 1 分米都对应着 0.1 米。如果我想找 0.1 分米呢？你有什么办法吗？

（学生陷入沉思，片刻后，不少学生自信地举起了手）

生：要找 0.1 分米，就是不够 1 分米了，需要把 1 分米再分。

生：是的，因为 1 分米有 10 厘米，可以把尺子上的 1 分米再平均分成 10 小段，每段是 1 厘米，1 厘米就是 0.1 分米。

师：如果没有元、角、分，也没有米、分米、厘米，大家能在下面的数轴上找到 0.1 吗？（出示数轴）

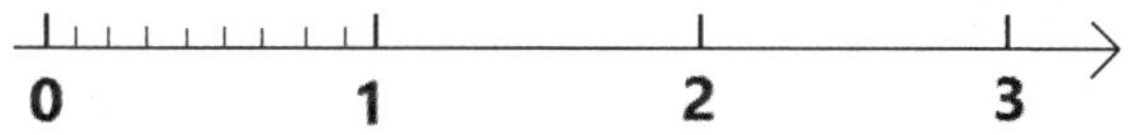

生：我觉得 0.1 比 0 大比 1 小，也就是把 0 到 1 这一段平均分成 10 小段，其中的一小段就是 0.1。

生：其实和上面找 0.1 元和 0.1 米的道理是一样的，10 个 0.1 就组成了 1。

师：看来，大家已经发现了小数中隐藏的秘密，学数学就是这样，要善于在不同的外表中发现本质的东西。

三、梳理知识，建立联系

师：记得课前我们调查数学书的价格是 6.76 元，那么如何把数学书的价格 6.76 元写在数位顺序表中呢？

生：6 元写在个位上就表示 6 元，可是 7 角写在哪里呢？

生：我觉得 7 角反正不能写在个位上，也不能写在十位上，否则比 7 元还大。

生：我觉得应该再造一个数位，新数位应该在个位的右边吧，因为越往左越大。

生：对啊，新数位应该在个位的右边，我觉得应该把小数点写在个位的右面，表示后面的数都不够 1 元。

师：大家真有智慧，想出了这么多的方法。看来，原有的整数数位顺序表已经不能满足大家对越学越多的数的需要，因此我们需要不断地增加一些新数位来完善数位顺序表，而且每个数位都有自己的名字，它们也和整数的数位一样，满十进一。其实，小数的世界并不“小”，以后还有更多的知识等着我们去探究！

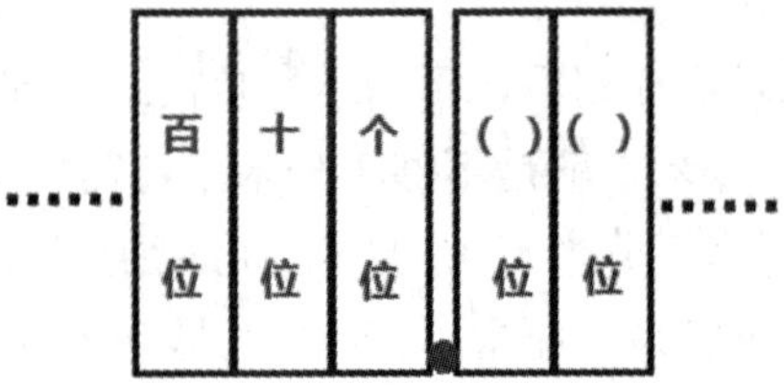

教学反思

教材，不是课堂的全部。如果教学只是按照教材编排的内容，一个情境、一个例子、一道题目地教，那么教师与流水线上的操作工有何分别？

对于本节课的教学，教师首先要理清小数的本质在于位值计数法的拓展，而不在于“十分之几”的表述方式。也就是说，小数是将个、十、百、千等计数方式，朝着另一个方向进行“不断缩小”的计数方式加以延伸，增加了十分位、百分位等新位值的设置，使之成为更完善的一种位值计数制度。

本节课依托教材但又不拘泥于教材，依据概念教学的特点和小学生学习数学的认知规律，改进、增补教学资源，将小数计数单位和整数计数单位放在一起，采用“重视表象—变式比较—建构体系”的策略进行教学，便于学生认识计数单位之间的关系，从而整体认识计数单位的结构和特征，为后续进一步学习小数的数位顺序表以及建构小数的意义奠定了良好的基础。

教学活动中，学生借助数形结合，在 1 元中寻找 0.1 元，在 1 米中寻找 0.1 米，在数轴上寻找 0.1，在画一画、议一议中逐步脱离具体的表象，对 0.1 的理解愈发清晰，并借助数位顺序表，把新知识纳入已有的认知结构中。

苏霍姆林斯基说："如果你所追求的只是那种表面的、显而易见的刺激，以引起学生对学习和上课的兴趣，那你就永远不能培养起学生对脑力劳动的真正的热爱。"好的课堂能将学生的认知经验与学科内涵完美结合，不仅要关注知识之间的关联，还要把提升思维品质、关注思辨能力放在核心位置，这样才能达到"花香月色两相宜"的深远意境。

化“无形”为“可见”

——“‘重复’的奥妙”课例及反思

2017年5月13日，我参加鹤壁市教育局组织的“扶贫送教”活动，在淇县黄洞乡中心小学和13个淳朴的二年级学生一起学习了“‘重复’的奥妙”一课。这是北师大版小学数学二年级下册的教学内容，也是本套教科书第一次设置独立课，旨在引导学生通过观察、思考，体会简单的“重复”现象。

事实上，学生之前已经或多或少接触过“按规律接着写下去”这类题目，教材中也出现过诸如“想一想、填一填：●○●○●○”等内容，即使没有学习本节内容，学生也是可以“依葫芦画瓢”顺利画下去的。但是问起其中的道理，学生似乎又说不明白。针对学生的认知起点，我把教学重点定位在如何把学生心中“只可意会的朦胧认识转化为清晰可见的表达”。

教学实录

一、看出规律

师：再过几天就是六一儿童节了，我们一起去看看蒙古族小朋友“庆六一”学校舞台的布置情况。（北师大版小学数学二年级下册第84页）你看到了什么？

生：他们是用彩旗、气球、花盆、灯笼来布置舞台的。

生：他们准备表演节目，小朋友在排练呢。

师：这幅图中的信息比较多，谁能按照一定的顺序再来介绍一下？

生：有彩旗、灯笼、跳舞的人、气球、草坪、花盆，还有花。

师：这位同学说得很有条理。按照一定的顺序观察，就不会遗漏或重复了。你们觉得这样的布置怎么样？

生：看起来有秩序，很漂亮。

生：感觉整齐不乱，很有条理。

师：就是啊，这样的布置给人的感觉是一种有序的美。下面我们就以彩旗的摆放为例，仔细看看让人感觉很整齐、很漂亮的图形中藏着哪些奥妙。

生：彩旗是按照2面红色的旗、1面蓝色的旗排列的，就是两红一蓝、两红一蓝这样排下去的。

生：我还发现彩旗的形状不一样，彩旗是按2面长方形彩旗、1面三角形彩旗往下排的。

师：刚才这两位同学讲得非常好，按2面红色的旗、1面蓝色的旗排列，或者按2面长方形彩旗、1面三角形彩旗排列，对比一下这两种排列方法，似乎都是2个什么和1个什么，它们区别在哪里呢？

生：2红1蓝是颜色不一样，2个长方形和1个三角形是形状不一样。

师：你很善于发现，也可以说，2红1蓝是按颜色不同重复排列下去的，2个长方形和1个三角形是按照形状不同重复排列下去的。通常要连续观察至少两组重复现象才能说发现规律。

二、读出规律

师：刚才大家说出了彩旗排列中的规律，看谁有本事把这个规律读出来，让大家闭上眼睛，一听就能知道规律是怎样的。

生：红旗红旗蓝旗红旗红旗蓝旗红旗红旗蓝旗。

生：红旗红旗蓝旗（停顿）红旗红旗蓝旗（停顿）红旗红旗蓝旗（声音越来越小）。

生：红旗红旗蓝旗（重读“蓝旗”）红旗红旗蓝旗（重读“蓝旗”）……

师：哪种读法让你听出了规律？为什么？

生：中间停顿一下，听得更明白。

生：到蓝旗就重读一下，让人觉得读完蓝旗这一组就结束了，2

红 1 蓝是一组，听出来是“红旗红旗蓝旗”在重复出现。

师：是啊，这么一停顿或者一重读就有“味道”了，给人的感觉就是一组一组重复出现。这些规律能读完吗？你认为读到什么时候就可以不读了？

生：读不完，可以一直重复读下去。

生：我觉得至少读两组别人就明白了，后面都是按照这样的规律重复出现。

师：大家都来试着读一读，体会“读”出来的规律。

三、写出规律

师：接下来请大家用自己喜欢的方式把彩旗排列的规律表示出来。

（学生自主尝试后，交流分享）

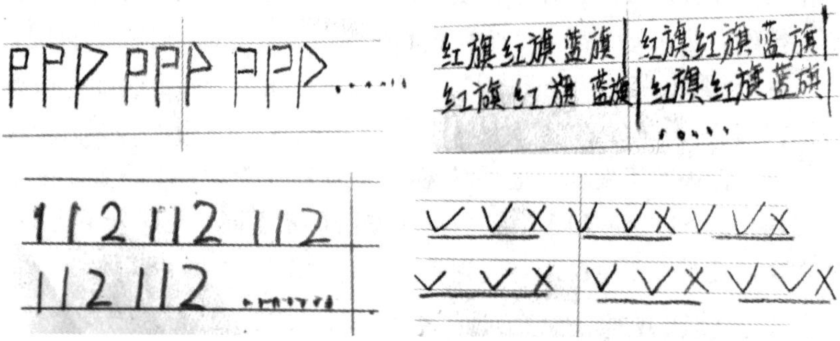

师：有人画小旗，有人写文字，有人用数字，有人用符号，对比这些方法，你发现了什么？

生：我用的是画小旗的方法，别人用数字表示规律，比我画图要简单。

生：我用的是写文字的方法，同桌用的是画对号和错号的方法，同桌的方法更快。

师：其实，无论你用什么方法来表示规律，有一点是不变的，那就是都体现了 2 面红旗、1 面蓝旗或者 2 面长方形彩旗、1 面三角形彩旗这样的重复现象。我还发现，有些同学在中间画了竖线，有些同学在符号下面画了横线，谁明白他们的意思？

生：就是像刚才读那样空一下，就能看出来“红红蓝”在重复。

生：画线是为了告诉别人一组一组地重复。

师：是啊，读的时候停顿一下，写的时候留个间隔或画标志线，使人更容易看出规律。我还发现有位同学是这样表示的。

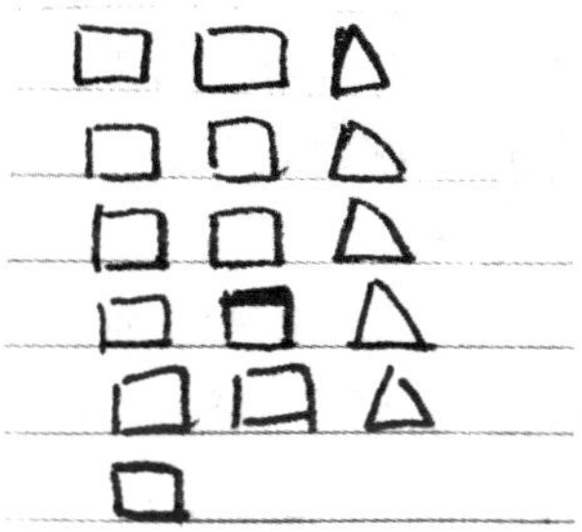

师：她是用图形代替了彩旗，你能看出她画到第几组吗？如果让你接着画下去，你知道该画什么了吗？

生：她已经画了5组，第6组没画完。

生：该画长方形了，再接着画三角形。

生：照着上面的接着画就行。

师：那么你能猜出第10组怎么画吗？第100组呢？

生：每组都一样啊，是按“红旗红旗蓝旗”重复出现的。

师：这就是重复的奥妙，一个或几个图形为一组，按颜色或别的规则重复不断出现。下面请大家找一找情境图中还有哪些地方存在着重复规律，你可以选择其中一个来研究。先思考不断重复出现的是什么，有什么规律，然后用你喜欢的方式表达出来。

教学反思

“‘重复’的奥妙”究竟教什么？我认为不仅仅是让学生发现奥妙后解决问题、延续规律，最重要的是让学生经历探索奥妙的过程，发现用递推的办法至少连续找两组才能初步得出规律这一现象。

在这个过程中，还有一些东西需要关注，如让学生体会到构成规律的元素及其关系，认识规律的特点，并尝试刻画规律、清晰地表达规律，这些都是对规律的内化和理解。

课堂上我首先给学生呈现一个场景布置，这是一幅信息丰富的图，图中蕴含了多个存在简单重复规律的信息，如手拉手排练节目的小朋友按 1 个女生 1 个男生的排列顺序，灯笼按 1 个大 1 个小的排列顺序，彩旗按 2 面红色 1 面蓝色的排列顺序，两根柱子上的气球按 1 圈红色和 2 圈黄色的排列顺序等，这些都可以让学生初步感知规律给人一种有秩序的美。

接着我以彩旗的排列为例，分析排列的规律，让学生初步感知以重复形状或者重复颜色为规律，而发现这个规律至少要观察两组重复现象才行。

然后我引导学生读出规律，从听觉中感受规律重复的特点。怎样读能让别人听出规律是如何重复的？有的学生读完一组停顿一下，有的学生重读每组最后一个词，表示这一组读完了。通过追问："这些规律能读完吗？你认为读到什么时候就可以不读了？"让学生体会到不断重复出现的神奇，即使闭上眼睛也能想象出规律是什么样子的。

在读出规律的基础上，我又让学生尝试写出规律。这个环节有两个意义：一是让学生体会到数学表征的多样化和模式化，认识到无论用哪种形式表示规律，其内涵都是一样的——按 2 面红旗、1 面蓝旗或是 2 面长方形彩旗、1 面三角形彩旗重复出现；二是在写规律时，有学生用每两组中间空出间隔，有学生用每一组下面画线标注，有学生用画竖线分开每一组的方式表示规律。这便使学生从视觉上再次感知了构成规律的基本单元，强化了规律的表象，进一步提升了他们对规律的认识。

数学的趣味性，往往来自学生自己寻找、发现、体会到知识的美妙与神奇的过程中。这个过程是缓慢的、渐进的，让"奥妙"多飞一会儿，将学生心中"只可意会无法言说"的朦胧的认识打开，使其变成可说的、可听的、可看的、可触摸的规律。

“图”“式”共生促建构

——“认识倍”课例及反思

数学概念中的“倍”，表示两个数量之间的比例关系，其含义就是以一个数为标准，看另一个数中包含几个这样的数，我们就说另一个数是这个数的几倍。“倍”这个概念不像加减法中“比多少”那样直观，二年级学生的认知还停留在直观形象思维上，建构这个概念还是有难度的。

我把本节课教学定位在“解决二年级学生认知的直观形象性和概念的抽象性之间的矛盾”上。大体的教学思路：结合具体的情境，为学生提供大量的感性材料，依托数形结合的思想，通过摆一摆、圈一圈、画一画这些具体的数学活动，建立“倍”的直观模型；再拓展到除法意义，用运算来解决“一个数是另一个数的几倍”的问题，让学生既学会画图表征，又能够用算式求解，完成从“图”到“式”的转变。下面的教学从出示情境图，获取数学信息后开始。

教学实录

一、摆一摆，比一比

师：6只鸭子跳到河里比赛游泳，3只小猴子在树上为它们加油。请你拿出手中的学具摆一摆小猴子的只数和鸭子的只数，你发现这两种动物数量之间有什么关系呢？

（教师巡视学生摆学具的过程，发现学生摆成了两种情况）

情况1

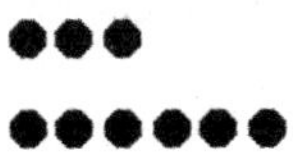

情况2

师：（展示这两种情况）你觉得哪种摆法更利于两种动物数量的比较？

生：第2种更容易比较。

生：摆两行，一个对着一个摆。谁多谁少，一眼就看出来了。

（教师在黑板上示范，部分学生调整）

小猴子：●●●

鸭　子：●●●●●●

生：看出来了，鸭子比小猴子多了3只。

生：也可以说，小猴子比鸭子少了3只。

师：这是前面学过的“比多少”的知识。其实在这两种动物数量之间还有另外一种关系——“倍”，今天这节课我们就一起来研究它。（板书：认识倍）

师：（指黑板上的图）像这样，我们把3只小猴子看作一份，鸭子也按照3只3只地分，可以分成几份？（2份）你能不能让自己摆的学具一眼看出鸭子数量可以分成2份小猴子的数量，或者说可以分成2组呢？

（学生动手，有的移动一个学具，让2份之间空出地方；有的向后移动后三个学具，使之与前三个学具之间留有空隙；一位学生上讲台，帮助教师调整黑板上的学具）

小猴子：●●●

鸭　子：●●●　●●●

师：这样是不是一眼就能看出6里面有2个3？像这样，以小猴子的只数3为标准，鸭子的只数6里面有2个3，我们就说鸭子的只数是小猴子的只数的2倍。同桌互相说一说，什么情况下鸭子的只数就是小猴子的只数的2倍？

二、摆一摆，圈一圈

师：下面我们来比较一下松鼠和小鸡的只数，看看谁是谁的几倍。用手中的圆片或小棒摆一摆、圈一圈，找出它们之间的倍数关系。在摆之前，可以和同桌交流一下，看看先摆松鼠还是先摆小鸡。

（学生展示了三种摆法）

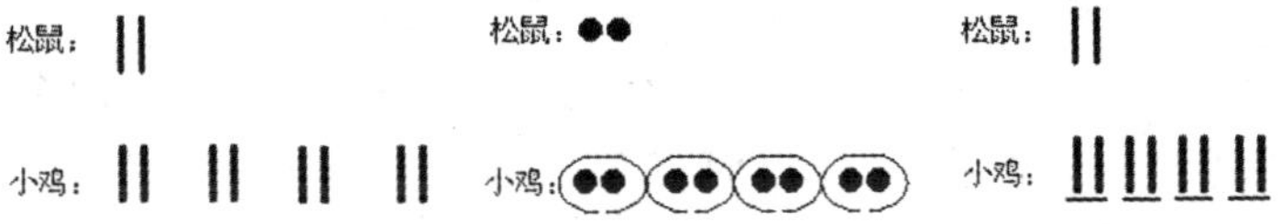

第一种　　第二种　　第三种

师：我有一个问题，刚才比小猴子和鸭子的只数的时候，3只3只地圈，为什么比松鼠和小鸡的只数的时候，要2只2只地圈呢？

生：刚才比小猴子和鸭子的只数的时候，是以小猴子的只数3为标准的，而现在比松鼠和小鸡的只数，是以松鼠的只数2为标准的。

生：一份的数变了，所以圈的只数也不一样。

师：大家不仅会摆，还会动脑子想，这是学数学很重要的办法。怎么摆、圈几只，要看谁和谁比，一份是多少，只有这样才能找对它们之间的倍数关系。

三、想一想，算一算

师：刚才我们是用什么办法找出两个数之间的倍数关系的？

生：摆一摆，再圈一圈，就能找出两个数之间的倍数关系。

生：比一比，看一看，一个数里面有几个另一个数，就能找出它们之间的倍数关系。

师：（结合板书）回想自己的操作过程，6是3的几倍，8是2的几倍，只要找出6里面有几个3、8里面有几个2就可以了。那么用学过的哪一种运算也可以求出来呢？

生：用除法算一算也可以求出来。

师：寻找两个数之间的倍数关系，可以用摆一摆、圈一圈、画一画的方式，也可以用除法算出来。比如，求6里面有几个3可以写成6÷3=2，求8里面有几个2可以写成8÷2=4（在黑板上相应的图下面板书除法算式）。大家对照着我们摆出的图以及列出的算式看一看，它们之间有什么关系？

生：6是鸭子的只数，3是小猴子的只数，结果2其实就是图中的两个圈。

生：我说说另一个算式表示的意义，8 是小鸡的只数，2 表示松鼠的只数，4 就是以 2 只松鼠为一份，可以这样圈 4 份。

师：大家需要注意的是，这里计算的结果 2 和 4 表示两个数之间存在着这样的关系——6 里面有 2 个 3，8 里面有 4 个 2，这个结果是不需要带单位名称的。下面请大家找一找，情境图中哪两种小动物的只数之间也有倍数关系？和同桌说说你是怎么想的。

四、变一变，促理解

（教师出示图片）

★★★　★★★　★★★　★★★

师：这组图片中五角星的数量是笑脸的几倍？

生：12 里面有 4 个 3，五角星的数量是笑脸的 4 倍。

师：如果拿掉一个笑脸，这时候倍数关系又发生了怎样的变化？

生：笑脸变成了 2 个，12÷2＝6，五角星的数量是笑脸的 6 倍。

师：再拿掉一个笑脸，这时候它们的倍数关系是怎样的？

（学生异口同声地回答“五角星的数量是笑脸的 12 倍”）

师：为什么五角星的数量不变，而倍数一直在变呢？

生：因为笑脸的数量一直在减少。

生：每一份的数在变，最开始是 12 里面有 4 个 3，又变成 12 里面有 6 个 2，最后变成 12 里面有 12 个 1，所以倍数也在变。

生：12 虽然没变，但是一份的数变了，所以倍数也跟着变了。

师：看来，一份的数很重要啊。

生：我还发现，12 不变，一份的数越小，倍数就越大。

师：如果老师把最后一个笑脸也拿掉，这时候还存在倍数关系吗？

生：（迟疑、思考）老师，没法比了吧？笑脸都没有了。

师：谁明白她的意思？

生：我觉得没有笑脸，就没办法找一份的数了。

师：这个发现很重要哦，“倍”是两个数之间的比较，大家真厉害！藏在倍中的小秘密都被你们发现了。假设笑脸全被拿掉了，我想重新画笑脸，让它的数量和五角星的数量保持倍数关系，应该怎么画？想一想、画一画，然后和同桌交流。

（附板书设计）

倍的认识

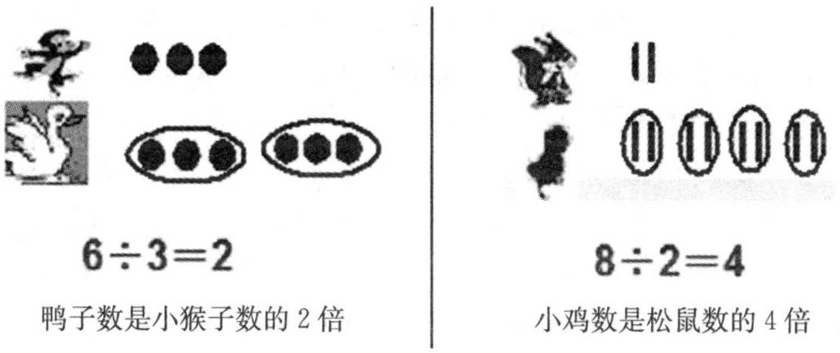

教学反思

本节课中，学生认识“倍”的过程经历了“具体—表象—抽象”的过程，既学会了画图表征，又能够用算式来求解。教学中，以小猴子的只数 3 为标准，通过摆一摆、比一比、圈一圈，发现鸭子的只数 6 里面能圈出 2 个 3，我们就说鸭子数是小猴子数的 2 倍。

我引导学生接着比较松鼠和小鸡这两种动物的数量，松鼠 2 只，小鸡 8 只。放手让学生自己摆一摆、比一比、圈一圈、画一画，学生直观地看到 8 里面有 4 个 2，也就是说，小鸡的数量是松鼠的 4 倍。学生通过直观操作，建立了“倍”的初步模型。

在这个基础上，我引导学生观察黑板上摆出的图形，抛出问题：“用学过的哪一种运算可以求出来呢?”让学生明白用之前学过的除法就可以解决这个问题，这时引出除法算式就水到渠成了。然后通过数形结合，使学生在“图”与“式”之间反复比较，建立联系，在形象思维和抽象思维之间不断地转换，层层递进，对“倍”的意义的理解完成从“图”到“式”的建构。

在最后一个环节“变一变，促理解”中，“为什么五角星的数量不变，而倍数一直在变呢?”“如果老师把最后一个笑脸也拿掉，这时候还存在倍数关系吗?”“假设笑脸全被拿掉，我想重新画笑脸，让它的数量和五角星的数量保持倍数关系，应该怎么画?”对这些问题的辨析和追问，让“倍”这个概念的教学如同“剥笋”一样，慢慢地剥去一层层“笋衣”，凸显了概念的本质——“倍”，即两个数量之间的比例关系，任何一个数量的变化都会引起它们倍数关系的变化，而且所谓标准量和比较量之间也是可以互换的。

“式”作为符号远远比“图”更抽象，更“高级”。因此，教学中应关注“图”的价值，发挥“图”在建构概念中的过渡作用，借助直观图启发学生解决问题的思路，最后将“图”和“式”有机地结合起来。以图助式，帮助学生理解数学概念。

玩是载体，思是灵魂

——“100以内数的认识”课例及反思

我始终认为，任何一位优秀的教师，不仅要对自己任教的学科和课程内容有完整、准确的理解和把握，更要对自己的教育对象——学生的认知方式和认知过程、学习兴趣和学习需要、情感特点和态度倾向有准确而细致的把握。只有理解了课程、理解了学生，才能真正理解学科教育，才能走进学生心中，读懂学生的需求，站在学生的角度看数学教学，按照学生的认识规律和心理需求来设计、组织教学。

因此，在数学教学中，我最关心的是，学生喜欢我上的课吗？所以我总是千方百计地琢磨点新花样，争取把课上得好玩、有趣。在学习“100以内数的认识”时，我想到校园外面山岗上遍地的石子，于是决定设计一节趣味活动课——玩石子。

教学实录

活动一：捡石子

（我宣布要求：每人捡100个石子。春天的原野是美丽的，一路上，学生像欢乐的小鸟，不一会儿便进入了角色）

生：我捡了16个。

生：我捡的比他多，捡了26个。

生：我捡了一大堆，一会儿再数。

生：老师，我捡了30个。

生：快看我的，捡了42个。

（学生你一言我一语，20以上的数他们会数，看来他们在日常生

活中已经积累了不少100以内数的知识。这是我课前已经预料到的）

生：我拿不住了，快来帮我。

生：哎呀，你捡的石子太大了，要捡100个就装不下了，你看我，光捡小的。

生：我已经捡了90个，再捡10个就够100个了。

（学生不断地汇报着自己的成果，看来他们已对100以内数的顺序和大小有了初步的了解。大约过了十分钟，学生笑着、跳着向我跑来，看来他们已经完成了任务）

活动二：数石子

（我宣布要求：找自己最亲密的小伙伴，三五个人一组，数一数自己的石子，并和同伴交流各自的数法。有困难可以请教老师和同学。学生在山坡上找了一片空地，席地而坐，三个一伙、五个一堆地围在一起，小心地把自己的石子放在地上。我走近他们，留心观察他们是怎么数的）

小组1：1，2，3，4，5，……，59，70。

生：你数错了，数完59该数60了。

生：你记住，5个10后面该是6个10了。

（他们在认真地数着，“小老师”在用心地教着。数到几十九的时候需要特别注意，因为接下来要变换十位上的数字了，这可是个难点。看到那几个常出错的学生在小组成员的帮助下能熟练地数数，我才走开）

小组2：2，4，6，8，……

（这一组的学生在两个两个地数，也是在“拐弯”的地方出错，组内的学生在互相纠正着）

小组3：5，10，15，20，……

师：谁教你这样数的？

生：我见奶奶买小鸡的时候就是这样数的。

小组4：老师，这么多，我数不清了。

（爱哭的思哲看到我走过去，急忙喊了起来。我发现她数数的时候，口与手不能一一对应，这还真是个问题。在我和小组成员的帮

助下，她终于会数了，立马破涕为笑了）

小组 5：老师，快来看，我们几个是这样做的，每数 10 个就放 1 堆，一共放了 10 堆，1 个 10 ，2 个 10 ，3 个 10，……，9 个 10，10 个 10 ，我们知道 100 里面有 10 个 10。

生：数数的时候，注意力要集中，粗心会容易多数或漏数。

活动三：摆石子

（我宣布要求：以小组为单位，从组长开始轮流报 100 以内的数，每人报 1 个。其他学生用石子摆出该数，并交流各自的想法。刚开始，每个小组都投入到了紧张的摆数活动中，他们一个接一个边数边摆。不一会儿，有几个学生跑到我面前）

生：老师，这样数太慢了。

生：他们报的数太大，比如 67，95，摆起来太麻烦。

生：我们组是这样摆的，像刚才数数时把石子每 10 个放 1 堆，放了 9 堆，剩下的 10 个放一边。比如，摆 45 这个数时，先拿 4 堆，再从一边拿 5 个就可以了，我们觉得这个方法比较简单。

（学生认同了这种方法，接下来的摆石子活动紧张而有序地进行着……）

活动四：猜石子

（我宣布要求：每人抓一把石子，先估计一下，再数一数。接下来互相猜一猜对方手中的石子有多少。各小组积极行动起来，不一会儿，很多学生已经掩饰不住内心的喜悦叽叽喳喳地说了起来）

生：我一把能抓 15 个石子。

生：我一把能抓 13 个石子。

生：我一把能抓 10 个，两把能抓 20 个。

生：100 个石子大约抓 10 次能抓完。

师：（顺手抓了一把小石子，当然是数过的，高举起来，让每个学生都看到）猜一猜，老师手中的石子有多少个？

生：应该有 30 多个吧，老师的手大呀。

生：那不一定，还得看抓的石子的大小呀。

（稍停了一会儿，学生喊出了自己的答案——26 个、34 个、45

个……教师示意大家安静）

师：我抓的石子比 30 多，比 40 少。

生：是 31 吗?

师：比 31 大。

生：是 34 吗?

师：（故作神秘状）不，比 34 多一些。

生：36 吗?

师：很接近了。

生：（异口同声地说）37。

师：猜对了。下面你们也仿照我做的这个猜石子的游戏，和小伙伴一起玩玩，注意用上“多一些”“少一些”“差不多”“大得多”“小得多”等词语。看看哪些同学合作得好。

活动五：说石子

师：小石子陪伴我们上了一节数学课，你想对它说些什么呢?

生：小石子帮我们学数学，我很喜欢它。

生：这样的数学课真有趣。

生：我准备回家跟妈妈比赛数花生。

教学反思

这节特殊的数学课，活动场地由传统的教室改为春天的原野，学生从头至尾都乐此不疲。在这样的课堂上，教学过程不再是枯燥乏味的讲解灌输，而是一个生动活泼的、主动的、富有个性的学习过程。我坐在山坡上，沐浴着初春的阳光，看着这些积极投入的学生，我感到无比轻松和快乐。

首先，给枯燥的数学“穿”上迷人的外衣——有趣。

数学与生活天然地联系在一起，丰富多彩的现实世界应当是学生学习数学的背景。生活中蕴藏着许多学生熟悉的数学问题，这些都是数学教学的“活”教材。

小学生天生充满好奇心，喜欢新鲜，喜欢尝试。如果我们的教学过程陷入单一的教师讲授之中，学生成为被动接受知识的容器，他们就会对学习毫无兴趣。所以，要让学生感受到数学好玩，就要让课堂“嗨”起来，让学生“动”起来。

教师要读懂教材，对课程资源进行巧妙的加工和整合，对教材内容进行选择、重组和再创造，给纯粹的数学“穿”上合适的外衣，创设拟人化的，充满情趣、质疑与挑战的，丰富多彩的情境，将数学问题转化为生活问题，再抽象出数学问题。就这节课而言，常见的小石子变成了学习资源，课堂也不局限在教室里。看！学生的思维已经飞到了大自然中……

其次，静态的学习材料变成动态的学习过程——有味。

荷兰数学教育家弗赖登塔尔认为，数学学习是一种活动，这种活动与游泳、骑自行车一样，不经过亲身体验，仅仅通过看书本、听讲解、观察他人的演示是学不会的。

就这节课而言，根据小学生的学习特点，我将教材内容与现实生活有机结合了起来，以“捡石子”“数石子”“摆石子”“猜石子”“说石子”为切入点，从多方面向学生提供进行数学活动的机会。在“捡石子”和“数石子”的活动中，学生已有的知识经验已经显山露水了，每个学生都能积极主动地参与到活动中来，自己去发现、去创新数数的方式，感受数的组成。在“猜石子”这个环节中，用“多一些”“少一些”“差不多”“大得多”“小得多”这些词描述数的大小关系，虽然不是很精确，但是这些日常数学经验可以帮助学生理解所学的数学知识，感知数的顺序和大小，学会自觉地用数表达和交流，发展学生的数感。

“玩”是载体，“思”是灵魂，玩着乐着学数学，才是数学学习的“王者之道”。将深刻的学习内容生动地表达出来，让学生轻松快乐地学习，这样才能有利于学生对知识的理解和掌握，让“深刻”和“生动”像鸟的双翼一样和谐。

向知识的源头再迈一步

——“桌子有多长”课例及反思

教学“桌子有多长”一课，我将教学目标定位在使学生了解测量方法的多样性，体会测量方法统一的必要性，理解1厘米的实际意义并学会用刻度尺测量较小物体的长度上。事实上，学生在学习这节课之前，已经有了“测量要用尺子”的思维定式，如果课堂上教师直接抛出“用什么方法能知道课桌有多长”的问题，学生一定会齐声回答“用尺子量”。这样，再让学生把尺子收起来，要求必须选用其他的工具测量课桌的长度，以此来体验统一度量单位的必要性就显得有些牵强了。

因此，如何让学生体验到“测量方法的多样性”和“为什么要统一度量单位”便成了教学中更为重要的着力点。

教学实录

一、猜一猜

师：孩子们，你们喜欢猜谜语吗？老师给大家出一个谜语，猜猜是什么。

（课件出示：生来公平，拿在手中，要问长短，它最分明。有学生喊“尺子”，其他学生迟疑了一下，然后大声附和“就是尺子”）

师：你是怎么知道谜底是尺子的呢？尺子有什么用？

生：谜面说是量长短的，尺子就是用来量长短的。

生：尺子最公平，用它量一量就知道一个物体有多长。

师：大家要想知道一个物体有多长，拿尺子一量就明白了。尺子多神奇啊！不过，大家想过没有，在尺子被发明出来之前，古代人是怎样测量物体长度的呢？你们想知道吗？我们一起来看看。

（我播放古埃及人用手指、手掌、脚步等测量物体长度的录像。学生不断发出“哇”的惊叹声）

师：看了刚才的录像，你想说什么？

生：古代人真聪明，想出了那么多办法。

生：用这些方法测量真有意思。

师：古代人在没有尺子的情况下想到了用身边的物体和自己身体的一部分来测量长度，那你们能用自己的方法来量一量课桌的长度吗？

二、试一试

（学生积极地活动起来，有的学生商量选用什么工具去量，有的学生有些茫然，但是看别人测量后受到了启发。大家量得特别认真，脸上露出了笑容）

生：我用铅笔量，量的结果是课桌有 5 根铅笔那么长。

生：我用小刀来量，课桌有 8 把小刀那么长。

生：我用自己的手来拃一拃，课桌有 4 拃长。

生：课桌有 3 个文具盒那么长。

生：课桌有 4 个文具盒那么长。

师：所有的课桌都是一样长，怎么测量的结果不一样呢？想一想。

（学生一时陷入了沉思，我笑着拿起两个学生的文具盒让大家看，两个文具盒一长一短，学生恍然大悟）

生：因为他们两人的文具盒不一样长，所以结果不一样。

生：我用数学书量，课桌不到 3 本数学书那样长。

师：还有谁也是用数学书来量课桌的，也是这样的结果吗？（学生表示同意）刚才大家也做了一回古人，用了很多工具测量了我们的课桌。通过交流，你发现了什么？

生：测量同一个物体，得选用同一种测量工具才好和别人交流。要不每个人的测量结果都不一样。

生：还得是统一标准，比如同是文具盒，长短不一样，用它们测量的结果也不一样。

师：通过刚才的学习，我们明白了测量同一个物体，不仅工具要一样，而且要选择统一长度的测量工具去量，这样才能得到统一的测量结果，更便于交流。后来人们发明了专门的测量工具——尺子，这样测量起来就更方便了。下面我们就来研究藏在直尺中的“秘密”。

三、认一认

师：观察自己手中的直尺，把你看到的在小组内交流一下。

生：尺子上画了很多竖道，还有数字。

师：这些数字的排列有规律吗？

生：有规律，是按顺序排列的。尺子的左端是 0，往右数字越来越大。

生：尺子上的竖道有长有短。

师：你真会观察。这些竖道叫刻度线，从 0 开始，表示从这里开始测量。

生：我的尺子上还写着“cm”两个字母，不知道是什么意思。

师：这个问题提得好，“cm”就是我们今天要认识的长度单位“厘米”的字母缩写。(板书“认识厘米”和字母“cm”）从 0 刻度到 1 之间的一大格之间的长度就是 1 厘米，尽管大家的尺子外观不一样，但是作为统一的测量工具，都藏着同样的“秘密”，有刻度线，有 0 起点，还有数字。这些“秘密”能帮助我们更好地测量物体的长度。你能在尺子上找到 1 厘米吗？

生：从 0 到 1，这一大格之间就是 1 厘米。

生：从 1 到 2 也是 1 厘米。

生：直尺上有好多 1 厘米。

师：每两个大刻度之间的长度都是 1 厘米，你感觉 1 厘米长吗？

生：我觉得 1 厘米很短。(用手比画着）1 厘米只有这么长。

师：1 厘米的确是个比较小的长度单位，一般用来测量比较短的物体的长度。尺子上只能找到 1 厘米吗？还能找到几厘米？试试看。

(学生交流，能找到 2 厘米、3 厘米等，几厘米就是尺子上几个

大格之间的长度）

师：我们已经在尺子上找到了1厘米的长度。下面我们来做一个用手比画一下“1厘米有多长”的游戏。先用拇指和食指（之间的距离）在尺子上比出1厘米，然后移开尺子，保持两个手指之间的距离不变，仔细观察，两指之间的距离就是1厘米。

（学生觉得很新奇，认真地把两个手指放在尺子上比，然后拿开尺子，眼睛盯着两个手指之间的缝——1厘米，仔细看看自己的，再看看同桌的）

师：1厘米就这么长，看看谁能把它记在心里。把两指合在一起，再慢慢分开，直到你认为够1厘米了就停下。准不准呢？再拿出尺子比一比。如果不够准确，再试一次。

（学生再次活动，不断有学生发出惊喜的声音：“我比得准。”“我这次比准了。”学生的脸上洋溢着自信的喜悦）

师：你觉得自己身边哪些物品的长度接近1厘米呢？看一看，找一找。

生：语文书差不多有1厘米厚。

生：我的食指的这一节有1厘米长。

生：这块橡皮大约有1厘米厚。

生：我的扣子有1厘米长（指扣子的直径）。

师：孩子们，记住我们身上“1厘米长的尺子”和身边1厘米长的物体，这样就可以根据它们的长度对其他物体的长度做一些估测。

教学反思

如果仅把认识厘米、用尺子测量当作技能的学习，教师直接告诉学生尺子上有什么及尺子测量的操作步骤：把物体的一端对准尺子上的“0”刻度，而后把物体沿着尺子的边放平，物体的另一端指着几就读几厘米。这样做学生虽然也能掌握知识，但是并没有对测量步骤产生过程性体验，根本不明白其背后的原理，更无法体验度量单位的意义。由于没有心智的投入和动手的体验，操作的过程自然变成了重复的机械行为。

如何引起学生的兴趣，让学生自觉投入寻找不同的工具测量课桌的长度，认识到统一度量单位的必要性呢？我尝试引入关于尺子的谜语，吊起了学生的胃口，然后抛出问题："在尺子被发明出来之前，古代人是怎样来测量物体长度的呢?"通过播放录像让学生产生自己动手操作的愿望。

接下来，学生怀着极强的好奇心用自己喜欢的方式进行测量。学生在交流中发现，用不同工具测量所得的结果不同，即使用同样的工具去测量，得到的结果也不一定相同，由此引发认知冲突，使学生体会到，要想得到一个统一的结果，需要统一的度量单位，让学生经历学习度量长度工具的演变过程，体会到度量的意义，从而产生学习度量单位的欲望。这个环节相当于在知识源头的方向多走了一步，让学生体验了从"无比较物"到"有比较物"，再到"标准比较物"（即统一的度量单位）的认知过程。

数学不是无源之水、无本之木，很多看似技能性的内容都有其内在的规律。教师如果能够在教学中引领学生了解这些技能的来龙去脉，体验到技能的合理性与必然性，那么技能的学习也会成为学生心智生长的历程。教师应该寻找"有源"的数学，找到数学的生活之源、历史之源，让数学看得见、摸得着。

在简约中走向丰富

——“两位数除以一位数的口算除法”课例及反思

“两位数除以一位数的口算除法”这部分内容是在学生学习了“一位数乘两位数的口算乘法”以及“整十整百整千除以一位数口算除法”的基础上进行教学的。我设计了一节“素面朝天”的课，但竟然上出了意想不到的效果。

教学实录

一、感知算法，厘清算理

师：考考大家的口算能力，有没有信心?

(学生欢呼雀跃：“有!”我在黑板上写下第一题“6÷3=　”，学生显然有点意外，觉得没有挑战性，大多数学生有气无力地喊“2”。接着写下第二题“30÷3=　”，学生迅速喊出了“10”。我笑着把前两题的答案写下来)

师：看来前两题有点简单，来一道难点的试试?(在黑板上写下“36÷3=　”)第三题你会吗?该怎么做?

(有两个学生迅速喊出了正确答案，其他学生吃惊地把目光转向他们，我做了一个暂停的手势)

师：知道答案的同学，请你整理自己的思路，其他同学动脑想一想，你能解决这个问题吗?准备用什么办法解决?

(学生有的皱着眉，有的在本子上写着什么，有的眼睛直直地盯着黑板。过了一会儿，有学生举手)

生：我是这样想的，前面学过 12×3=36，36÷3 不就等于 12 嘛。

师：很好！做除法想乘法。

生：先让十位的3除以3等于1，再让个位的6除以3，等于2，合起来就是12。

生：我想补充一下他的发言，那个1其实代表1个10，2表示1个2，最后合起来才是12。

生：我先用手盖住个位，让十位的3除以3，商写在十位上，再让个位的6除以3，商写在个位上，合在一起是12，就得出结果了。

（发言的几个学生都属于思维比较敏捷的孩子，他们作为“小老师”的讲解，显然唤起了大多数学生的认知经验，即前面学习的两位数乘一位数的口算乘法，也是两个数位上的数分别和另一个因数相乘，再加起来得出结果的。看着众多学生“豁然开朗”的欣喜，我依然锲而不舍地追问）

师：看来大部分同学都明白如何算了，刚才几个“小老师”的提醒很重要，谁能再说一下商要写在哪一位？计算的过程中要注意什么？

生：关键是十位除得的商要写在十位上，个位除得的商要写在个位上。写错了位，意义就不一样了，就会变成另外一个数。

（教学至此，看似新知的学习已经完成。但片刻的安静后，有学生举手示意）

二、发现规律，建构联系

生：老师，我有发现。后一道题目的答案是把前两题的答案合在一起了。

师：这个发现有意思，真的是这样吗？

（我转身在黑板圈上三道题目，不少学生睁大眼睛观察，流露出若有所思的表情，接着会心地笑了）

生：真的啊，这三道题是有联系的。只要会做前两道题，就会做第三道题了。

生：你看啊，虽然36除以3没学过，但我们会算30除以3和6除以3，就可以把36拆成30和6，再分别除以3，最后合起来就是我们要的结果。

生：（激动得两眼放光）老师是有意那样出题的！目的是要启发我们想办法用原来学过的知识化解新的知识。

（学生的话让人眼前一亮，转化的思想呼之欲出）

师：看来，大部分同学已经发现这三道题之间的联系了。其实，学习数学就是这样，知识之间环环相扣，当你遇到新知识的时候，要学会把它转化为原来学过的知识去理解，那样会容易许多。下面每个人都可以试一试，动手编一组这样的题，和同桌交换练习并订正。

（我在教室里巡视，学生或低头沉思，或认真书写，或低语切磋……）

教学反思

课后我一直在想，对于普通的一线教师而言，把每节课都上成优质课是不现实的，大多的常态课很难有优质课那样的“波澜起伏”。但一节看似简约的常态课，只要用心去解读教材、了解学生，精心选择学习材料、组织学习活动，同样是有价值的。

首先，教学形式可以简约。新课程理念倡导情境教学，但并不是所有的课堂都需要“声”“光”“电”的精美包装。相反，有的教师课堂上一个接一个地进行情境变换，反而会分散学生对数学知识的注意力。

一节好课，并不在于教师提供花样繁多的教具和多媒体课件，而在于要基于学生学习的起点开展富有挑战性的、多样化的学习活动，学生在课堂中有自己的发现和探索，有自己的思考和争论。对于这样的计算课，不必挖空心思创设情境，只要找准知识的切入点和学生思维的兴奋点，几根粉笔、一块黑板就可以上出浓浓的数学味。

其次，教学素材可以简约。我们知道，数学知识有着很强的系统性，数学学习不是孤立的片段或知识点，新知的建构必须建立在学生的认知发展水平和已有知识经验之上。

本节课的新知“两位数除以一位数的口算除法”是“一位数乘两位数的口算乘法”以及“整十整百整千除以一位数口算除法”的引申、发展和综合。学好这部分知识将为后面学习“首位不能整除”及“商末尾有0的除法”打下基础。

因此，教师要根据知识间的内在联系，找准新旧知识间的联结点，为学生提供具有连贯性的学习材料，引导学生把未知转化为已知，运用已有的认知结构去同化新知。这样的素材可以引发学生的联想，让新知的探究活动和学生内部的认知结构发生实质性的联系，从而使学生利用知识的迁移规律主动地获取知识，梳理知识的结构，掌握学习的方法，把新知纳入原有的认知结构中。

最后，教学环节可以简约。数学是思维的体操。数学学习的过程是以学生为主体的，教师的教替代不了学生个体对数学的理解，这是一个需要用时间涵养思维的过程。

因此，在有限的40分钟内，课堂教学要紧扣教学主线，精减教学环节，减少无关干扰。这样教师在课堂上就不会像在“赶场子”，而把探索和交流的空间交给学生，“慢”下来从容地、耐心地让学生说一说、议一议，整体把握数学学科的整体性、结构性、层次性，把数学的深刻和课堂的活力很好地演绎出来。

也许有人会说，不就是口算教学嘛，最终还是要回归竖式教学的。但是，在这个过程中，引导学生把注意力集中到解决问题的各种方法、数字间的关系，以及综合了方法和数字关系的运算方法的选择上，只有循序渐进地建立这些方法，并不断地完善心算策略，后续的竖式教学才是有意义的。

这样看来，一节看似简约的课，也可以丰富厚实，让学生学起来有滋有味。从经验到知识，从知识到方法，从方法到智慧，引导学生拾级而上，步入学习的更高境界。

数学有形，思想无痕

——“圆的面积”课例及反思

“圆的面积”这节课很多名师都演绎过，因此圆的面积计算公式的推导看似已形成定论。但在第六次教学这节课时，我决定在细微处挑战经典，重点解决圆这个曲线图形与直线图形转化的认知冲突，以便更好地引出“逼近”的思想，为探究埋下伏笔。

教学实录

一、探究，感知由曲向方逼近的过程

师：以前我们研究过平面图形的面积，回想一下，用到过哪些方法?

生：用过数方格的方法，数的时候要注意不满一格按半格算。

生：还用过剪拼的方法，把新学的图形面积计算转化成原来学过的图形面积计算。

师：下面我们用数格子的方法来估一估你手中的圆的面积。

（学生利用学具分组探究，组织汇报交流时发现结果差别较大，有的组汇报 70 个格子，有的组汇报 80 个格子，还有的组汇报 90 个格子……）

师：为什么会出现这么多的答案？你们遇到什么问题了？

生：那个弯曲的边，在格子里数得很麻烦，不好确定。

师：想一想，根据自己刚才数的经验，怎样能把曲边的这部分数得更准确?

生：把格子变小以后，满格的就多了，不够一格的就更少了，这样就好数了。

师：真的是这样吗？格子变小以后怎么样？我们看大屏幕。

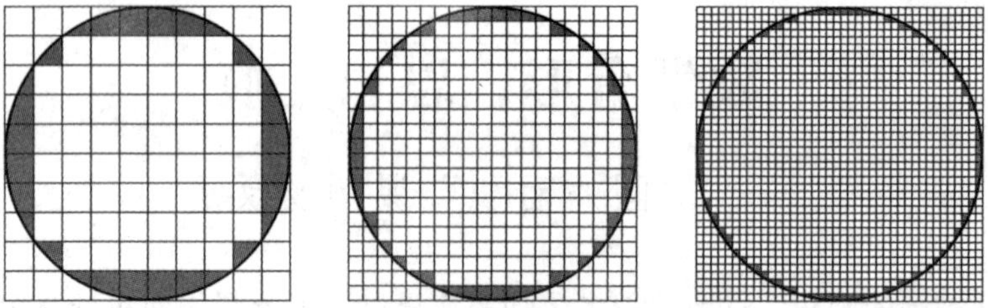

（通过课件演示，学生体会到要用更小的正方形来数圆曲边部分的面积，曲边变小了，更容易数）

二、再次探究，体会极限思想

师：下面我们把圆形（半径是 5 厘米）放在格子纸（10 厘米×10 厘米）上，再估计圆面积的大致范围。

生：我觉得圆的面积在圆外正方形的面积和圆内正方形的面积之间。

生：可以把这个圆形平均分成 4 份，其中一份大约为 20 平方厘米，那么这个圆形的面积约有 80 平方厘米。

生：圆外正方形比圆多 4 个角上的部分，数出 4 个角上的部分面积，每个大约 5 平方厘米多一些，4 个角上的部分共约 22 平方厘米，圆外面正方形的面积是 100 平方厘米，减去 22 平方厘米，圆的面积大约是 78 平方厘米。

师：有没有比正方形更接近圆的图形？

（学生尝试折、画后得到了正八边形、正十六边形，看来再继续折纸有困难了。我利用课件演示从 32 边逐渐增加到 128 边，学生发现圆的曲边不断地变小，发出了惊叹声）

生：我发现了正方形的时候曲边最多，正多边形的边数越多，越接近圆形，圆的弯曲部分越少。

师：想象一下，继续分下去会怎样？最终能得到直线图形吗？

三、继续探究，利用转化推出面积计算公式

师：无论分成边数是几的多边形，它的面积还没学过。看来还是要想办法把圆这个曲线图形转化成学过的图形，根据刚才的学习，你受到哪些启发？如何把圆的面积转化成已经学过的平面图形的面积？

（学生对圆这个曲线图形感到无从下手，一时陷入了困境）

师：还记得我们是怎么推导平行四边形的面积计算公式的吗？关键是沿着一条特殊的线段——高，把平行四边形剪开，重新拼成了一个长方形；三角形面积计算公式的推导是把两个完全一样的三角形一正一倒地拼成了一个平行四边形。对于圆，我们应该怎么办呢？

生：我觉得按三角形面积计算公式的推导方法，把两个圆拼在一起显然不行，这个办法要排除。

生：可以参照平行四边形面积计算公式的推导方法，沿着一条特殊线段把圆剪开。

师：圆有特殊线段吗？

生：有，直径！知道了，可以沿着一条直径把圆剪开！

（学生动手操作，把圆沿着一条直径剪开。剪开后每一部分是半圆，仍然不是我们学过的图形，也无法把两个半圆拼成已经学过面积计算的某个图形。因此，学生的思维又陷入了困境）

师：又遇到困难了！这两个半圆，感觉还不能解决问题。

生：老师，我觉得要继续剪！半圆的特殊线段就是半径，沿着半径再剪。

（学生继续操作，把每个半圆再沿着它的对称轴剪开，成为四个扇形）

生：这次剪的像三角形！

师：有新的发现了！确切地说，这是四个小扇形，真的像我们学过的三角形。

生：老师，我想了三角形的面积计算公式推导，可以把这些小三角形一正一倒地拼起来！

师：你很会联想，这个思路启发了大家，可以试一试！

（学生动手操作。显然，拼成的图形的曲边仍非常明显，无法计算。有学生喊道“再分”，学生把每个小扇形继续分，分成八等份后再拼，然后兴奋地喊“像个平行四边形”）

师：为什么说“像个平行四边形”，而不说“是平行四边形”呢？

生：因为上下的边还有点弯曲。

师：事实上，把圆分成四等份后拼成的图形也可以看作一个近似的平行四边形，只是图形比较粗糙，特点不够明显。而八等分后再拼，更接近于平行四边形，这一过程说明了什么？

生：把圆等分成的扇形越多，拼成的图形就越接近于平行四边形。

师：真的是这样吗？如果动手继续分下去感觉会很困难，我们一起看大屏幕。(电脑演示把圆十六等分后再拼，发现图形接近于长方形。继续演示三十二等分、六十四等分……)

生：我发现了，平均分的份数越多，拼成的图形和曲边就越不明显，更像是长方形了。

生：我也发现，刚才我们一步步操作，其实就是把曲边的圆转化成了近似直边的长方形。

生：其实也就是和原来学习三角形、平行四边形面积计算公式一样需要转化。

师：学数学就是要这样，开动脑筋，积累经验，不断地把新知识转化成原来学过的知识。回顾刚才的探究过程，拼好的近似的平行四边形与原来的圆形有什么关系？

生：两个图形的形状不一样了，但是面积大小是一样的。

生：因为拼成的平行四边形的底是圆形周长的一半；平行四边形的高就是圆形的半径。而平行四边形面积＝底×高，那么圆形面积计算公式＝圆形周长的一半×半径。

生：因为拼成的长方形的长是圆形周长的一半，长方形的宽就是圆形的半径。而长方形面积＝长×宽，那么圆形面积＝圆形周长的一半×半径。由此推出圆的面积计算公式：$S=\pi r^2$。

教学反思

圆的面积计算公式推导与以前学过的平面图形的面积计算公式推导有质的区别，学生在已有的学习经验基础上建构这一知识是有难度的。同时，教学这部分知识，不仅要让学生掌握计算方法，更重要的是让学生经历圆的面积计算公式的“再创造”过程，体会“极限”“化曲为直”的思想，并将新的数学思想纳入原有的知识结构中。

整节课的探究活动以“数格子”引入，步步深入。首次探究对格子做了进一步改进，让学生体会到方格越小估得越准；运用学生数的结果相差较大这一事实，让学生认识到曲边这部分造成数格子估面积的难度，电脑演示格子两次变小后曲边的变化情况，使学生有了“化曲为直”的初步感知，巧妙地为下面的探究活动埋下了伏笔。

第二次探究，以圆内接正方形和圆外接正方形为参照，估算圆面积的大致范围时，学生仍然发现圆的曲边部分不好处理，我适时引导了一下：“有没有比正方形更接近圆的图形?”学生在折叠活动和电脑演示下，体会到正多边形能使圆的曲边部分变小，而且随着正多边形的边数增多，曲边在逐渐地变小……学生再一次领略到“化曲为直”和“极限”的思想。

第三次探究，有了前两次的铺垫，学生已经想象到继续分下去，圆会越来越逼近直线图形。可是，多边形的面积计算公式学生没有学过，还得用原来学过的切拼的方法，把圆转化为学过的平面图形。学生无从下手，思维再次卡壳。我适时引导学生回想平行四边形面积计算公式的推导过程，并让其思考“圆有特殊线段吗”，学生立即想到直径，从而克服了从哪儿剪开的难题，有了前面“化曲为直”和“极限”思想的渗透，下面的切拼活动就顺理成章了。

在一次又一次的探究中，师生扫清了一个又一个障碍，学生由单纯的行为参与转向深层次的认知参与，使教学具有“挈领而顿，百毛皆顺”的精神力量。

特级教师钱阳辉说过，如果知识背后没有方法，知识只能成为一种负担，如果方法背后没有思想，方法只不过是一种笨拙的工具。在教学过程中，比得到一个公式更为重要的东西，就是掌握数学思想和数学方法，这才是数学的精髓，要掌握它花再多的时间也是值得的。

追问，让概念的理解水到渠成

——“认识平均数”课例及反思

“平均数”是中小学数学课程中的一个基本概念，在过去很长一段时间里平均数问题常被看作是一种典型应用题进行教学。随着新课程改革的开展，平均数已被纳入统计范畴进行教学。平均数就其概念本质而言，因为具有虚拟性，所以需要通过计算或移补而得；因为具有统计价值，所以可以用来代表整体水平；就应用性而言，可以通过数据分析用来比较或决策；因为抽象，所以要找准学生学习的认知基础，让学生在问题情境中经历概念的生成与理解。

对小学生而言，建构平均数这一概念的主要认知困难有两点：一是平均数的抽象性与他们思维的形象性之间存在矛盾；二是他们往往把平均数理解成“平均分”的结果，而不是当作统计量来看待。因此，如何站在统计的角度，借助数形结合，使学生从算法理解走向意义理解就成了教学的重点。

教学实录

一、寻求方法，初步理解平均数

（课件出示校篮球队男生队与女生队正在进行一分钟投篮比赛的情境）

男生队

姓名	进球个数
小飞	7

女生队

姓名	进球个数
小羽	9

师：男生队和女生队先各出场一名同学，你能预测哪个队获胜吗？

生：不能预测，因为一个人不能代表一个队的水平。

（课件出示最终赛况）

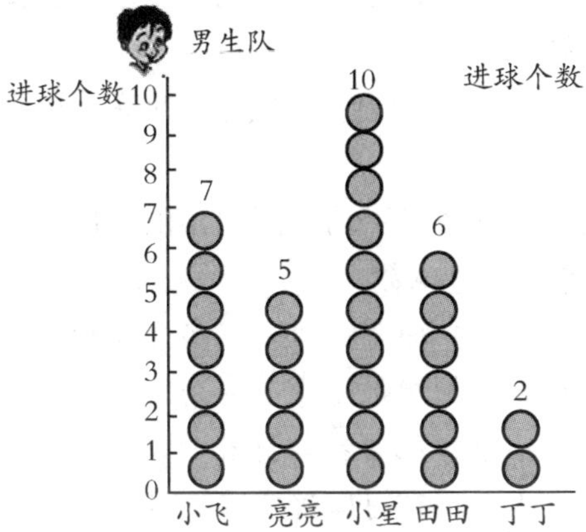

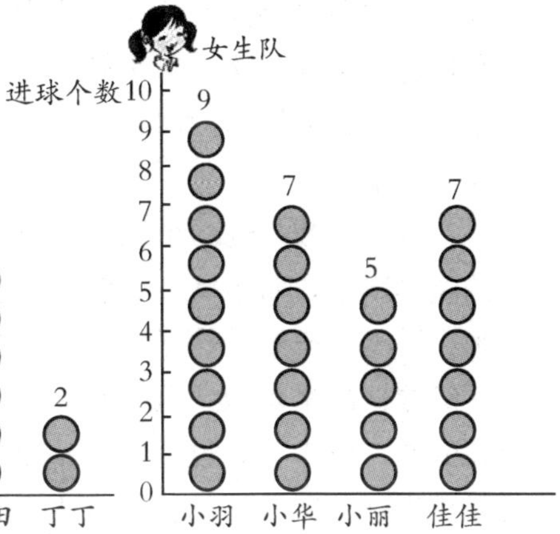

师：你觉得哪一个队的实力强？

生：人数不同，没法比较。

生：比总数。（招来一片反对声：人数不同，比总数不公平）

生：算出男生队和女生队平均进球的数量再比。

师：这位学生提出的方法可行吗？既考虑了总数，又考虑了人数，在数学中我们把每组平均进球的个数叫平均数。（板书课题）如何才能求出每组进球的平均数？

生：从图中可以看到，每个人进球的数量有多有少。把每队中多的数量给少的。男生队中的小星拿出 4 个给丁丁，小飞拿出 1 个给亮亮，这样 5 个人就都变成了 6 个球。

生：那女生队可以这样想，小羽拿出 2 个给小丽，这样 4 个人就都变成了 7 个球。

生：还有一种方法，就是算出每个队进球的总数，再平均分，也能求出平均进球数量。

师：我们一起来算一算。男生队 $(7+5+10+6+2)\div5=6$（个），女生队 $(9+7+5+7)\div4=7$（个）。跟移多补少得出的结果一样吗？你喜欢哪种方法？

生：移多补少的方法比较直观，只是数据比较大的时候就不方便了。

生：数据大的时候就用计算的方法。

师：通过移多补少或计算，我们得到男生队平均进 6 个球，女生队平均进 7 个球，这里的 6 和 7 表示什么意思呢？

生：6 表示男生队 5 个人的整体投篮水平，7 表示女生队 4 个人的整体投篮水平。

生：这两个数是这两个队的进球数量平均分后得出的，代表每个队的整体水平，而不是某一个人的进球数。

师：讲得很详细。是不是可以这样理解？通过移多补少和计算得出一组数据的平均数，可能是原来那组数据中的一个，也可能是一个新的数。由于计算过程中每一个数都要参与计算，因此，这个数可以代表这一组数据的整体水平。现在可以确定哪个队的整体实力强了吗？

二、情境变式，感受平均数的敏感性

师：假如老师想把两队人数调整到一样多，可以怎么调整？

生：我想把男生队成绩最差的人去掉，这样男生队的平均数还能提高。

生：如果去掉男生队成绩最好的人，平均数就更低了。

生：可以给女生队添上一个人。

师：女生队如果再加一人，整体水平可能发生怎样的变化？

生：如果增加的那个人进球数量多，平均数会比现在大；如果进球少，那就惨了，可能会输给男生队。

师：如果要加入一名女生，她至少要投进几个球才能保持现在的平均数呢？

生：和平均数一样多，得投进 7 个。

师：现在如果保持人数不变，男生队的实力要超过女生队该怎么办？

生：换人啊，更换丁丁。

生：或者不换人，希望丁丁发挥得好一点，多进球，这样成绩就不受影响了。

师：丁丁至少要投进几个球才能保证不输给女生队？

生：女生队的平均数是 7，男生队 5 个人要共进球 35 个，前面 4 个人投球总数是 28 个，丁丁至少要投进 7 个球，才能保证不输。

师：是啊，平均数和一组数据中的每个数都有关系，因此某些数据过大或过小都会影响到平均数。生活中一些大型的比赛，计算选手的平均成绩一般都会采取去掉一个最高分和一个最低分的方法，来防止极端数据对选手成绩的影响，以保证比赛的公平、公正。学完平均数，你明白其中的道理了吗？

三、分析数据，意义建构平均数

师：（课件出示女生队某一小组的进球情况）估一估，这个队平均每个人投进了多少个球？

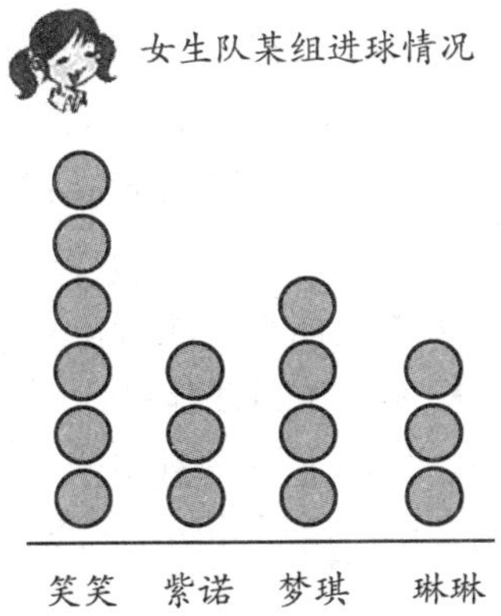

师：从图中我们看到了 4 个人的进球情况，如果用虚线表示这个组进球的平均数，你觉得下面哪幅图合适？为什么？

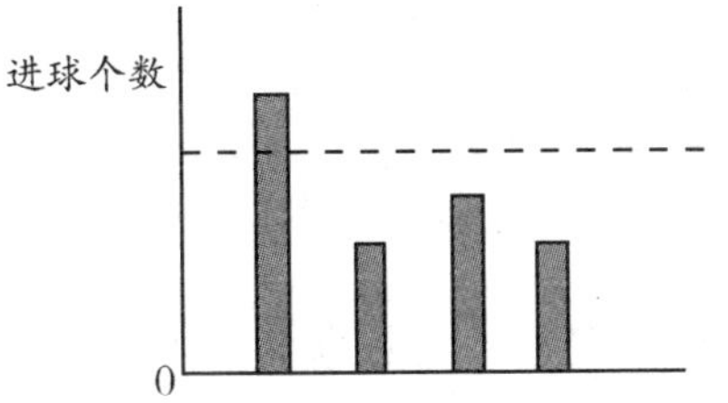

图1

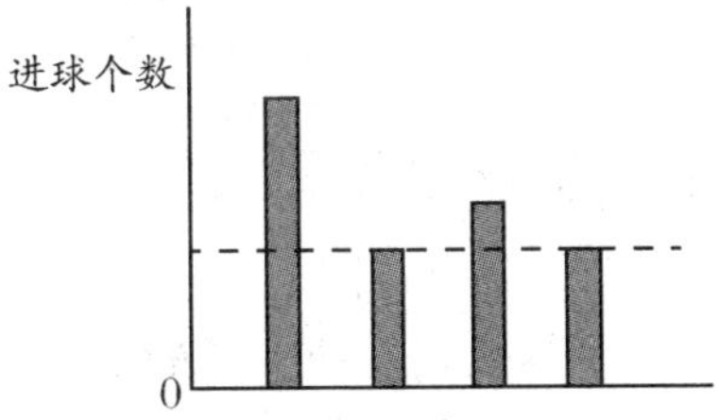

图2

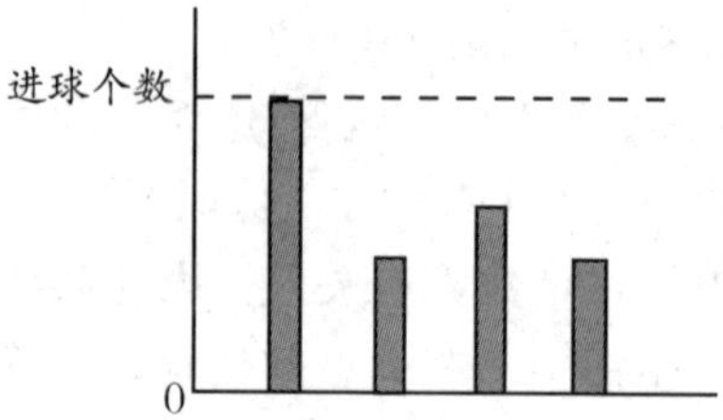

图3

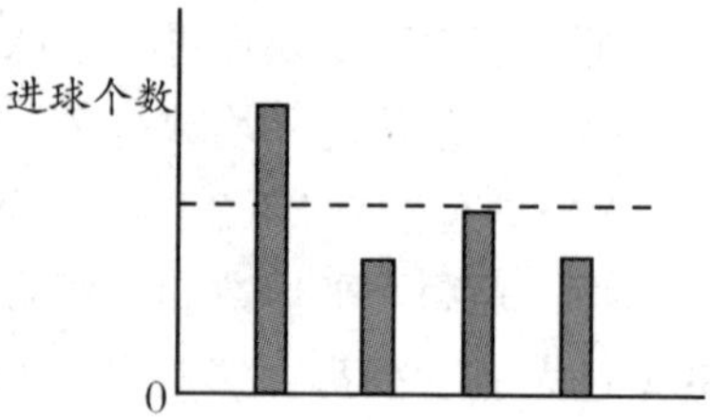

图4

生：图 2 和图 3 肯定不对。平均数不会是最大的那个数，也不会是最小的那个数。

师：为什么呢？

生：老师，我知道。因为移多补少，最多的给了最少的，大的和小的匀了一下。所以平均数不会是它们中最大的数，也不会是最小的数。

师：真会思考！那么平均数的范围应该是在……

生：平均数的范围应该是在最大的数和最小的数之间。

生：可以确定，正确的图可能是图 1 或图 4。

师：用排除法先否定掉两个。那么到底正确的答案是图 1 还是图 4 呢？该怎么分析？

生：有答案了！图 1 也应该被否定掉。因为假设那条虚线代表它们的平均数，上面多的部分还不够分呢。

生：图 4 是正确的。从图上可以看出来，第一个同学投的球数多，把多的部分分成两等份，给另外两个同学，4 个人投进的球数就一样多了。

师：明白他们的意思了吗？就是说，一组数据的平均数介于这组数据中最大的数和最小的数之间，而且比平均数多的部分之和要等于比平均数少的部分之和。

教学反思

平均数是一种常用的统计量，它体现了一组数据的集中趋势。在学习本节课之前，学生对统计的知识已经有了初步的了解，但对统计数据的分析观念不是很强。如何让学生体会到“平均数是一种统计量”的本质？教学中，我的三次追问让平均数的概念逐渐明晰。

第一次追问：“你觉得哪一个队的实力强?”课堂中设计了男、女两个队投篮比赛的情境。每组数据各不相同，用哪一个数作为“实力强”的代表值？学生很容易想到用总数。但马上有人反对：人数不同，比总数不公平。在认知冲突中学生认识到必须要引入一个新的量来表示整体水平。同时借助统计图形象直观地呈现移多补少得出平均数的过程，感受平均数的虚拟性。

第二次追问：“假如老师想把两队人数调整到一样多，可以怎么调整?”我根据学生的回答适时切入，进行有针对性的“二度追问”：“女生队如果再加一人，整体水平可能发生怎样的变化?”“她至少要投进几个球才能保持现在的平均数呢?”“现在如果人数不变，男生队的实力想要超过女生队该怎么办?”通过讨论和分析，学生认识到人数变化及更换个体引起的平均数变化，在思维碰撞中理解了由于平均数是每个数据都参与运算的结果，因此任何一个数据的改变，都会影响到平均数。至此，平均数的敏感性不言而喻。

第三次追问：“如果用虚线表示这个组进球的平均数，你觉得下面哪幅图合适？为什么?”出示了女生队某一小组的进球情况，学生通过对四幅图的筛选，从平均数和一组数据的关系来分析和理解平均数的意义。学生的辨析清楚地凸显了他们对平均数的理解：“因为移多补少，最多的给了最少的，大的和小的匀了一下。所以平均数不会是它们中最大的数，也不会是最小的数。”“平均数的范围应该是在最大的数和最小的数之间。”“图1也应该被否定掉。因为假设那条虚线代表它们的平均数，上面多的部分还不够分呢。”最后教师总结：“比平均数多的部分之和要等于比平均数少的部分之和。”

本节课体现了将平均数作为一个重要概念来教，三次追问对学生的思维进行了及时疏导、点拨，问在“难”处，问在“深”处，遵循了“感知—理解—建构—深化”的渐进过程。追问，让课堂彰显思维生长的力量；追问，让概念的理解水到渠成。

寻找预设与执行之间的“0.618”

——“两位数乘两位数的口算”课例及反思

2015年12月5日，我应邀参加“生命化教育‘大问题’教学”（苏州）研讨会，在苏州市枫桥中心小学执教了“两位数乘两位数的口算”一课。

课前我把教学目标定位在由“单纯的计算”转向“深入的思考”上。以点子图为载体，通过圈一圈、画一画，让学生理解两位数乘两位数的算理——把整体“分块”求积，从而理解乘后为什么要加，同时也为竖式学习铺设通道。教学预设是这样的：

关键阶段：探究、明晰计算方法

1. 一共有多少人参加武术操表演？圈一圈，并列式解答。

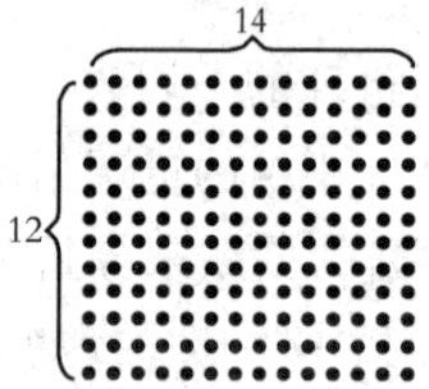

2. 这些计算方法之间有什么相同点和不同点？

通过拆数把新知转化成旧知，利用点子图理解算理，掌握计算方法。

内化阶段：促进计算品质的提升

1. 计算11×13，12×25，感知某些计算方法的局限性，体会通识通法的普适性。

2. 根据计算结果选算式。

（1）（　　）×（　　）=506

A.33×13　　B.23×32　　C.23×22

（2）（　　）×（　　）=546

A. 5□×2□　　B. 2□×1□　　C. 4□×1□

体会根据数的特点做出分析，根据高位上的数来判断。计算也包括策略和技巧，也需要审题，从“见题就算”到学会“聪明地想”。

教学实录

一、提炼问题，引入新知

（课件出示学生表演武术操的场景）

师：董老师所在的学校前段时间举行了武术操表演，我把所教的要参加表演的三年级学生队列用点子图呈现出来，你们能看懂这幅点子图吗？这幅图中隐藏着哪些数学信息？

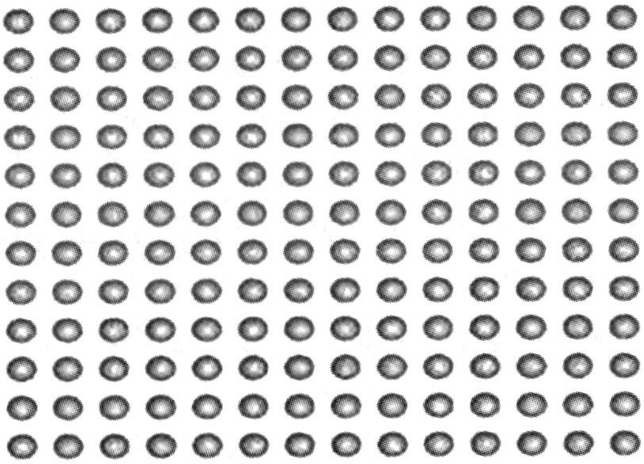

生：这幅图的意思就是把参加表演的学生变成了小圆点，一个学生对应一个圆点。

生：从图中可以看出来参加表演的队列每行有 14 个学生，站了 12 行。

生：根据图中信息，可以求出“一共有多少人参加了武术操表演”。

师：老师很佩服大家，你们有一双善于发现数学信息的眼睛。“一共有多少人参加了武术操表演”这个问题该怎么解决呢？

生：可以用乘法，就是求 12 个 14 的和是多少。

师：这也是今天我们要学习的新知识——两位数乘两位数的口算。

二、以形助数，探究方法

师：凭经验估一估，大约有多少人？

生：可以把 12 看成 10，10 个 14 是 140 人。

生：我觉得实际结果会比 140 人多一些，因为把 12 看小了。

生：还可以这样估，把 12 看成 10，把 14 看成 15，这样最终结果大约是 150。

师：大家的推测很有道理，估算可以得出一个大致的结果。那么到底有多少人参加武术操表演，是不是得计算一下啊？每个人手中都有一幅点子图，你们可以在上面圈一圈、画一画，看能不能找到计算 12 乘 14 的方法。董老师就在你的身边，需要帮助的同学可以向我示意一下。

（我在教室里巡视，看到不少学生似乎不知道从哪里入手，后来得知这是他们第一次接触点子图这种模型。对三年级的学生而言，面对陌生的老师、没有接触过的点子图，又是在这样一种特殊的公开课环境中学习，最初思维介入慢也是正常的。五分钟后，大部分学生的思维都打开了）

师：哪位同学有想法了，把自己的思路整理一下，可以上台与大家分享。

生：我是这样想的，不会求 14 个 12，可以先求 10 个 12，再求 4 个12，合起来就等于 14 个 12。点子图左部分圈的就是 10 个 12，右边圈的就是 4 个 12，最后再把两部分合起来，就是我们要计算的 14 个 12。

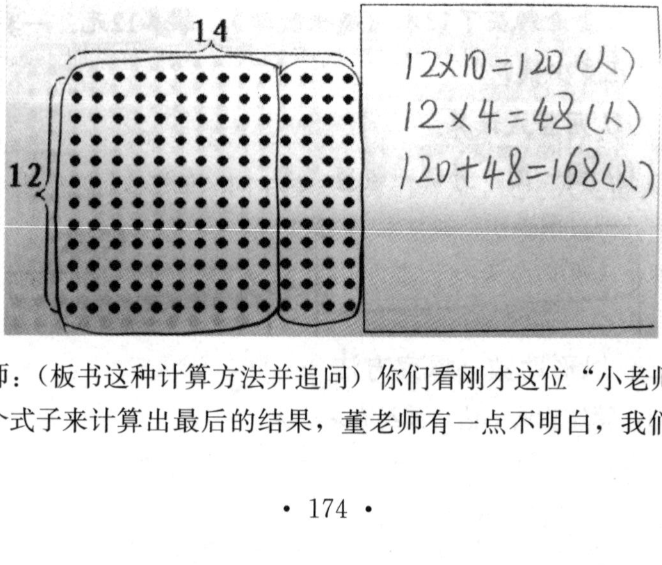

师：（板书这种计算方法并追问）你们看刚才这位“小老师”用了三个式子来计算出最后的结果，董老师有一点不明白，我们不是

算乘法吗，为什么最后那个算式是加法呢？谁听明白了？

（学生思索，不一会儿，不少学生面带微笑，举手示意）

生：老师，最后那个加法就是要把刚才分开算的结果再合起来。

生：看着图就明白了，左边的部分是 10 个 12，右边的部分是 4 个 12，最后要加起来才是 14 个 12 的计算结果。

师：谢谢两位同学的补充。数学离不开“数”和“形”，利用点子图可以帮助我们理解计算方法背后的道理，让计算过程更直观。接下来继续分享不同的计算方法。

（接着，其他学生也上台展示，并结合点子图讲解每一种算法的思路。我又对每一种方法的思路进行追问：“为什么要这样拆数？拆之前与拆之后什么变了？什么没有变？算式中的每一部分与点子图中的哪一部分对应？”引导学生分享与交流，理解每一种算法的图形支撑。大致呈现出了以下几种算法）

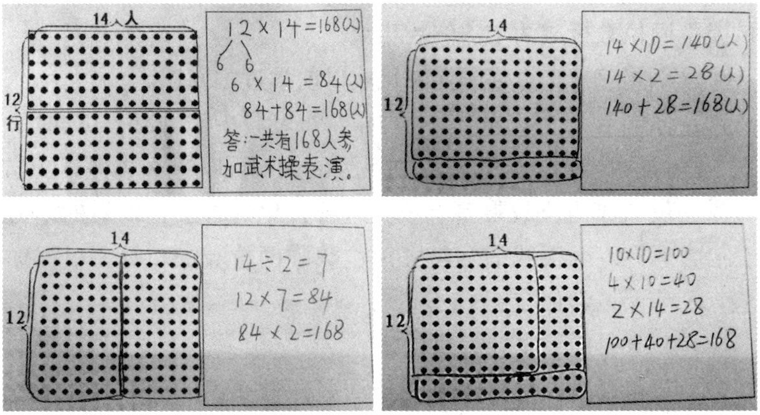

师：董老师发现最后一幅图有点特别，别人都是把点子图分成了两部分，他是分成了三部分，这个方法你能看懂吗？图与算式是怎样对应的呢？

生：上面两部分是把 14 拆成了 10 和 4，先求 10 个 10，再求 4 个 10，下面是求 2 个 14，最后把三部分的结果合起来。

生：我觉得把 12 或 14 拆成 10 和几，这样好口算。

学生的这种方法接近荷兰数学教育家弗赖登塔尔倡导的“矩形

法”，我预想这种方法在课堂上不一定会出现，就自己设计了一份学习单准备在课堂上“借鸡生蛋”，我的预设是把点子图分成四部分，最后的2个14又细分为2个10和2个4。而这个学生把点子图分成了三部分，最后一部分2个14没有再分，因为已经是学过的知识了。此刻，当课堂生成超出预设时，我果断地舍弃了预设的学习单，决定跟着学生的思维走）

三、梳理方法，内化策略

师：同学们，数学就是这样奇妙，只要转换一下思路，就会有不一样的发现。刚才大家想了几种方法计算得出共有168人，和之前的估算比一比，结果在我们预料之中吗？回头看看我们解决问题的过程，这些方法之间有什么相同点和不同点？

生：计算时都是把一个数拆成两个数。

生：但是拆的方式不一样，有的是把一个数拆成10和几相加，有的是把两位数拆成两个一位数相乘。

生：不管怎样拆，都是要转化成以前学过的知识。

师：你们真厉害，从不一样的“外表”中看出了一样的“内心”。也就是说，不会计算两位数乘两位数，可以想办法将其变成两位数乘一位数或两位数乘整十数。这种转化的方法在以后的学习中还会经常遇到。今天我们学习了两位数乘两位数的口算，根据你的经验，下节课该学什么了？

生：我觉得应该是列竖式计算了。

师：猜得没错，看来大家已经掌握数学知识的学习规律了。人类对数学的探索永远没有止境，祝愿大家在数学课上体验到探究的乐趣、思考的魅力！

（课上到这里，看了下时间，除去课前交流时间也花了40多分钟了。我在犹豫，后面几分钟的小环节还继续吗？转念一想，毕竟是三年级的小学生，这又是下午最后一节课。于是，我调整了预设中第二个板块的教学设计，迅速结课，让学生猜测接下来我们要学什么）

教学反思

曾看过一篇文章，戏剧大师梅兰芳谈到他有个职业习惯，演完一场戏以后会一个人再静静地默演……他诙谐地说：“别人演一次，我要演二次甚至三次。”

课也是如此！其实一节课下来，哪些是成功处，哪里有小遗憾，静下心来回味，自己也能找出不足。尤其是听了在场专家的建议后，心里明朗了许多。

黄爱华老师说：“这是一个‘大问题’的教学设计。对教材文本的解读、课堂框架的设计都是科学合理的，如果要提点建议的话，就是对学生提出的几种方法的梳理有点草草收场，这个可以再细致点。比如，学生对比所有算法的共同之处都在‘分’，为什么要‘分’？‘分’是为了转化，转化是为了通过旧知联系新知，这种‘求联’的知识建构还需强化。”

张文质老师说：“借班上课本来就是非常态的，还是应该提前和学生见个面。师生在一个彼此都不熟悉的环境中，学生思维的介入和学习的展开相对就慢，这样不利于教师对课堂节奏的把握。40分钟内，哪些环节可以更紧凑一些，根据学生学习行为的反馈进行相应的调整还需要临场的智慧。”

苏州市枫桥中心小学的施校长说：“计算课还可以这样教，让学生不仅明白了怎样算，更重要的是明白了为什么可以这样算。这节课为老师们打开了计算教学的新视野。”

课堂上很多时候教师需要做出选择。当课堂上出现大量的信息资源时，能不能快速地用敏感的心灵去捕捉、用深刻的眼光去洞察、用灵活的教学机智去重组，这很考量教师的教学功底和专业底蕴。

每一节课都有故事，不足之处与闪光点并存；每一节课教师都在成长，要虚心听取别人的建议，要善于倾听，真心接受合理的建议；每个人都会有欠缺，发展自己就是不断地突破自己。边教边学艺，只有不断地自我认识、自我完善，才能在教学预设与课堂执行之间寻找到那个最合适的“0.618”。

计算教学，不妨先见“林”后见“树”

——“除数是整数的小数除法”课例及反思

在鹤壁市山城区进行的“计算教学专题”研讨中，我执教了“除数是整数的小数除法”一课。传统的教学方式是教师示范用竖式计算，学生模仿。竖式是一种程序性的运算形式，如果不理解其实质，仅靠死记硬背和机械运算，就容易出现差错。教过这部分内容的教师都知道，小数点忘了点、点错位置是学生最容易犯的错误。

因此，在除法竖式的教学中，教师一定要让学生经历从实物操作到数学计算的过程，比如，要弄清“在哪里点小数点”“除到哪一位，商写到哪一位”。要把小数点“点”到学生心上，一步步建构小数除以整数的计算模型，并在此基础上领悟到小数除法竖式的本质和整数除法是一脉相承的。

我的教学从“去哪个超市买牛奶更便宜”的情境引入，对算式“11.5÷5=　”进行探究。以下是接下来的教学环节。

教学实录

一、借助直观，感知模型

师：我们先来看家福超市每盒牛奶的单价，再看一看“11.5÷5=　”这个式子，估一估每袋牛奶大约多少钱。

生：每袋牛奶大约 2 元多，可以把 11.5 元看成 10 元，每袋 2 元，实际每袋要比 2 元多。

生：而且可以肯定，每袋花不了 3 元，因为要是 5 袋一共 15 元的话，每袋才 3 元。

师：看来每袋牛奶的价钱在 2 元到 3 元之间。到底每袋牛奶多少钱，你可以借助元、角、分的知识在自己的练习本上写一写、画一画，算出每袋牛奶的具体价钱。

（学生尝试探究，然后交流分享算理和算法）

生：我是把 11 元 5 角想成 115 角，这样就变成整数除法了，可以用列竖式的方法算出每袋牛奶 23 角，再换成元就是 2.3 元。

生：我听出来了，就是把小数除法变成整数除法。

生：我画了 11 个 1 元和 1 个 5 角，先把 10 元分成 5 份，每份 2 元，还剩 1 元。把这 1 元看成 10 角，和剩下的 5 角加起来分成 5 份，每份就是 3 角。每袋牛奶 2 元 3 角，也就是 2.3 元。

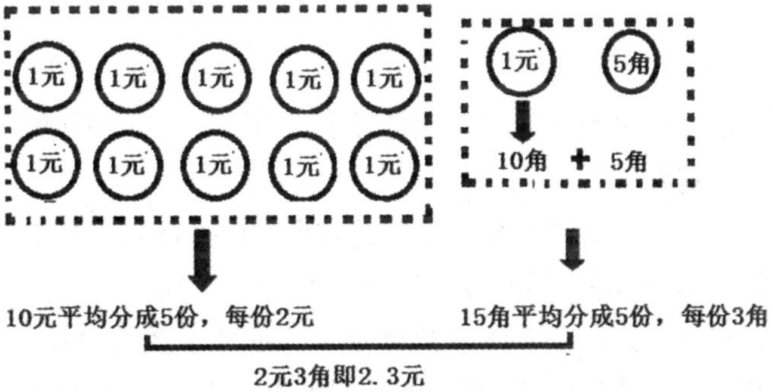

师：你们听出来了吗？第一种是先把小数除法转化成整数除法；第二种方法计算的关键是把第一次分余下的 1 元看成 10 角。

二、类比推理，初现模型

师：如果没有元、角、分，借助长方形学具，你还能解决“11.5÷5=　”这个问题吗？在学习单上分一分，画一画。

（学生动手操作，教师巡视，对部分学生如何在长方形上表示 0.5 进行点拨，然后集体交流算理和算法）

生：首先得知道如何用长方形表示 11.5。我是这样想的，画 12 个相同的长方形，把其中 1 个长方形平均分成 10 份，每份表示 0.1，找出 5 个 0.1，就是 0.5。合起来就是 11.5。

师：这一步很重要，刚才有同学遇到了这方面的困惑。

生：先把 10 个长方形平均分成 5 份，每份 2 个。要把剩下的 1 个长方形和 0.5 个长方形合在一起，就得让单位统一，把余下的 1

个长方形想成 10 个 0.1，合一起就是 15 个 0.1。

生：对，到这一步就简单了，15 个 0.1 平均分成 5 份，就得出 3 个 0.1。两次分的结果合在一起还是 2.3。

师：刚才大部分同学通过画一画的方式解决了“11.5÷5=　”的问题，思路大体是这样的，请看大屏幕：

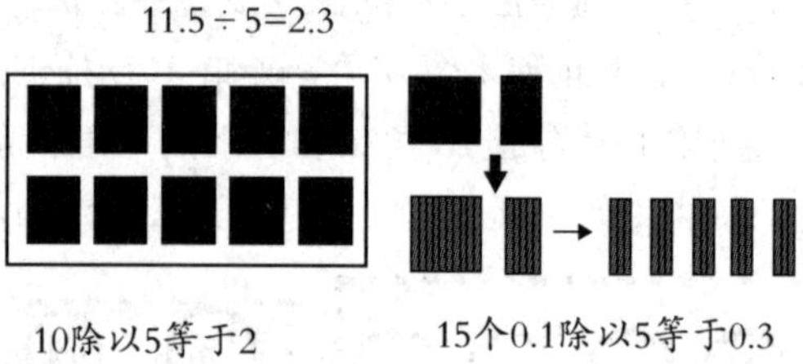

师：学数学最重要的品质就是反思，对比刚才的两次操作过程，你有什么发现？

生：不管分元、角、分还是分长方形，两次都是先分整数部分，余下的整数部分和小数部分合在一起继续分。

生：我有补充，余下的整数部分要变成和小数部分相同的单位才能合在一起。比如，1 元要变成 10 角，1 个长方形要变成 10 个 0.1。

师：很会讲道理啊！那第二次分的结果和第一次有什么不一样？为什么？

（短暂的沉默后，有学生举手示意）

生：第一次分的结果是整数，第二次分的结果不够整数 1 了，因为已经把第一次分余下的 1 元或 1 个长方形分成 1 角或 0.1 了。

生：第二次分的结果应该是小数的十分位了，3 角就是 0.3 元，分长方形的时候 15 个 0.1 也就是 1.5，除以 5 得到的也是小数 0.3。

师：通过刚才的两次操作过程，我们明白了无论用什么来分，不能得到整数部分时要变成小一点的单位和余下的合在一起接着分。这次除得的商不再是整数，而是小数。因此，要点上小数点，来区分整数部分和小数部分。

三、脱离直观，建立模型

师：刚才大家借助直观操作，得出了“11.5÷5=2.3”，即每袋牛奶2.3元。回想刚才操作和思考的过程，试一试用竖式写出来。

（学生尝试列竖式，我观察并针对学生出现的问题进行指导，再集中分享交流）

师：（出示竖式）这是两个学生写的竖式，仔细观察，你发现了什么？

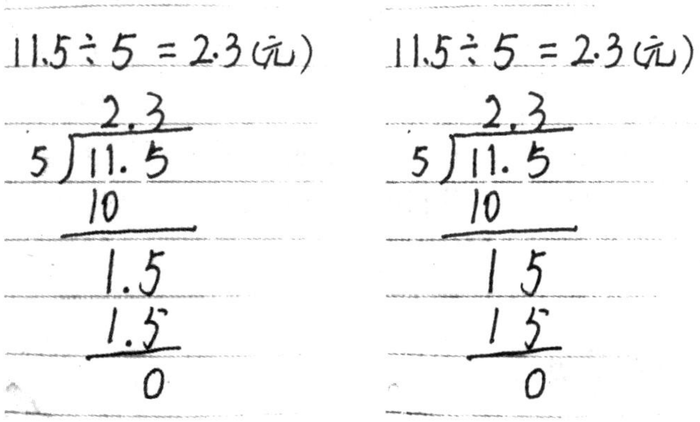

生：结果对了，都是2.3元。

生：第一个同学写的竖式里，小数点不应该移下来。

师：为什么小数点不应该移下来呢？你们听明白她说的了吗？

生：就是10除以5等于2剩下的1后面不写小数点。

师：不写可以吗？怎么知道整数部分余下的1变成10个0.1和后面的0.5合起来继续除呢？

生：由竖式的商可以看出来。第一步除的商是整数2，余下的1不够除以5，和十分位的5合起来得到0.3，只要在商2右下角点上小数点就区分开了。

师：看来，大家通过操作过程理解了小数点要点哪里、每一步除得的商和余下的数表示的意义。接下来董老师把这个竖式放在数位顺序表中，帮助我们再来理解计算的过程。

（课件出示）

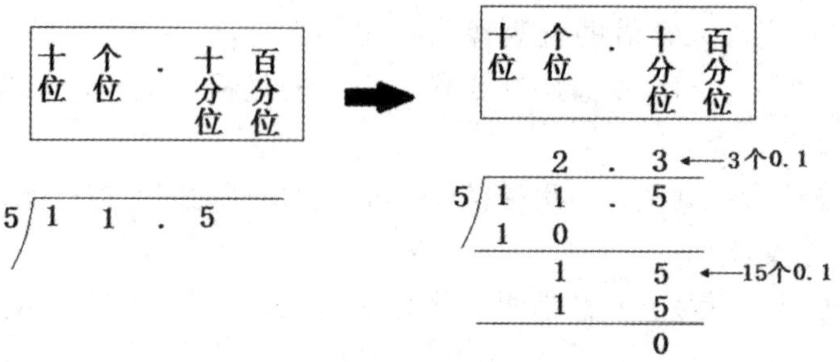

师：把 11.5 除以 5 放在数位顺序表中，对齐数位，再结合刚才分的过程，就能进一步理解商中的 3 应对着被除数的十分位，商中的个位 2 的右下角点上小数点，如果没有小数点，商就变成整数了。说到底，其实就是商的小数点要和被除数的小数点对齐，除到哪里商写在哪一位的上面。对齐了小数点也就是对齐了数位，这一点和小数除法、整数除法是一脉相承的。同学们在计算时一定别忘了这个神奇的小数点。

教学反思

在新课程理念下，计算教学有哪些有价值的内容值得关注？北师大版小学数学教材副主编张丹老师在《以数的运算为例谈整体把握小学数学课程》一文中指出精确计算的学习可以细分为四条线索：第一，计算方法的探索及算理的理解；第二，计算法则的形成与内化；第三，计算法则的熟练；第四，使用计算器进行计算。

因此，计算教学不能仅限于追求进行程式化的运算，重要的是放慢镜头，细腻处理，凸显算理和算法形成的过程。比如，在本节课上，整节课主要围绕“为什么商的小数点要和被除数的小数点对齐”这一关键问题展开探究，让学生经历了从实物操作到竖式计算的过程。

首先让学生借助元、角、分的直观模型画一画，初步体会结果中的元和角之间要用小数点隔开；接着把元、角、分抽象成直观图形，再演示分的过程，特别关注了小数点的位置；最后脱离直观模型，把算式放在数位顺序表中，帮助学生理解除到哪里商写在哪一位的上面，整数部分和小数部分之间要用小数点隔开。

在学生操作的过程中，我不断追问。在一步步的追问中，在基于理解的学与教的共进活动中，学生亲身经历并感悟到为什么这样计算的道理，并积累了从事有意义的数学活动的经验，以后再遇到新的问题时就能举一反三。

芬兰教育界有一个秘诀是“先见林，后见树”。比如，上游泳课，让学生在轻松快乐的情境下先玩水，在水波中浮沉自如、快乐逐浪，自然地体会到自行换气和游泳的快乐，然后才学游泳。看似不严谨又不要求标准动作的体验式、鼓舞法教学，让学生喜欢上并学会了游泳。计算教学也可以借鉴这种理念。第一课时重在澄清算理，第二课时乃至更长一段时间内在理解算理的基础上遵循一定的程序，以提升学生的运算能力，重在使学生形成技能。

在解题技巧与数学素养间参悟

——“鸡兔同笼”课例及反思

2016年6月11日，在河南省教育厅开展的“中原名师哈密行”送教活动中，我有幸和当地教师围绕“鸡兔同笼”一课进行同课异构。通过这次活动，我对这节课以及对“数学好玩”这类专题课有了更深入的思考。

教学实录

一、情境引入

师：今天是个难忘的日子。董老师从遥远的河南过来，要和我们哈密市伊州区第五小学四年级（2）班的孩子们一起学数学。今天学习的内容和两种动物有关。（板书：鸡兔同笼）大约在1500年前，人们就已经研究这个问题了。南北朝时期有一本数学名著《孙子算经》，其中就记载着“鸡兔同笼”问题。

（课件出示：今有雉兔同笼，上有三十五头，下有九十四足。问雉兔各有几何?）

师：这道题是用文言文呈现的，谁读懂了它的意思?

生：意思是鸡和兔在同一个笼子里，数头有35个，数脚有94只。问鸡和兔各有几只。

师：这道题有两个未知条件，把鸡和兔关在一起，又有这么多头和脚，对于我们来说还是挺复杂的。数学上有一种将复杂问题简单化的研究方法，就是先从简单的问题中开始找到规律，再解决复杂的问题。

（课件出示改编题目：今有鸡兔同笼，上有8头，下有22足。鸡有多少只？兔有多少只?）

二、展开探究

师：题目中有哪些信息？

生：鸡和兔一共有 8 个头，22 只脚。

生：我还知道每只鸡有 2 只脚，每只兔有 4 只脚。

师：大家能结合生活经验找到隐藏的数学信息，真棒。鸡和兔的只数都是未知的，猜一猜，鸡和兔可能各有几只？是不是只要满足共 8 只就可以了？

生：不行。比如，鸡 1 只兔 7 只，符合 8 个头，但是不符合 22 只脚的条件。

生：猜鸡和兔分别有几只后，还得想鸡有 2 只脚，兔有 4 只脚，算一算一共是不是 22 只脚。

师：拿出自己的学习单，找到问题 1，用曾经学过的列表法找到既符合头数又符合脚数的答案。如果你还知道别的方法，可以一并写在学习单上。

（学生探究列表方法，我巡视并针对学生出现的问题进行指导。重点搜集逐一列表、跳跃列表、取中列表三种有代表性的方法，然后展示交流，追问每一种方法存在的不足）

1. 分享交流列表方法

师：（展示逐一列表法）大部分学生用的是一一列举的列表方法。观察一下，你发现什么变了？什么没有变？

头（个）	鸡（只）	兔（只）	脚（只）	对/错
8	0	8	$8\times4=32$	×
8	1	7	$1\times2+7\times4=30$	×
8	2	6	$2\times2+6\times4=28$	×
8	3	5	$3\times2+5\times4-26$	×
8	4	4	$4\times2+4\times4=24$	×
8	5	3	$5\times2+3\times4=22$	√
8	6	2	$6\times2+2\times4=20$	×
8	7	1	$7\times2+1\times4=18$	×
8	8	0	$8\times2=16$	×

生：鸡和兔的总只数始终没有变，总脚数一直变。

生：我发现每增加 1 只兔子，脚数就增加 2 只。相反，每减少 1 只兔子，脚数就减少 2 只。

生：因为每只鸡的脚数比每只兔的脚数少 2 只，这个规律是不变的。

师：(展示跳跃列表法）正是因为有学生发现了这个规律，他采用的是跳跃列表法，你能看懂吗?

头（个）	鸡（只）	兔（只）	脚（只）	对/错
8	0	8	$8\times4=32$	×
8	2	6	$2\times2+6\times4=28$	×
8	5	3	$5\times2+3\times4=22$	√

生：他先假设兔有 8 只，发现脚有 32 只，比规定的脚数量多了 10 只，下面肯定得减少兔的只数。

生：从 28 只脚到规定的 22 只脚相差 6 只，如果一一调整的话得 3 次，所以就直接调成了 5 只，这样可以快速找到正确的答案。

师：（展示取中列表法）有人从 4 只鸡和 4 只兔开始，你理解吗?

头（个）	鸡（只）	兔（只）	脚（只）	对/错
8	4	4	$4\times2+4\times4=24$	×
8	5	3	$5\times2+3\times4=22$	√

生：鸡、兔一共有 8 只，先假设各有 4 只，算脚数是不是符合 22 只，如果不符合再调整。

师：这种列表方法叫取中列表法，数据大的时候也可以快速找到结果。当算出 24 只脚时，到底该增加谁的只数？这是特别需要智慧的地方。

2. 数形结合理解推算法

师：刚才我发现有的学生在学习单上写下了另外的算法。我们请他们来讲一讲。(展示推算法：假设全是鸡)

8×2＝16（只）　……假设全是鸡

22－16＝6（只）　……少的脚数

4－2＝2（只）　……每只鸡和兔相差2只脚

6÷2＝3（只）　……兔

8－3＝5（只）　……鸡

生：这种算法是爸爸教我的。先假设8只全是鸡，这样脚数就是“8×2＝16（只）”，和题目中的22只脚相比少了6只，一定是把兔当成鸡来数脚了。“4－2”就是1只鸡比1只兔少2只脚，“6÷2＝3（只）”的意思就是有3只鸡得添上2只脚才能凑上22只脚，而这3只实际上就是兔，那么剩下的5只就是鸡。

师：你真是个会讲道理的孩子。有的孩子脸上是豁然开朗的表情，有的孩子还有点迷惑，为什么假设都是鸡，先算出来的却是兔的只数？有个孩子用画图的方法算出了这道题，我们来看看图中有没有推算法的影子。（出示画图法）

先把鸡画好，哎呀，脚不够！

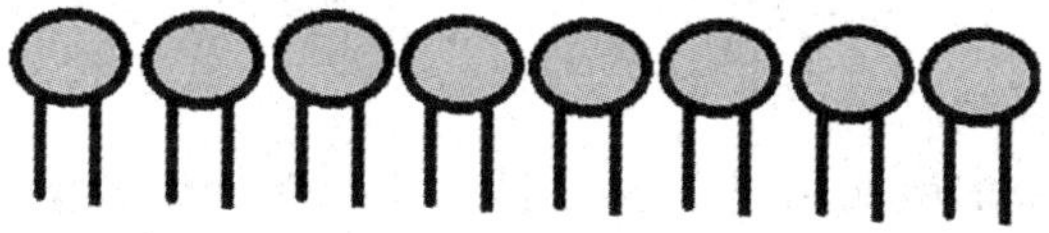

再把兔子的脚补上，补3只就够了，刚刚好呀！

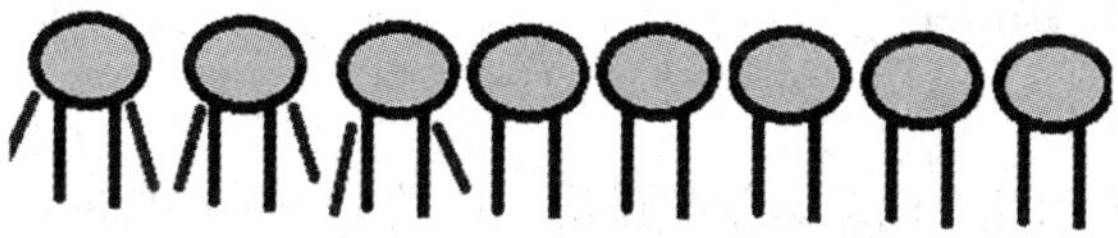

生：看出来了！第一幅图就是推算法中的“8×2＝16（只）”，第二幅图中多出的6只脚就是“22－16＝6（只）”，每只鸡添加2只脚就是“2＋2＝4（只）”，给3只鸡画上脚就是“6÷2＝3（只）”。

生：真是太神奇了！现在一看图就明白了推算法每一个算式的意义。

师：可别小看画图的方法，有句话叫“笨法不笨，大智若愚”。画图直观、明了，数形结合也是学数学常用的方法。如果假设都是兔，你会画图吗？试着运用数形结合理解推算法，列出假设都是兔的每一步算式。

三、寻求关联

师：（课件再次出示三种解题方法）有一句话叫“千金难买回头看”。比较一下，这三种方法之间有联系吗？

生：都是先假设，要么假设鸡的只数，要么假设兔的只数。

生：接下来比较脚的只数，再调整鸡和兔的只数，最后得到题目中要的答案。

（我结合学生的发言，板书解决“鸡兔同笼”问题的一般策略：假设—比较—调整）

师：现在你会解决大约1500年前的这道“鸡兔同笼”的原题吗？你想用什么方法解决，在学习单上找到问题2，自己独立解决。

四、建立模型

师：同学们，我们今天研究的“鸡兔同笼”问题还漂洋过海到了日本，变成了龟鹤问题。你能从中找到鸡和兔的影子吗？你会迅速解决吗？

（课件出示：有龟和鹤共20只，龟的腿和鹤的腿共有56条。龟、鹤各有多少只？）

生：这里的龟就相当于4只脚的兔，鹤就相当于2只脚的鸡。也是“鸡兔同笼”问题。

师：其实现实生活中也有一些题，我们来看一看，它们还是鸡兔同笼问题吗？

（课件出示几个问题，学生说出不同情境中鸡和兔的影子）

1. 妈妈在超市共买了10袋葡萄干和贡枣，花了210元，其中葡萄干每袋15元，贡枣每袋30元，葡萄干和贡枣各买了几袋？

2. 幸福小区车棚里有自行车和三轮车共10辆，总共28个轮子。自行车和三轮车各有多少辆？

3. 体育场中，12张乒乓球台上同时有34人正进行乒乓球比赛，正在进行单打和双打比赛的球台各有几张？

师：不管怎么变，都逃不过大家的眼睛，我们今天研究的“鸡兔同笼”其实是一类问题的模型。为什么这样一道题能流传大约1500年呢？那是因为这类题中包含的数学思想和方法，如化繁为简、数形结合等，都是大家在以后的学习中会常用到的。（板书：化繁为简、数形结合。）

教学反思

说句实话，现实生活中把鸡和兔关在一个笼子里的情况是不存在的。为什么要把大约 1500 年前的一道题编在教材的“数学好玩”专题中？首先，其意义在于把抽象的问题形象化、生活化、趣味化，激起学生探究的乐趣；其次，在解决“鸡兔同笼”问题过程中蕴含的化繁为简、数形结合以及假设、化归思想，有序推理与思考的解题策略，都会在学生日后的学习中大有用处。

由此，我把教学目标定位在“在解题技巧与数学素养之间参悟”，教学主要通过情境引入、展开探究、寻求关联、建立模型四个环节展开。通过课前对学情的分析可知，无论列表法、推算法还是画图法，都需要建立起鸡、兔只数与总腿数之间的数量关系，都需要让学生展开“鸡、兔只数与总腿数之间的变化关系”的联想，而从列表法入手，既尊重了学生已有的知识经验，又形成了联想的媒介。

推算法虽然计算简单，但是需要进行逻辑思维，部分学生在课外书上有所接触，能快速地用算式计算得到结果，但是只是机械套用，很难理解“假设的明明是鸡，先得出的却是兔的只数”的道理。而画图法的出现在这里主要是用于启发学生运用画一画的方法，在画图中思考一次调整就能找到结果，也就是通过数形结合思想来理解推算法。

学习策略的形成不是展示多种方法就可以的，而是在不断对比分析中形成联结的。因此在三种方法出现后，让学生分析、对比，从而形成解决这类问题的一般策略：假设—比较—调整。

数学教学不是为了解决一道问题，而是希望学生能解决一类问题。最后我为学生提供丰富多彩的情境，对“鸡兔同笼”问题进行变通，从“孤立”走向“泛化”，从“历史”走向“生活”，在识别情境中建立了“鸡兔同笼”的问题模型。

由此看来，“鸡兔同笼”问题作为课程的拓展部分放在“数学好玩”专题中，解题技巧的教学只是显性的目标，更为隐性的目标在于激发学生学习数学的兴趣，让学生感悟数学的思想和方法，体验数学的魅力和探究数学的乐趣，最终积淀为受益终身的能力和素养。

4 个“小老师”撑起一堂复习课

——“认识分数”单元复习课例及反思

这两天新授课放慢了速度，一直在整理和复习。

从二年级开始我就尝试让学生自己梳理单元知识，帮助他们积累了一些经验。比较常见的梳理形式有文字记录、画图列表、提纲，或者用一些醒目的文字或标注来提醒学习过程中最容易出错的地方等。

上一节课整理“面积”一单元时，学生表现得异常积极，都愿意做“小老师”，那就放手让他们讲吧。今天整理和复习“分数”一单元，还是课前先布置学生用自己喜欢的方式整理，大致的流程还是分两步。有了昨天的基础，今天学生更放得开了。

教学实录

一、知识点回顾

“小老师”衡：我主要整理什么是分数。关于什么是分数，我觉得首先要把一个图形平均分，得到的每一份大小都一样，再看看一共分成几份以及要选其中的几份，对比一下就能得到几分之几。我给大家看一幅图。(出示课件)

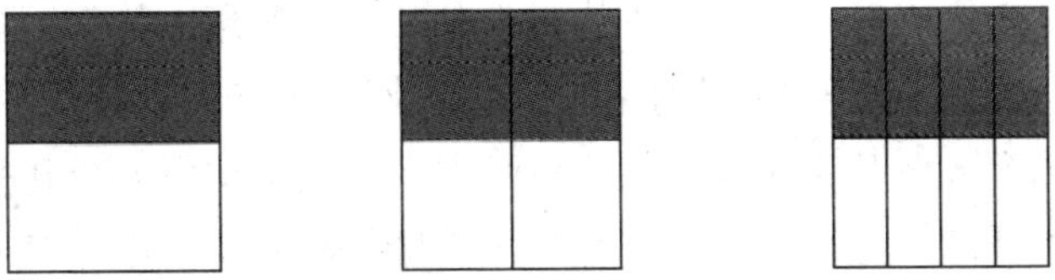

“小老师”衡：谁能说一说这三幅图中的涂色部分可以用哪个分数表示?

生：第一幅图用$\frac{1}{2}$表示，第二幅图用$\frac{2}{4}$表示，第三幅图用$\frac{4}{8}$表示。

“小老师”衡：和他想的一样的请举手，非常好！我有一个问题想问大家，三幅图大小相同，涂色部分也相同，为什么表示的分数不相同呢？

（此刻，我坐在教室里，看着台上的“小老师”和若有所思的学生，内心充满期待）

生：我觉得虽然是同样大小的图形，但是平均分的份数不一样，涂色的份数也不一样，所以不能用同一个分数表示。

生：用什么分数表示得看每幅图中平均分的总份数和涂色部分的份数，第一幅图平均分成了2份，涂色部分是1份，所以用$\frac{1}{2}$表示；第二幅图平均分成了4份，涂色部分是2份，用$\frac{2}{4}$表示涂色部分的大小；第三幅图平均分成了8份，涂色部分是4份，占整个图形的$\frac{4}{8}$。

“小老师”衡：大家很会讲道理，用哪个分数表示，首先要看把一个图形究竟平均分成了多少份，想表示其中的几份，这是关键。

“小老师”宁：我想补充一个问题，为什么要学分数呢？

（我暗喜，问得好！这个问题不像“分数各部分名称”“大小比较”“加减法”那些知识点那样容易被发现，所以学生一时没有反应过来）

“小老师”宁：（转身在黑板上画了2个头像，又画了4张饼）如果由2个人来分4张饼，平均每人分几张饼？用手势告诉我。

（学生配合着伸出2个手指。“小老师”宁接着擦掉2张饼，追问现在每个人分几张饼。又擦去1张饼，再问平均每人分几张饼）

“小老师”宁总结：为什么要学分数？因为生活中遇到了困难，我们原来学的整数不够用了，所以要学分数。

（呵呵，跟我第一节课带领学生认识分数时创设的情境一样，只

不过当时分的是苹果，现在换成了饼。图文并茂，好聪明的学生！以下是宁的单元整理笔记）

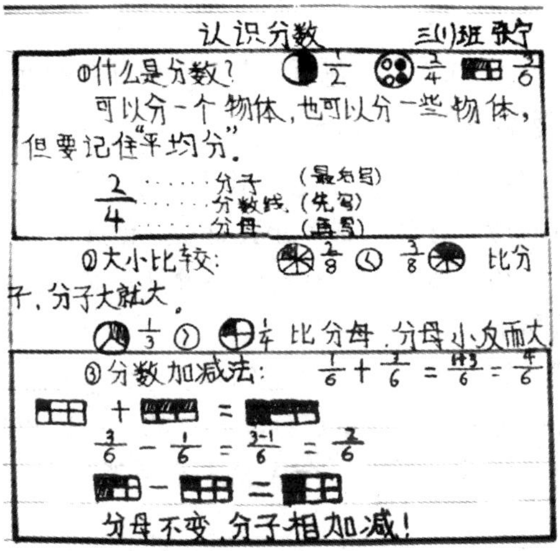
认识分数 三(1)班 张宁

①什么是分数？ $\frac{1}{2}$ $\frac{2}{4}$ $\frac{3}{6}$

可以分一个物体，也可以分一些物体，但要记住“平均分”。

$\frac{2}{4}$ ……分子（最后写）……分数线（先写）……分母（再写）

②大小比较： $\frac{2}{8} < \frac{3}{8}$ 比分子，分子大就大。

$\frac{1}{3} > \frac{1}{4}$ 比分母，分母小反而大

③分数加减法： $\frac{1}{6}+\frac{3}{6}=\frac{1+3}{6}=\frac{4}{6}$

$\frac{3}{6}-\frac{1}{6}=\frac{3-1}{6}=\frac{2}{6}$

分母不变，分子相加减！

（旭，这个平时不怎么言语的女孩，今天高举着手跑上讲台，一上来就说要做个游戏，需要三个同学合作，只见学生一个个把小手举得高高的。旭叫上来三个同学，神神秘秘地分别耳语了几句，我和其他学生不知道接下来要发生什么）

“小老师”旭：（击掌三下）把耳朵叫醒！

（我们都睁大了眼睛，教室里此时鸦雀无声。只见台上的第一个学生“啪”的一声，清脆地拍了一下手，第二个学生“啪啪”拍了两下手，第三个学生“啪啪啪”拍了三下手）

“小老师”旭：刚才三个人都做了拍手的动作，会听的同学都记住了有用的数学信息。请问：每人拍手的次数是他们拍手总次数的几分之几？

生：第一个人拍手 1 下，三个人拍手总次数是 6 下，应该用 $\frac{1}{6}$ 表示。

生：第二个人拍手次数是三人拍手总次数的 $\frac{2}{6}$。

生：第三个人拍了 3 下，应该是三人拍手总次数的 $\frac{3}{6}$。

“小老师”旭：我想补充衡刚才的话题，什么是分数？分数不仅仅可以表示把一个正方形、圆形、线段均分，还可以表示两个量之间的关系。

（我非常兴奋，还可以“玩着讲”，“小老师”的方法真妙！）

二、典型题分享

（凯，这个孩子总是一本正经，像个“小大人”，对学习和班级的事一向认真对待，有时认真得让我感动。他在课件中设计了很多问题，他的分享和提问都十分有价值，可见平时他是个很细心且善于收集材料的孩子）

“小老师”凯：我昨天也是按照知识点一课一课整理的，刚才有同学分享了什么是分数，我重点分享分数的大小比较和分数的加减法。昨天妈妈考了我一道题，今天我也来考考大家，请看大屏幕。（出示课件）

“小老师”凯：你从图中发现了哪些分数？

生：我知道蓝色部分占整个大正方形的$\frac{1}{2}$，红色部分占整个大正方形的$\frac{1}{4}$，黄色部分占整个大正方形的$\frac{1}{16}$。

生：我还发现黄色小正方形占右边长方形的$\frac{1}{8}$。

生：受前面同学的启发，我也发现红色正方形占右边长方形的$\frac{1}{2}$。

“小老师”凯：看来大家在找分数的时候，都是先确定以哪个图形为整体的。在这幅图中，你可以写出几个比大小或分数加减的算式？

生：从图中可以看出来，$\frac{1}{2}>\frac{1}{4}$，$\frac{1}{2}>\frac{1}{8}$，$\frac{1}{4}>\frac{1}{8}$。

生：$\frac{1}{16}$小于$\frac{1}{2}$，$\frac{1}{4}$，$\frac{1}{8}$，因为分母越大，表示分的份数越多，1份就会越小。

生：可以写出加减法式子，“$\frac{1}{2}+\frac{1}{4}$”，“$\frac{1}{2}-\frac{1}{4}$”，分母不一样，我不会算啊！

生：我有办法，看着图就知道结果是多少。“$\frac{1}{2}+\frac{1}{4}$”就是图中的蓝色部分加上红色部分，应该等于$\frac{3}{4}$；“$\frac{1}{2}-\frac{1}{4}$”就是图中的蓝色部分减去红色部分，应该是$\frac{1}{4}$。

“小老师”凯：我昨天也是看着图算出来的，看来，遇到不会的题目时，画图可以帮助我们解答。还有一道我经常犯错的题目，也请大家试一试：一根15米长的绳子，平均分成9份，每份占全长的几分之几？有两个答案“$\frac{9}{15}$”“$\frac{1}{9}$”，你们选哪个？

生：我觉得应该选$\frac{9}{15}$，因为这根绳子长15米，平均分成了9份，每份占全长的$\frac{9}{15}$。

生：我觉得应该是$\frac{1}{9}$，因为一共分成了9份，其中的1份应该是$\frac{1}{9}$。

“小老师”凯：出现了不同声音，到底哪个答案对呢？我们画图试一试。不管这条线段是15米还是20米，反正平均分成了9份，每一份占全长的几分之几，就是1份和9份比，只和总份数有关，和长度没关系。

生：受凯的启发，我也想到了自己遇到的和这道题相近的另一道题拿出来考考大家。

（该生在黑板上写：把15块糖分给5个小朋友，平均每人分到总数的几分之几？每人分几块？我心中暗喜，这还真是“踩”到了

点子上。且看看学生的反应如何）

生：每人分几块好算，就是 15 除以 5，每人分到 3 块糖。

生：每人分到总数的几分之几，这个应该想一共分成多少份，5 个小朋友肯定得分 5 份了，每份占 5 份的$\frac{1}{5}$。

生：我做这样的题目总是出错，搞不清和具体数量有关还是和份数有关。后来我总结了经验，求具体数量的时候，就用上题目中的具体数量，如果求每份占总数的几分之几，就不管具体数量了，只看平均分了多少份。

教学反思

一线的数学教师都知道，复习课因缺乏固定的结构和内容而不好上。为了让课堂具有系统性和完整性，教师在课前总是精心地收集和整理素材。由于是站在教师的角度来准备和理解的，所以很容易出现“教有过剩、学而不足”的课堂局面。

而这节由 4 个“小老师”撑起的复习课，让人耳目一新。课堂从学生出发，素材和内容都来自学生，进入学生的思考核心中，学生关注的就是课堂关注的。课堂上 4 个“小老师”抓住学生的思维原点不断地提问，引发群体的讨论、追问，再进行生成、延伸、总结、归纳，因此更有针对性。尽管表述不是那么严谨，语言还不够简练，但由于和学生发生着“密切”的关系，大家你一言我一语，积极参与、补充、交流，建构起一个单元的知识网。对学生来说，这样的课堂无疑是印象深刻的。

其实细细琢磨，这样的复习不仅理出了知识的框架、重难点和易错点，还培养了学生静心反思的品质、表达的能力、分享的勇气、交流的技巧、倾听的习惯……这些数学素养不是一朝一夕就能养成的，需要我们持之以恒地关注和培植。

笨法不笨，大智若愚

——“乘法分配律”课例及反思

学完乘法分配律之后，学生在巩固练习中遇到这样一道题：你认为“（□+32）×5”和“5×□+32”这两道题结果一样吗？相差多少？

我心中暗喜，这道题思维含金量比较高，能够考查学生是否透彻理解了乘法分配律的意义。只是这种变式放在第一课时有难度，何况那个未知的“□”还在干扰着学生的思维。他们究竟会怎么解决呢？

班里一下子安静下来，很多学生拿不准，不敢轻易表态。有的眯着眼在思索，有的眼神中露出了迷惘，小声嘀咕着“那个‘□’不知道怎么下手啊”，也有的拿起了笔，在本子上写写画画……

过了一会儿，有的学生终于松了一口气，显然有了自己的想法。教室里轻微地躁动起来，几只小手高高举起。

教学实录

生：我是这样想的，第一个式子用今天学过的乘法分配律可以变换一下，看成“5×□+5×32”的和，和第二个式子“5×□+32”比较一下，发现两个式子中都有“5×□”，而第一个式子有5个32，第二个式子中只有1个32，很明显少了4个32，这样就知道两个式子结果相差128。

师：你们听明白了吗？怎么这个“□”不知道，最后还能得出相差128？你们听明白是什么意思了吗？

生：老师，是这样的。你把第一个式子看成“5个□+5个32”的和，你再看第二个式子，表示“5个□+1个32”的和，那个

“□”不管是多少，反正两个式子都有“5个□”，可以抵消，只比剩下的部分就行了。也就是5个32和1个32的区别，相差4个32，可不就是128嘛。

生：我也明白了，运用乘法分配律把第一个算式变换一下形式，就不用考虑那个“□”表示的数到底是多少，也可以解决问题了。

（说句实话，发言的几个学生之所以条理清楚、非常巧妙地解决了这道题，就是因为他们对乘法分配律这一部分内容理解得透彻，能运用自如。部分学生的眼睛有了亮光，他们听明白了——原来是这样啊，那个“□”不用考虑是多少，根据乘法分配律，把第一个式子变换一下形式，两个式子一对比就能得出答案）

（同一节课内容，同样的知识，学生理解得快慢不一，深浅不同。有相当一部分学生眼神呆滞，估计还没有反应过来是怎么回事，或者还是一知半解。学习乘法分配律，学生最容易犯迷糊的地方就是，因数分配给括号内的两个加数时，往往只记得乘第一个加数，第二个加数不乘而直接加上。因此，面对这道题目，大部分学生还不能灵活运用所学的乘法分配律对两个式子加以对比、分析，这也在预料之中。看来，这条解决问题的途径虽然直接，但对大多数学生来说有点吃力。还有没有更简单明了的方法？突然，一个温柔甜美的声音响起，站起来的是文静的嘉懿）

生：老师，我也能解决这道题，不过我用的是最笨的方法……

（一听说“最笨的方法”，几个急性子学生哈哈大笑。我清了清嗓子，假装生气的样子，瞟了一下那几个学生）

师：我倒想听听嘉懿用的这个笨方法到底有多笨？你们不想听听吗？

（班里瞬间就安静下来了，那几个小家伙不好意思地低下了头，然后迅速和更多的学生一起，齐刷刷地把目光投向了嘉懿，这是我愿意看到的最好的倾听状态）

生：我最初不知道怎样下手，那个“□”让我很困惑。后来我想干脆填上数算一算吧，先随便填了一个13，第一个式子等于225，第二个式子等于97，相差128。我想再换一个数试试，又填了一个

200，算了算，两个式子还是相差128。我还是不放心，又随便找了一个数55，结果还是128。这下我比较放心了，觉得不管填哪个数都行，算一算就找到了答案。

（好一个最笨的方法！真是“山重水复疑无路，柳暗花明又一村”啊。这个方法无疑对于大多数学生来说是具体的、形象的、可以接受的。从大家的表情上，我肯定了自己的判断。更可贵的是，这个学生说自己最初很困惑，但是并没有被困难吓倒，我注意到她一直拿着笔在练习本上演算，寻求着解决问题的方法）

师：你们听懂这个最笨的方法了吗？

（大家纷纷点头，尤其是之前流露出迷惘眼神的那些学生终于豁然开朗了：不就是填个数算一算嘛！我们也会啊）

生：老师，这个方法我听懂了，很容易理解。我想，既然填任何一个数都行，不如就填1，这样更好算。

生：那还不如填0呢，更简单！

生：0可是个特殊数字啊，到底行不行啊？

师：有意思了，大家的发言让我联想到很多，不仅想到了特例，还想到可能出现的问题。你们越来越善于学习了，真不错。赶紧口算一下，试一试填0有没有什么妨碍，会不会出现意外。

（我一边赞赏发现问题的两个学生，一边把任务“抛给”了他们）

生：这道题如果填0，第一个式子中“0＋32”的和还是32，第二个式子中“5×□”结果还是0，最后两个式子比较的还是1个32和5个32相差多少。

生：这样计算简便了，而且和前面学生说的“更巧妙”的办法似乎有相通之处，不管是填哪个数，5个“□”的结果是相同的，都可以忽略不考虑。

（问题似乎得到了解决，我依然“穷追不舍”）

师：刚才嘉懿说她用的这个方法是最笨的，又有人说到了“相通”一词，你们怎么看？

生：遇到不理解的题目，举个例子，而且想得周全一些，多举几个，就可以顺利地解决问题。

生：刚才一听说笨方法觉得好笑，现在想想她说的方法并不笨，其实还是个万能的方法，举个例子谁都能算出结果来。

生：无论你填哪个数，两个式子中的5个“□”大小都是要抵消的，最终还是要回到比较1个32和5个32相差多少，就像开头几个同学说的那样，根本不用考虑“□”表示的数是多少。

生：一开始不知道从哪里下手。要向嘉懿学习，遇到问题不退缩，不怕麻烦，多试几次就找到了规律，发现了解决问题的办法。

教学反思

首先要考虑的问题是，学习怎样才能真正发生？如文中的这个女生，当她面对一个陌生问题的时候，首先是百思不得其解的困惑，然后是调动原有的认知来解决这个问题，举个例子还要多试几次，直至找到问题的解决方案，内心获得了一种茅塞顿开后的喜悦，这个问题被突破后的愉悦又促使她产生一种分享的欲望。这样的分享又引起了其他学生的共鸣，使更多的人参与到讨论中来，他们互相启发，互相补充，互相激励，还进行了比较与优化，积极地去寻找更加简单、迅速的算法或解题方法，最终认同了所谓的“笨方法”其实是更加方便、更为实用、更具有普遍性的解决方法。这个过程让学生对探究问题本身产生了浓厚的兴趣，这样，学习就真正发生了。

其次要思考的是，我们的教学到底要培养学生怎样的思维品质？当这个女生说出“我用的是最笨的方法”，学生哈哈大笑时，我很庆幸控制住了自己的“表现欲”，没有打住，而是让这个学生阐明了道理。其实在教学中，学生说出来的想法、做出来的题目，都有可能成为学生感兴趣的教学资源。

课堂上，切记不要期望在最短的时间内得出结论，甚至讲解最巧的方法，而要让学生慢慢地去感悟，寻找适合自己的方法去解决问题。从学生的思维起点出发，从“最笨的方法”开始，这种“慢”

的学习过程，才是学生真正意义上的学习，才能建构自己的数学知识体系。因此，课堂上面对初学的学生，面对思维缓慢的学生，面对暂时有学习困难的学生，我们应该把节奏放慢些，倾听学生独立思考的低吟，安心等待花开的时节。

最后要追问的是，在我们的数学教学中，到底什么是“巧方法”与“笨方法”？像文中提到的学生说的“笨方法”，其实就是数学教学中常用的方法——举例。它适用的范围广，直接、明了、易懂，特别适合思维能力弱一点的学生。而且，作为数学中的一种通法，从认知上看，也是学生最容易掌握的方法，在解决问题时，学生更容易找到突破口。从培养学生的数学核心素养这个长远目标来看，这个所谓的“笨方法”其实是某些解题技巧无法比拟的，应该更胜一筹。

从“搬”到“孕”，让知识生根开花

——“搭配中的学问”课例及反思

“搭配中的学问”属于北师大版小学数学三年级上册“数学好玩”中的内容，主要研究在两类不同的对象之间进行搭配的问题，属于排列与组合问题中比较简单的组合类型的问题。这部分内容对学生来说并不陌生，如生活中衣服的搭配问题，用餐时饭菜的搭配问题等，而且在一年级下册教材中也让学生接触过买一套衣服可以怎么买的生活实际问题。学生对此类问题比较感兴趣，也能对物品进行一些简单的搭配。

在课堂前测中，我发现不少学生只是做一些无序的搭配，而缺乏有序思考的意识和能力；个别学生在课外活动中接触过此类问题，会直接列式计算，但不能说出该算式表示的实际意义。所以本节课的教学要充分利用熟悉的情境和素材，引导学生经历从无序搭配到有序搭配的过程，体会有序思考才能做到不重复、不遗漏，关注学生个性化的表达方式，让学生在画图表征中初步建立符号意识。

教学实录

活动一：不多不少算找“全”

师：同学们，昨天晚上我们布置了一道预习作业（出示教材情境图），马戏团的小丑可以怎么搭配衣服？

师：这里有几个同学的作业纸，我们一起来看看大家是如何解决这个问题的。

（出示几个学生的作业）

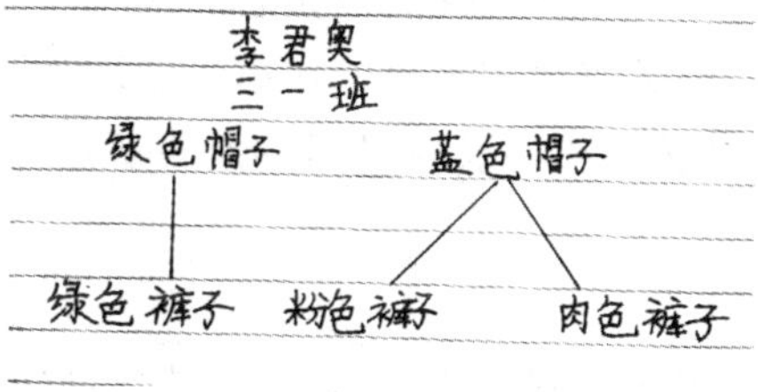

生 1

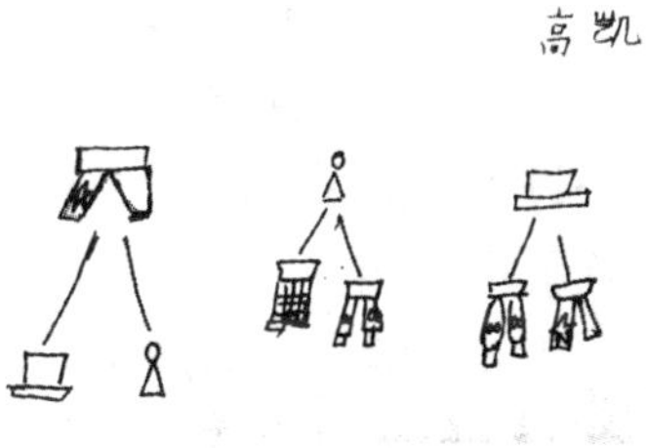

生 2

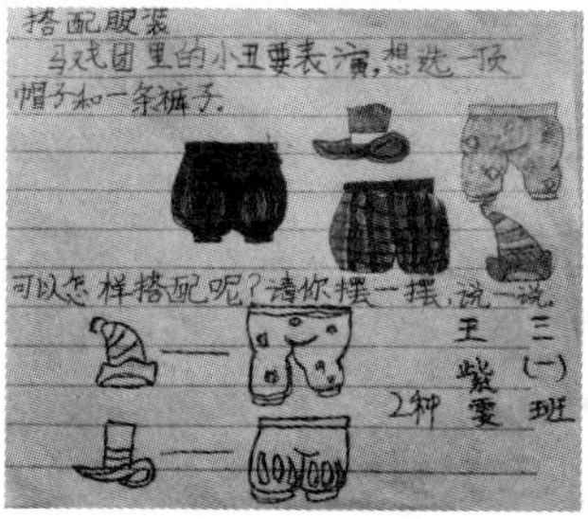

生 3

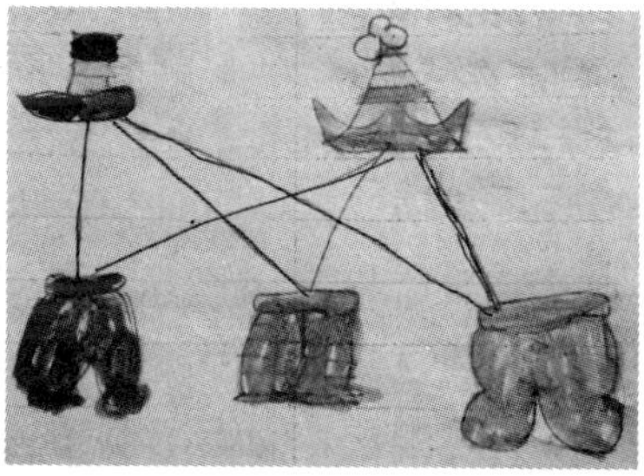

生 4

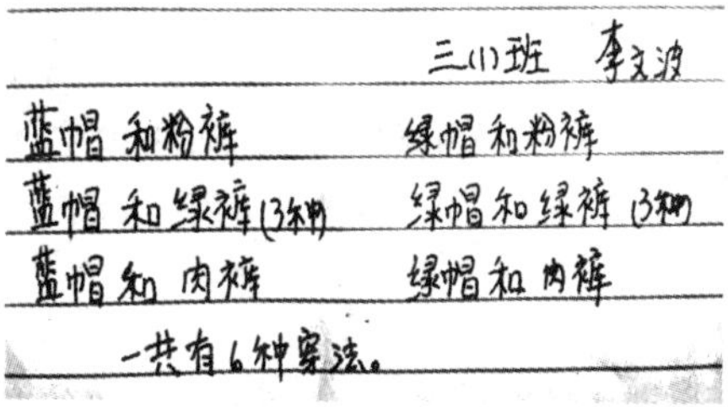

生 5

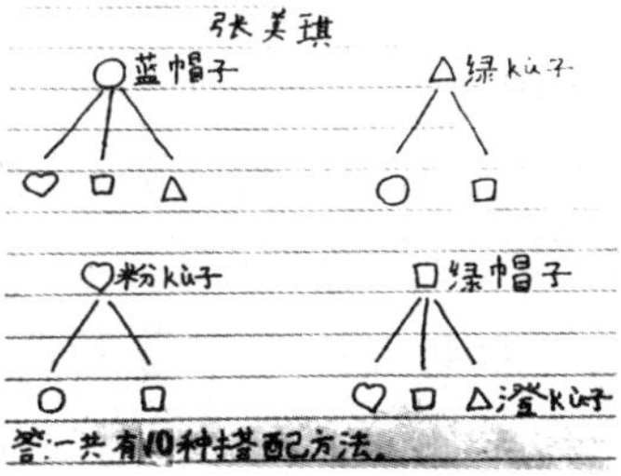

生 6

生：可以用画图方式写出想的过程。

生：可以用文字写出搭配的过程，像生 5 那样写。

生：可以用连一连的方式表示搭配的过程。

生：也可以用图形代替帽子或裤子，这样方便。

师：同学们想的办法真不错！看这几份作业，关于搭配方法，有人写 2 种，有人写 6 种，还有人写 10 种。到底多少种搭配方法对呢？

生：第1个同学没找全，绿帽子和蓝帽子都还能搭别的裤子，漏掉了没写。

生：第3个同学也没找全，两顶帽子都还能搭别的裤子。

生：第6个同学找了10种，我觉得没那么多。比如，蓝帽子已经搭过了绿裤子，又写了绿裤子搭蓝帽子，那还是同一种搭配方法，这样就重复了。

生：我觉得他们搭乱了。

师：刚才这个同学说了一个很关键的“乱”字，谁明白“乱”指的是什么？

生：我觉得“乱”就是一会儿拿帽子搭裤子，一会儿拿裤子搭帽子，搭着搭着就乱了，容易重复或遗漏。

师：你们觉得哪个同学写得不多不少？

生：我觉得第4个同学和第5个同学写得不多也不少，一共有6种。

生：我也觉得6种就对了，你看蓝帽子和三条裤子分别搭，这样有3种搭配法，绿帽子再和三条裤子搭，又有3种搭配方法。一共就有6种搭配方法。

师：大家都同意6种就是找全了吗？第2个同学也找了6种，仔细看看，找全了吗？

生：没有，写重复了。他先拿一条裤子配帽子，又拿两顶帽子分别配裤子，搭乱了。

活动二：有序思考真美妙

师：现在大家统一了意见，6种就算是找全了。“找全”就是不多也不少，既没有漏掉哪一种，也没有哪一种重复。可是有的同学还不清楚为什么6种就是对的，还有的同学搭着搭着就乱了，记不起哪件搭过了哪件没搭过。搭配时，怎样才能做到既不重复也不遗漏？哪个“小老师”来分享一下你的“绝招”？

生：我是先选一顶帽子，然后和三条裤子分别搭一遍，这样有3种搭配方法；再换一顶帽子，还是和三条裤子分别搭一遍，这样又有3种搭配方法，合起来就是6种搭配方法。

师：哦，这样搭很有条理呢，谁听懂他的方法了？这里有一些图片，谁能边演示边讲解一下这种搭配的方法。

生：（拿着图片边演示）就是先用蓝色的帽子分别搭三条裤子，有 3 种搭配方法；再换另一顶帽子和三条裤子再搭一遍，还是 3 种，这样“3＋3”就是 6 种搭配方法。

师：明白了，就是按顺序先拿一顶帽子搭配三条裤子，再拿一顶帽子搭配三条裤子，一件一件有顺序地搭就不会乱。是不是只有拿帽子依次去搭裤子呢？有同学是这样写的，你能看明白吗？（出示一个学生的作业）

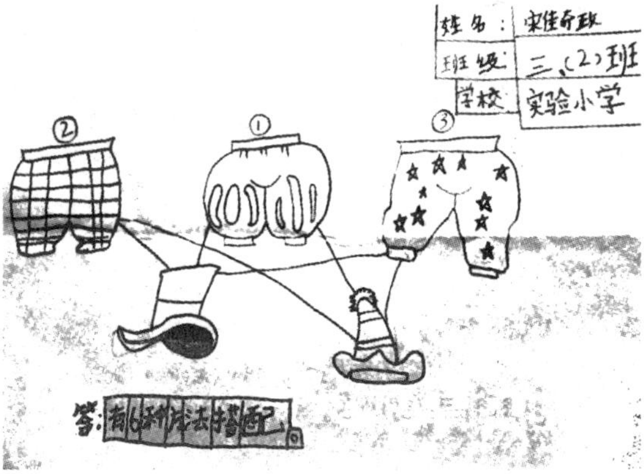

生 7

生：他是分别拿三条裤子依次和两顶帽子搭，每条裤子和两顶帽子有 2 种搭配方法，这样“2＋2＋2”就是 6 种搭配方法。

生：刚才是拿帽子依次和裤子搭，现在是拿裤子依次和帽子搭，道理是一样的，只要按顺序就不会乱。

师：昨天的作业纸上有同学就写了一个算式“3×2＝6”，现在谁能结合刚才的搭配过程说一下这个算式中的“3”和“2”各表示什么？

生：算式中的“3”就是一顶帽子去搭配三条裤子，有 3 种搭配方法；“2”就是两顶帽子，搭配出来两个 3 种搭配方法。所以列式就是“3＋3＝6”，也可以写成“3×2＝6”。

师：“3”和“2”这两个数字原来是这么来的，看来结合搭配的过程很容易就理解了“3×2＝6”这个算式。今天学习的“搭配中的学问”，帽子和裤子属于两类事物，搭配的诀窍是不管是先确定帽子还是确定裤子，只要按一定的顺序搭配，就能够不遗漏、不重复地把所有的搭配方法都找出来。

活动三：数学表征真简洁

师：下面大家再来观察几个同学的作业纸，你受到了什么启发？（出示学生的作业）

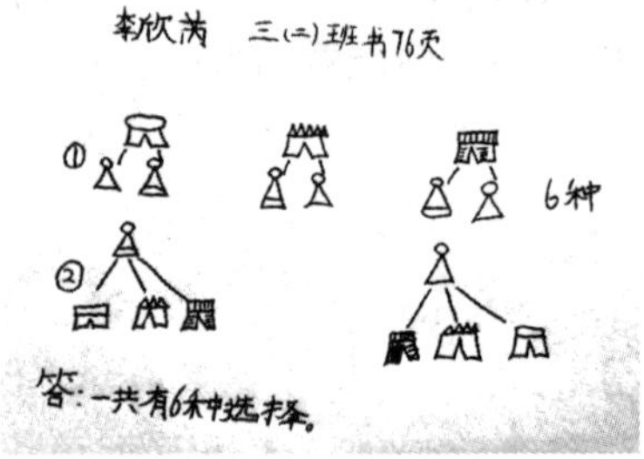

生 8

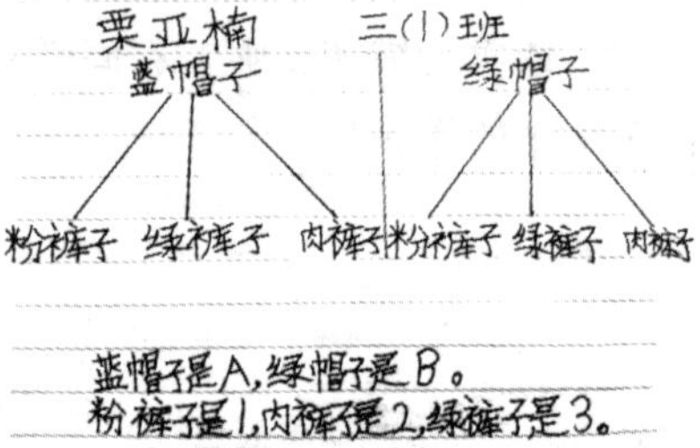

生 9

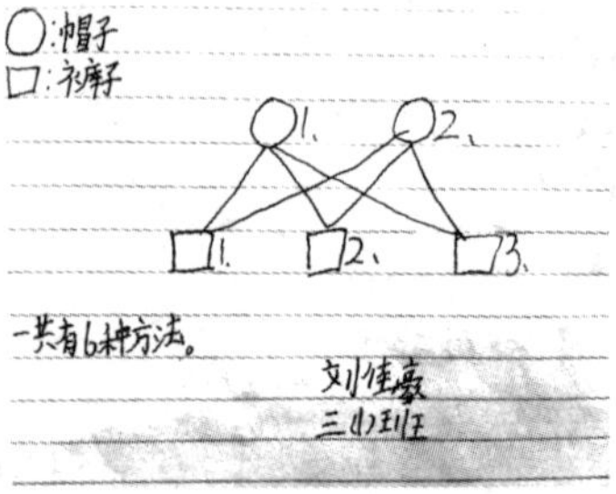

生 10

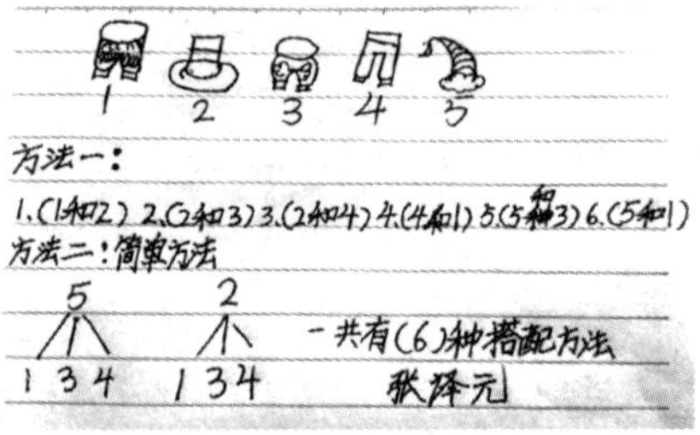

生 11

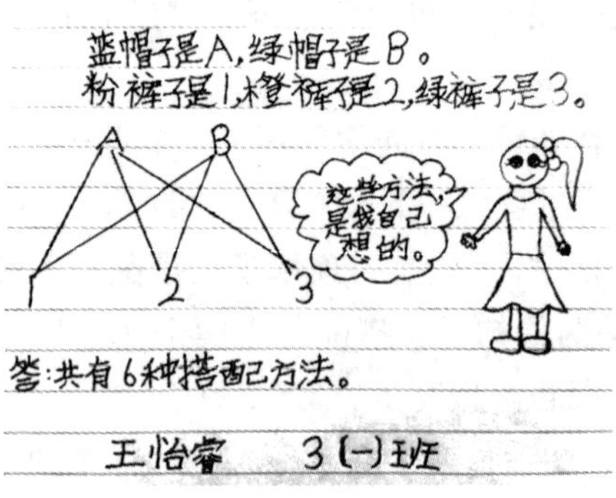

生 12

生：生 8 是用画图的方式记录的。这种方法很形象，就是有点浪费时间。我发现用画简笔画的方式也不错，既节省时间，又很直观。

生：用连线的方式要比一个个都写出来简便多了。一条线就表示一种搭配方法，数一数有几条线就知道有几种搭配方法。

生：用数字、字母和符号代替帽子和裤子，书写起来比较简单。

师：的确是这样。用数字和符号表示帽子和裤子的时候，有什么需要注意的地方呢？如生 10 的作业，用圆圈和方形分别表示了帽子和裤子，为什么还要在图形中标“1”“2”呢？

（学生一时无语，再次观察）

生：在图形后面加上数字是为了更清楚地区分哪顶帽子和哪条裤子。

生：看明白了，比如，圆圈 1 就表示蓝帽子，圆圈 2 表示绿帽子，有三条裤子就用方格 1、方格 2、方格 3 表示，这样表达更清晰准确了。

生：我给生 11 的作业提个建议，他用 1～5 的数字表示两顶帽子和三条裤子，不如用两种不同的符号或图形区别表示。

师：谁明白他说的“用不同的符号或图形区别表示”是什么意思？

生：比如，帽子用数字，裤子用图形或符号，这样一眼就能看出是两种不同的事物。

生：生 12 的写法就很好，用字母表示帽子，用数字表示裤子。

师：是啊，当我们用符号表示这些事物的时候，要注意用不同的符号区分两类事物，这样表达起来更清楚，也能有效避免同类之间搭配。用最简单的方式把搭配的规律表示出来，这就是数学的简洁和严谨。今天我们学习了“搭配中的学问”，其实搭配的知识无处不在，课下请留心观察一下，生活中还有哪些地方用到了这方面的知识？

教学反思

教材上呈现的多是静态的学习材料，教师教学时要努力将静态的学习材料“打开”，少问学生“是什么”，多问学生“你是怎么想的”。“是什么”问的是结果，“怎么想的”更倾向于关注学生思维的过程。本节课从三个方面入手，让学生体会到搭配中的“学问”，逐步形成解决问题的策略。

首先是弹性预设，在预习作业问题的设计上动脑筋。为了给学生充足的时间表达“两顶帽子和三条裤子”如何搭配的问题，我特意安排学生提前预习，让学生带着两个问题预习教材中的“搭配服装”情境图：（1）如果一顶帽子和一条裤子算一种穿法，那么两顶帽子和三条裤子，你认为有几种不同的搭配方法？（2）用别人能看得懂的方式记录你的方法。

如果只问第一个问题，很多学生会直接给出一个数字或用 3×2 的式子表示结果。“用别人能看得懂的方式记录你的方法”让学习展开的路径由“被动单渠道”转向“主动多渠道”，更重要的是暴露了学生原生态的思维起点，为“以学定教”提供了可贵的分析材料。

其次是放慢镜头，让内隐的认知活动外显化。预习作业中有了弹性的预设，学生各种各样的思维就有可能激发出来了。课堂上，我要收集不同层次的有代表性的方法，一一呈现，并围绕下面的问题引导学生对比和思考：（1）你觉得哪些找全了？哪些没有找全？什么是全？（2）有人找着找着就乱了，有人一下子就找全了，哪个“小老师”能和大家分享你的智慧？（3）有人写了算式“$3\times2=6$”，你知道“3”和“2”各表示什么意思吗？学生在交流、纠错、分析和质疑中逐步明白：“不多不少就是全”“没有按顺序搭配可能有重复或遗漏”“先拿一顶帽子分别搭配三条裤子，再换另一顶帽子分别搭配三条裤子，有序搭配不容易出错”。原本只能意会的“无形”规律变为可听、可说、可看的“有形”规律。

最后是启思导疑，学会数学表征。在学生对搭配方法有了感性的认识后，我又对学生的作业进行“二度开发”，启发学生向问题纵深处思考。我追问了两个问题：(1) 这里展示的都是 6 种方法，对比一下他们的记录方法，你发现了什么？(2) 你能看懂用数字和符号记录吗？需要注意什么？学生在文字列举、画图连线、符号表征等多种方法的对比和评价中不断完善对数学表征的认知，即“用最少的文字、符号、图形，用最简单的方式把搭配的规律表示出来”的优势，经历了数学就是这样追求简洁和严谨的过程。学生体会到用符号代替具体事物的优越性，逐步学会了数学表征。

如此，学生的学习不再是简单的“搬运搭积木”，而是一个“生态式孕育”的过程：模糊的认知将变得更清晰，肤浅的理解将变得更深刻，零碎的知识点将变得结构化。

栽活时间树，育成整片林

——“认识时间”拓展课程课例及反思

“认识时间”属于“数与代数”领域常见的量的内容。教材分三个阶段编排，一年级认识钟表上的整时和半时，需要整体把握时间；二年级认识时、分、秒，认识钟面上的几时几分，并开始接触时、分、秒之间的单位换算，合理推测事件发生的时间；三年级学习较长的时间单位年、月、日和 24 时计时法，和时、分、秒相比，年、月、日之间的关系更加复杂。

虽然学生在日常生活中对时间有一些感性的认识和经验，但是缺乏清晰的认知和精准的时间观念。加上分三个阶段编排，使学生对时间单位的认识比较零散，不够系统，在三年级学完年、月、日和 24 时计时法后，有必要对以前学过的时间知识进行梳理。因此，针对三个阶段的内容，我安排了一节拓展课程，旨在引导学生回顾和整理认识时间的知识体系，同时培养学生的时间观念。

教学实录

一、回顾与梳理

1. 知识点回顾

师：请大家回想一下，你们已经学习了哪些和时间有关的知识？

生：我们认识了钟表，知道了钟面上有 12 个大格和 60 个小格，钟面上还有时针、分针、秒针。

师：很好，这是钟面的结构。

生：我会认时间。我每天早上 7 点起床，晚上 9 点睡觉，家里的小闹钟是我的好朋友。

师：是啊，老师也要听闹钟的话，什么时候上班、什么时候下班都得听它的话，有个看不见的叫作时间的“小家伙”在管着人们呢！

生：我会用12时计时法和24时计时法记录时间，比如，爸爸喜欢看的《新闻联播》的播放时间可以说是晚上7:00，也可以说是19:00。

生：我有补充，如果你说早上、中午、晚上几点的时候，就是用了12时计时法。如果你用0～23这24个数字表示“时”的时候，就是24时计时法。

生：我们还知道1小时等于60分，1分等于60秒。

师：时间单位的进率很奇怪，不像长度单位、质量单位那样是10、100、1000，为什么进率是60呢？

（课堂陷入静默）

生：因为钟面上有12个大格、60个小格。时针走1大格，分针要走完60个小格，时针走1大格就等于分针走一圈，所以1时等于60分。分针和秒针也是这样走的。

生：我们刚学过更大的时间单位年、月、日。

生：我们学习了平年有365天，闰年有366天，每四年都会有一个闰年。

生：我还学会了认识日历，在日历中能发现很多知识，找到自己和家人的生日，找到重要的节日。

生：我知道了每年都有12个月，但是每个月的天数不一样，1、3、5、7、8、10、12，这7个月是31天，我们叫大月。

师：还剩5个月，是不是都是小月呢？

生：不对不对！小月只有四个月，我们用拳头记忆法，凹下去的是小月。4、6、9、11这4个月是小月，每月都是30天。2月是特殊月，有28天或29天，不能算小月。

生：闰年的2月有29天，平年的2月只有28天。

生：我还知道人们常常把一年分为四个季节，1、2、3月为春季，4、5、6月为夏季，7、8、9月为秋季，10、11、12月为冬季。

我的生日是5月，属于夏季。

2. 建构体系

师：刚才我们一起回顾了三年来学习过的关于时间的知识，如果我们把这些知识串联成一辆“时间小火车”，大家想想，火车上载着哪些“乘客”？它们应该如何排队？时间单位之间的进率分别是多少？

（学生交流、分享，教师根据学生发言完成板书）

时间小火车

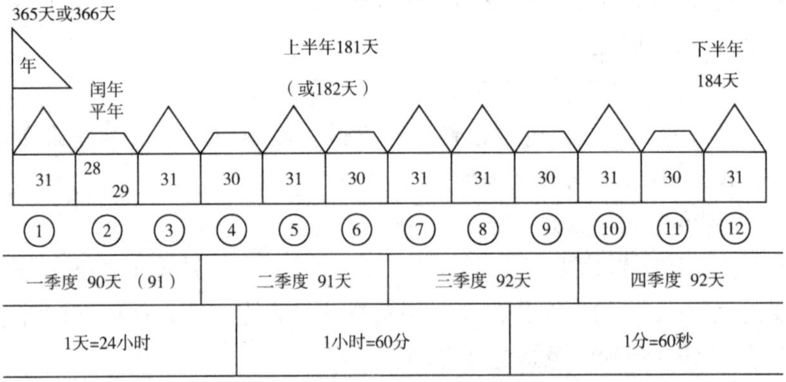

师：数学学习中，零散的知识点就像散落的珍珠，我们要学会整理，“时间小火车”给人感觉很有条理。回想平时的学习，最容易让人掉进“陷阱”的是哪些内容？

生：我在做题时分不清什么时候表示时刻，什么时候表示经过多长时间。

生：我告诉你，时刻表示这时候正好几点，时间段是指两个时刻之间经过了多少分或多少小时。

生：也可以这样理解，比如，这节数学课8:00开始，8:40结束，一共上了40分。8:00和8:40都是时刻，40分就是经过的时间。

师：举例子是数学学习中非常重要的方法。时刻是某一点的时间，有早有晚；而经过的时间是一段时间，有长有短。

二、精思细练

师：“时间小火车”载着很多知识，不知道大家会不会灵活运用。

（屏幕出示题目“辩论评析”：淘气每月买一本30页的字帖，计划每天练 1 页字，这份字帖够用吗？会出现什么情况？）

生：看是哪个月了，有时候不够用。

生：小月 30 天正好够用，遇上大月 31 天，还缺 1 页；如果是 2 月，还有剩余。

师：看来这道题要具体情况具体分析啊。如果是 2 月，会有几种剩余情况呢？

生：平年的 2 月有 28 天，会剩 2 页；闰年的 2 月有 29 天，会剩 1 页。

（屏幕出示题目“是真是假”：（1）2017 年的最后一天，也就是 12 月 30 日，我在庆祝元旦文艺比赛中获得了一等奖，我可高兴了。（2）去年 4 月 31 日，我和爸爸妈妈去九寨沟旅游，整整玩了三天，全家人开心极了）

生：（大笑）第一题是假的，2017 年的最后一天应该是 12 月 31 日，12 月是大月。

生：第二题也是假的，4 月没有 31 天 。

师：是啊，在生活中运用数学知识一定要切合实际，不然就会闹笑话。

三、创意作业

（创意作业可以当堂完成，也可以课后完成，然后可以抽出专门的时间开展作业分享和展览活动）

1. 我的时间我做主

师：作家高尔基说：“世界上最快而又最慢、最长而又最短、最平凡而又最珍贵、最易被忽视而又最令人后悔的就是时间。”下面我们一起分享一篇文章。

（配音朗诵短文《一分钟》）

丁零零，闹钟响了。元元打了个哈欠，翻了个身，心想：再睡一分钟吧，就一分钟，不会迟到的。

过了一分钟，元元起来了。他很快地洗了脸，吃了早点，就背着书包上学去了。到了十字路口，他看见前面是绿灯，刚想走过去，红灯亮了。他叹了口气，说：“要是早一分钟就好了。”

他等了一会儿，才走过十字路口。他向停在车站的公共汽车跑去，眼看就要到了，车子开了。他又叹了口气，说：“要是早一分钟就好了。”

他等啊等，一直不见公共汽车的影子，元元决定走到学校去。

到了学校，已经上课了。元元红着脸，低着头，坐到了自己的座位上。李老师看了看手表，说：“元元，今天你迟到了二十分钟。”

元元非常后悔。

师：相信大家听了以后都会觉得文中的元元要反省一下了，一分钟尽管很短，但是无数个一分钟合在一起就能干大事情。因此我们要学会做时间的小主人，合理规划自己的时间，做一个珍惜时间、守时、讲信用的人。淘气在学习了 24 时计时法之后，给自己设计了周六的作息时间表。看了这张作息时间表，你想对淘气说什么？

周六作息时间表	
起床	9：00
早餐	9：30
看电视	10：00
午餐	12：30
作业	15：00
晚饭	19：00
睡觉	22：30

生：淘气起床有点晚，虽然不上学可以多睡一会儿，但是 8:00 也该起床了吧。

生：上午那么多的时间，除了吃饭就是看电视，太浪费了。可以看书、写作业或锻炼身体。

生：淘气睡觉有点晚，我们要养成早睡早起的好习惯。

师：是啊，我们给淘气提了这么多合理的建议，希望淘气能够采纳，养成好习惯。你的周六作息时间是怎么安排的？请你设计一张作息时间表，和同桌分享。

2. 寒假放了几天

师：这是今年寒假我们学校的放假时间安排，淘气说得对吗？你是怎么想的？请写出自己的思考过程。

（学生作业展示）

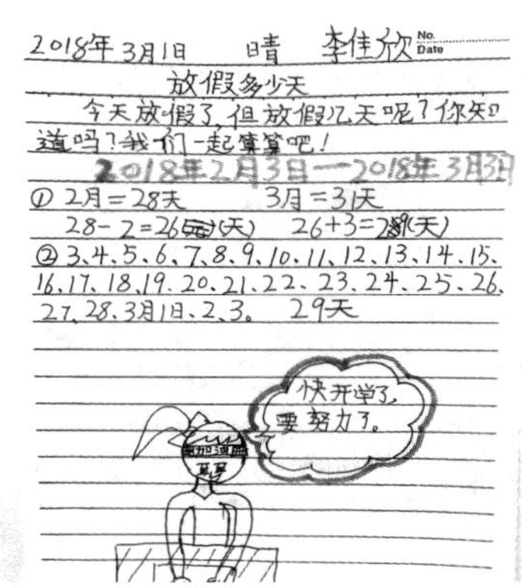

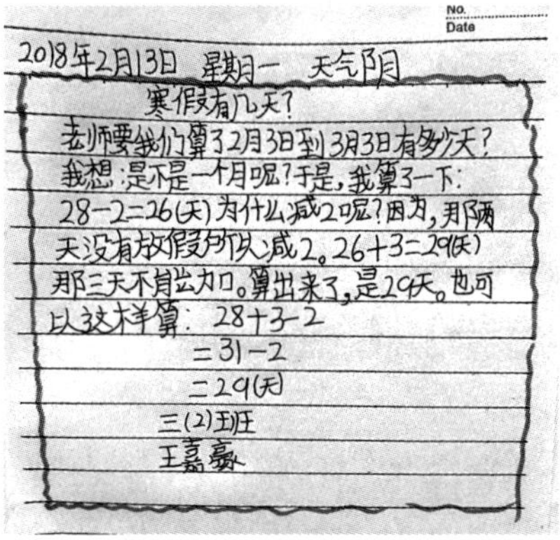

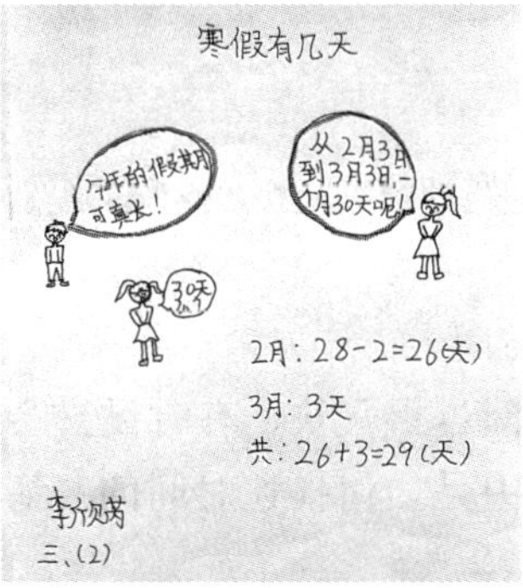

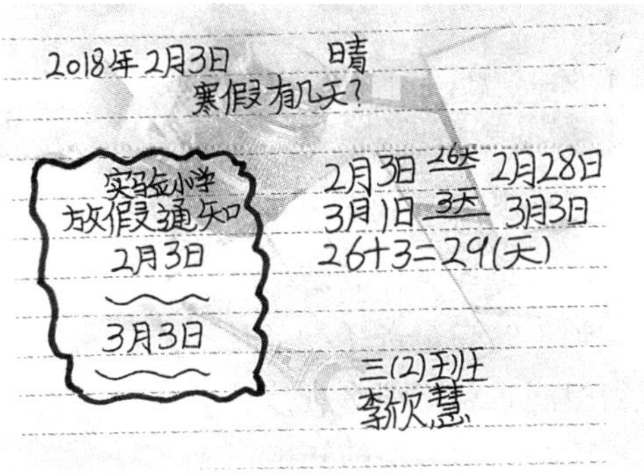

3. 创作 2018 年的年历

师：2017 年即将过去，如果让大家设计 2018 年的年历，想想要注意什么。

生：全年共 12 个月，得考虑有几个大月和几个小月。

生：还得考虑 2018 年是平年还是闰年，才能决定 2 月有多少天。

生：我认为重要的是得知道 2017 年最后一天是星期几，才好确定新年的第一天应该从星期几开始。

师：这个问题很重要啊，上一年和下一年的时间是连续的。大家在设计年历的过程中可能还要考虑更多的细节问题，比如，生活中日历的普遍格式是什么样的，用什么材质，如何设计使用起来更方便，如何装饰让自己的作品更美观……老师期待看到你们的作品。

（学生作品展示）

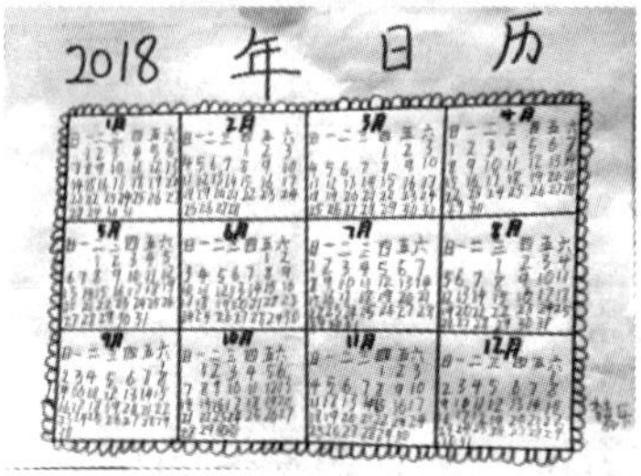

4. 在光阴里成长

（1）寻找藏在成语、古诗、谚语中的时间

师：时间很奇怪，有时候我们觉得时间过得飞快，有时候又会觉得时间难熬。那么在成语、古诗、谚语中是如何描述时间的？请你上网搜一搜有关的知识。

（学生作业展示）

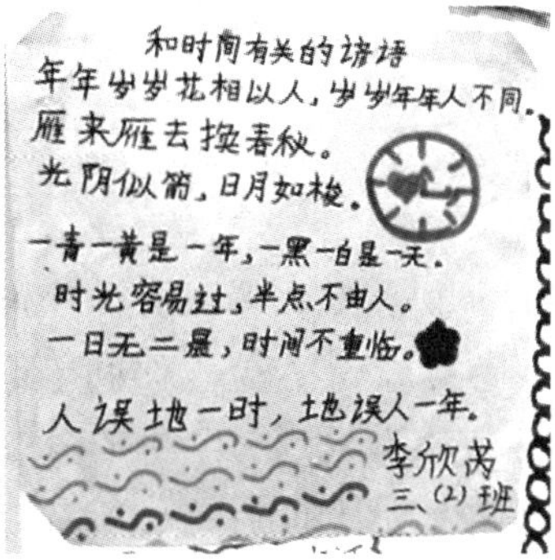

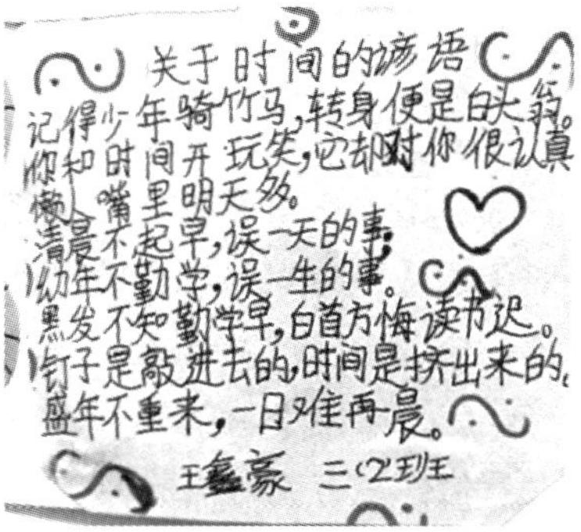

（2）时间去哪儿了

师：我们坐着“时间小火车”，慢慢长大了。你眼中的一分一秒、一年一月是什么样的？请你写出自己的感受。

（学生作业展示）

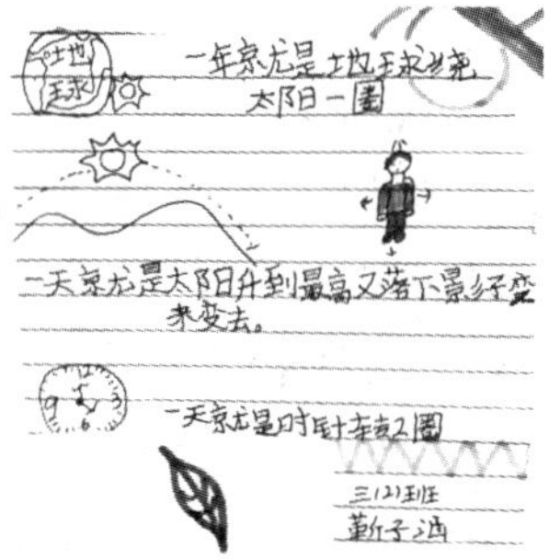

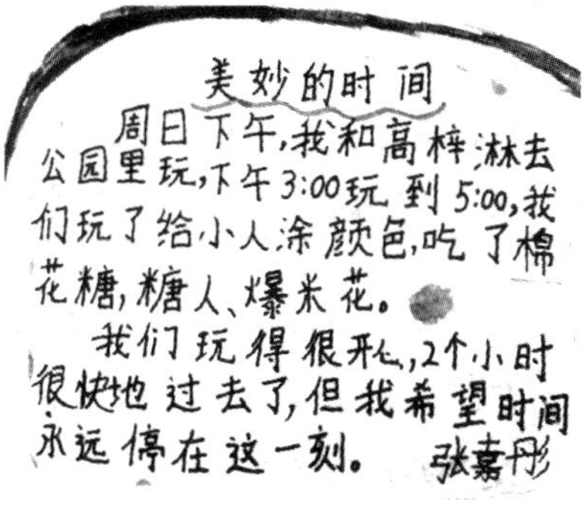

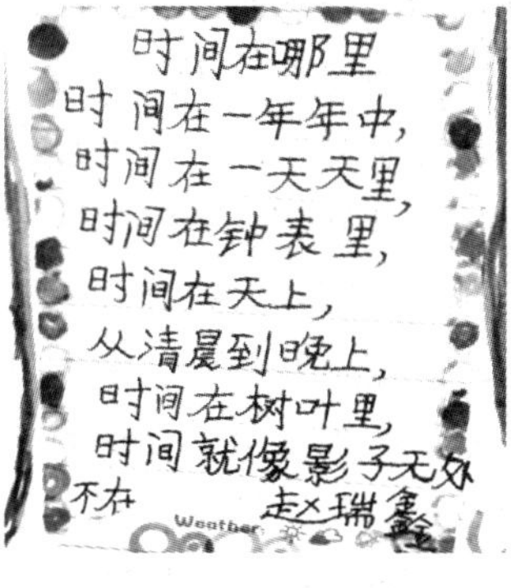

教学反思

1. 梳理建构，让零碎的知识系统化

对于“认识时间”三个阶段的学习来讲，好比“栽活一棵树”，对于整体梳理形成知识体系来讲，好比“育成一片林”。时间单位比较零碎，三个阶段学习的知识缺乏体系，本节课通过学生的自主分享，在看似你一言我一语的回顾中唤起学生对旧知的再现。

梳理过程中，我针对“时、分、秒之间的进率是 60 而不是通常的十进制”造成的学生理解的困难，让学生通过观察时针和分针、分针和秒针在运动中的变化，总结大格和小格之间的联系，从格子的变化迁移到时间的感受，将抽象的时间进率明了化；针对学生最容易混淆的“时刻”和“经过的时间”，让学生通过举例说明二者的不同。

常规的认识时间的练习往往是填空、改写、判断等普通习题，基本上以记忆为主，停留在巩固层面，缺乏富有思维含量的分析综合题目。在梳理过程中，我开发设计精巧新颖的“辩论评析”“是真是假”“创意作业”，达到精思细练、拓展学生思维的目的。

此外，师生一起构图，设计“时间小火车”，直观地把新旧知识充分糅合统一，按时间长短、从属关系、进率多少串联起来，形成整体性的认知框架，让学生对有关时间的认知趋向系统性。

2. 多维感知，让时间观念具象化

认知心理学认为，每个人的时间观念与自身的时间知觉密切相关。“钟表时间”是客观的，一分一秒可以衡量，而“主观时间”是人对时间的感知力和对时间流逝所产生的感觉。

时间知觉发展得较慢，这是因为时间具有看不见、摸不着的特点，既不像长度单位那样直观，又不像质量单位那样可以掂量。虽然学生学会了看钟表、看日历，知道一年有多少天，一天有多少小时，但是对具体的时间量没有感觉，弄不清到底有多长。

对于小学生来讲，建立时间观念只能凭借钟表、日历、日夜交替、四季更迭等身边熟知的事物或现象来体验、感知时间的流逝和变换。教学中，我把抽象的时间知识和学生熟悉的日常生活事件密切联系在一起，让学生对时间的长短有直观、清晰的感受。同时，让学生体会到虽然每个人每天的时间都一样，但有些人善于规划自己的时间，能做很多事，而有些人却把时间白白浪费掉，进而体会到做时间的“小主人”的重要性。

“创意作业”并非要求学生在课上完成，也可以课后完成，作品分享和展览活动也是在课堂教学一段时间之后开展的。因此这项作业的思考对于学生来说是长时间的，培养了学生的动手实践能力、想象与创新能力、审美能力，以及投入做一件事情的专注力和耐心。在后期的作品分享和展览活动中，每个学生都获得了成就感和自信心。

在学生眼中，我设计的“创意作业”是一份包含了情感、融入了生命的作品。这份作品和学生的生活、成长、生命建立起了千丝万缕的联系，因此变得富有情趣。通过“创意作业”引发的思考，学生在时间的光阴里会懂得珍爱生命，进而获得生命的舒展。

后 记

美国教育家乔治·奈勒说:“无论你干哪一行业,个人的哲学信念是认清自己的生活方向的唯一有效的手段。如果我们是一个教师或教育领导人,而没有系统的教育哲学,并且没有理智上的信念的话,那么我们就会茫然无所适从。”回想自己 26 年的教育历程,其实就是一步步走出“碎片化”教学、拥有教学主张并建构自己的教育哲学的过程。

一、从研教到研学

刚登上讲台,领导听了我的一节课,说我的普通话比较流利,教态端庄大方,便认定我有发展前途。连续 4 年参加区、市级优质课大赛,我一遍遍地试讲,一遍遍地修改教学设计。那时想得最多的是怎么在课堂上展示自己的教学技能与风采,我对学生是怎么想的、他们有什么认知困难还缺乏了解。所以,课堂上我对学生的生成视而不见,只按照预设的教学程序走,一旦学生的回答“出乎意料”,我的大脑便会突然“断电”,不知道怎样应对。

后来,我学着坐在同行的课堂中听课,同时借来学校仅有的一本杂志《小学数学教育》翻来覆去地看。当时没有复印机,我看到好的案例就及时摘抄,比如,“圆的面积”一课就摘抄了十几个案例,而且每个案例后面都附有自己的点滴思考。靠着这样的“笨方法”积累了好多案例,我慢慢从懵懂中走了出来。

对课有了感觉,内心有了底气,我不再满足于在教学参考书里寻求最好的教学设计,而是在教学实践中探寻学生学习数学的本质。我的目光从“教”开始转向了“学”,开始思考如何解决抽象的数学与小学生直观思维之间的矛盾,开始思考如何贴着学生的思维而教。

比如,我曾两次承担“认识倍”一课的公开教学。10 年前的教学，我围绕“一个数是另一个数的几倍”这个题型去设计，主要教学“求大数是小数的几倍用除法”这个知识点，学生更多的是模仿；10年后再执教这节课，我对教材的编排、目标的制订、情境的创设、方法的选择等进行了对比梳理，教学中先让学生采取圈一圈、摆一摆的方法来建立“倍”的直观模型，然后再脱离直观图形算一算。这样数形结合，层层递进，使学生对“倍”的意义的理解完成了从“形”到“数”的转变。毫无疑问，10年后的设计更贴近小学生的认知心理，越抽象的概念越需要“慢镜头”来凸显。

好课一定是基于学生的。再好的教学设计，如果没有指向学生，那么一切都是徒然。心中有学生，而不仅仅是教学内容，贴着学生的思维和困难去教，这样才能找准切入点，找到问题的症结加以点化，让学习真正发生。

二、从听课到研课

尽管在优质课大赛上拿了较好的名次，但是遇到听课、评课时，我总是不敢轻易发言，因为不知道课“好”在哪里，也不知道“孬”在哪里。

于是，我格外留意各级各类的课堂研讨活动。每次听课要求自己不仅“带着耳朵”，还要融入别人的课堂，置身于教学现场，坚持做到课前思考、读懂课堂、课后追问。研课中哪怕是一个很小的细节，我都要刨根问底，从现象到本质，从技术到理念，直击课堂教学的内核，研讨结束还要把思考的过程梳理和提炼成文字。

听“用分数表示可能性的大小”一课，我写下了《花这个时间值吗?》《从教材到课堂到底有多远》《用数学的魅力浸染学生》三篇上万字的教学反思；听“小数点搬家”一课，我写下了《看别人的课，想自己的课》的课堂叙事；听同课异构“乘法分配律”一课，我写下了《教学，从根部出发》的研课手记……

为了能站在一定的高度去分析、审视教学现象，我除了翻阅学科杂志，还捧起了《教学勇气：漫步教师心灵》《静悄悄的革命：课堂改变，学校就会改变》等教育专著，把学到的教育理念内化为对课堂的认识和教学策略。教育理论素养提高了，教学实践丰富了，对怎样上课、怎样评课才会有独到的见解。

近几年，我做了近 80 万字的研课记录，形成了巨大的教学资源库，这一点一滴的积累不仅为自己，也为他人提供了原生态的研究资料，这样的底气也让我对课“看高一线”。2009 年，我参加河南省教学技能大赛，执教的“估计费用”一课获小学数学特等奖。课堂教学专著《让小学生恋上数学》于 2013 年由中国轻工业出版社出版。

当然，最重要的不是证书、著作，让人欣喜的是课堂始终朝着更敞亮的前方迈进。教育即自我探寻之路，我是个“以课为乐”的人，用生命上课成为我教育生涯中割舍不掉的快乐。我深信，当一个教师爱上课堂的时候，就是他的教育生命被激活的时刻。

三、从学科到教育

随着教育视野的不断扩大，对数学的理解和对教育的感悟越来越深刻，又引发了我对小学数学课堂的进一步追问：什么样的教学既贴近学生又不失学科本色？如何让课堂充满生命的律动？如何把课上到学生心里？……我开始关注和研究学生作为“完整的生命体”参与课堂的情感体验，目光从教学转向了教育。

我的课堂更注重学生的生活经验，关注数学与其他学科、数学与大自然、数学与这个时代的紧密联系，让学生的视野从教材扩大到周围环境和现实社会，从而感受数学的丰富和多元。教学“百分数的应用”一课，我把网购打折、快递费用等问题引入课堂，让学生感受到数学学习中扑面而来的时代气息；教学“长方体的表面积”一课，我安排了“如果粉刷教室的墙壁，需要做哪些预算”的实践活动，从制订计划到实际测量，再到精心计算，学生在这一过程中充分感受到了数学在生活中的广泛应用；教学“认识人民币”一课，我通过创设“如何买文具”的情境，帮助学生树立科学消费观……

近 8 年来，我坚持做了两件自己认为值得的事情。一是倡导学生写数学日记，打通数学与生活、数学与创造、数学与活动、数学与情感、数学与其他学科的联系，倡导“大数学”的课程观。二是坚持每周和学生欣赏至少两篇美文，这看似和我所教的学科无关，却是学生看世界的一种方式。善与恶、美与丑、诚实与自信、坚定与毅力，如何做一个有责任感的人，如何与同学交往，如何接纳自己……在文字中也许可以找到这些答案。我相信，在数学触及不到的心灵角落，学生会看到另一个自我。

在“首届河南最具影响力教师”评选的颁奖现场，我展示的一张张学生的照片感染了在场的每一个人，从中不仅可以看出学生课堂学习的专心，还可以看出学生课后作业的用心。学生的作业非常有趣，不是常见的算式和应用题，而是一则则短文、一个个故事、一幅幅图画。那些抽象枯燥的文字、符号、概念都带着鲜活的温度，被赋予了生命的色彩。对学生来说，通过数学学科的“润泽”，他们获得了一种更有力度、充满张力的数学思维以及触及心灵的精神愉悦。

2014 年第 4 期《教师博览（原创版）》封二以“给种子以力量”为题，介绍了我的课程观。作为一名数学教师，我一直尝试着把传统的“数学教学”转变为“数学教育”，这不仅仅是一个字的区别，而是体现出了对生命的尊重、情趣的培养、人格的影响、自我的发展。

回顾 26 年的课堂探索之路，我经历了从研教到研学、从听课到研课、从学科到教育的“破茧”之旅，从关注学生学数学，到关注数学与生活，再到关注学生的生命发展，在梳理和建构中我体会到知识的教学不是教育的终结。学生通过学习不仅拥有了知识技能和素养，还懂得了理性思考、热爱生活、敬畏自然，不知不觉滋养了内在的精神生活。至此，“滋养生命的数学”这一教学主张日渐清晰。

事实上，对于“滋养生命的数学”这一教学主张，要回答数学能“滋养”些什么，用什么去“滋养”，又该如何去“滋养”，似乎都脱离不开具体的教学语境。无论是理论体系的建构还是操作层面的实施，还比较浅显。但我坚信，“滋养生命的数学”其实就是把核心素养落实在课堂的课程，让学生体会到数学知识来源于生活的“有根”，来源于对改善生活的“有用”，来源于建构和运用知识的

“有法”，来源于学习过程中的“有味”。只要在学生心中种下一颗优质的种子，日后必将在合适的土壤里生根、发芽。

荷兰教育家弗赖登塔尔曾说：“真正的教育活动意味着遵循自己的真诚信念去探索正确的教育途径，而教育科学首先应该是对这种真诚信念的合理性做出论证，你可以把它称为哲学。”作为一线教师，以课堂为载体，不断地对学科价值、教学意义进行追问和探究，从自己的教育教学中寻找、确立属于自己的“健康的教育哲学土壤”，这是决定“教什么”和“怎么教”的根基，同时也让自己的课堂和教育更有价值和意义。教育即自我探寻之路。只有当教育活动与研究活动交融在一起，并成为教师的一种生活方式时，教师的实践才具有教育哲学的味道。这条探寻之路，永远没有止境。

这本书能成文，要感谢“中原名师出版工程”搭建的平台；感谢导师张文质先生的策划与指导，几易其稿才有了现在的框架；感谢吴正宪老师在百忙之中为书稿提建议，并写下了热情洋溢的序言；感谢钱守望老师、黄爱华老师对书稿的关注，并写下鼓舞人心的推荐语。有限的篇幅不能记录所有的人和事，唯有感恩之情常怀心间，唯有努力工作才能心安。

董文华

2018 年 3 月